基层政区改革视角下的社区治理优化路径研究：以上海为例

Optimisation Pathways of Community Governance Research from the
Perspective of Local Political Division Reform:
Shanghai as a Case Study

熊　竞　著

经济管理出版社
ECONOMY & MANAGEMENT PUBLISHING HOUSE

图书在版编目（CIP）数据

基层政区改革视角下的社区治理优化路径研究：以上海为例/熊竞著. —北京：经济管理出版社，2020.6

ISBN 978-7-5096-7166-5

Ⅰ. ①基⋯　Ⅱ. ①熊⋯　Ⅲ. ①城市—社区管理—研究—上海　Ⅳ. ①D669.3

中国版本图书馆 CIP 数据核字（2020）第 093140 号

组稿编辑：宋　娜
责任编辑：宋　娜　张馨予　詹　静
责任印制：黄章平
责任校对：赵天宇

出版发行：经济管理出版社
　　　　　（北京市海淀区北蜂窝 8 号中雅大厦 A 座 11 层　100038）
网　　　址：www. E-mp. com. cn
电　　　话：（010）51915602
印　　　刷：三河市延风印装有限公司
经　　　销：新华书店
开　　　本：720mm×1000mm/16
印　　　张：18
字　　　数：251 千字
版　　　次：2020 年 8 月第 1 版　　2020 年 8 月第 1 次印刷
书　　　号：ISBN 978-7-5096-7166-5
定　　　价：98.00 元

第八批《中国社会科学博士后文库》
编委会及编辑部成员名单

（一）编委会

主　任：王京清

副主任：马　援　张冠梓　高京斋　俞家栋　夏文峰

秘书长：邱春雷　张国春

成　员（按姓氏笔划排序）

卜宪群　王建朗　方　勇　邓纯东　史　丹　朱恒鹏　刘丹青

刘玉宏　刘跃进　孙壮志　孙海泉　李　平　李向阳　李国强

李新烽　杨世伟　吴白乙　何德旭　汪朝光　张　翼　张车伟

张宇燕　张星星　陈　甦　陈众议　陈星灿　卓新平　房　宁

赵天晓　赵剑英　胡　滨　袁东振　黄　平　朝戈金　谢寿光

潘家华　冀祥德　穆林霞　魏后凯

（二）编辑部（按姓氏笔划排序）

主　任：高京斋

副主任：曲建君　李晓琳　陈　颖　薛万里

成　员：王　芳　王　琪　刘　杰　孙大伟　宋　娜　陈　效

　　　　苑淑娅　姚冬梅　梅　玫　黎　元

本书获国家社科基金项目"基层政区空间重组视野下的基本公共服务均等化研究"（项目编号：18BGL257）项目资助。

序 言

博士后制度在我国落地生根已逾30年，已经成为国家人才体系建设中的重要一环。30多年来，博士后制度对推动我国人事人才体制机制改革、促进科技创新和经济社会发展发挥了重要的作用，也培养了一批国家急需的高层次创新型人才。

自1986年1月开始招收第一名博士后研究人员起，截至目前，国家已累计招收14万余名博士后研究人员，已经出站的博士后大多成为各领域的科研骨干和学术带头人。其中，已有50余位博士后当选两院院士；众多博士后入选各类人才计划，其中，国家百千万人才工程年入选率达34.36%，国家杰出青年科学基金入选率平均达21.04%，教育部"长江学者"入选率平均达10%左右。

2015年底，国务院办公厅出台《关于改革完善博士后制度的意见》，要求各地各部门各设站单位按照党中央、国务院决策部署，牢固树立并切实贯彻创新、协调、绿色、开放、共享的发展理念，深入实施创新驱动发展战略和人才优先发展战略，完善体制机制，健全服务体系，推动博士后事业科学发展。这为我国博士后事业的进一步发展指明了方向，也为哲学社会科学领域博士后工作提出了新的研究方向。

习近平总书记在2016年5月17日全国哲学社会科学工作座谈会上发表重要讲话指出：一个国家的发展水平，既取决于自然科学发展水平，也取决于哲学社会科学发展水平。一个没有发达的自然科学的国家不可能走在世界前列，一个没有繁荣的哲学社会科学的国家也不可能走在世界前列。坚持和发展中国特色社会主义，需要不断在实践中和理论上进行探索、用发展着的理论指导发展着的实践。在这个过程中，哲学社会科学具有不可替代的重要地位，哲学社会科学工作者具有不可替代的重要作用。这是党和国家领导人对包括哲学社会科学博士后在内的所有哲学社会科学领域的研究者、工作者提出的殷切希望！

中国社会科学院是中央直属的国家哲学社会科学研究机构，在哲学社会科学博士后工作领域处于领军地位。为充分调动哲学社会科学博士后研究人员科研创新的积极性，展示哲学社会科学领域博士后的优秀成果，提高我国哲学社会科学发展的整体水平，中国社会科学院和全国博士后管理委员会于 2012 年联合推出了《中国社会科学博士后文库》（以下简称《文库》），每年在全国范围内择优出版博士后成果。经过多年的发展，《文库》已经成为集中、系统、全面反映我国哲学社会科学博士后优秀成果的高端学术平台，学术影响力和社会影响力逐年提高。

下一步，做好哲学社会科学博士后工作，做好《文库》工作，要认真学习领会习近平总书记系列重要讲话精神，自觉肩负起新的时代使命，锐意创新、发奋进取。为此，需做到：

第一，始终坚持马克思主义的指导地位。哲学社会科学研究离不开正确的世界观、方法论的指导。习近平总书记深刻指出：坚持以马克思主义为指导，是当代中国哲学社会科学区别于其他哲学社会科学的根本标志，必须旗帜鲜明加以坚持。马克思主义揭示了事物的本质、内在联系及发展规律，是"伟大的认识工具"，是人们观察世界、分析问题的有力思想武器。马克思主义尽管诞生在一个半多世纪之前，但在当今时代，马克思主义与新的时代实践结合起来，越来越显示出更加强大的生命力。哲学社会科学博士后研究人员应该更加自觉地坚持马克思主义在科研工作中的指导地位，继续推进马克思主义中国化、时代化、大众化，继续发展 21 世纪马克思主义、当代中国马克思主义。要继续把《文库》建设成为马克思主义中国化最新理论成果宣传、展示、交流的平台，为中国特色社会主义建设提供强有力的理论支撑。

第二，逐步树立智库意识和品牌意识。哲学社会科学肩负着回答时代命题、规划未来道路的使命。当前中央对哲学社会科学越加重视，尤其是提出要发挥哲学社会科学在治国理政、提高改革决策水平、推进国家治理体系和治理能力现代化中的作用。从2015 年开始，中央已启动了国家高端智库的建设，这对哲学社会科学博士后工作提出了更高的针对性要求，也为哲学社会科学博士后研究提供了更为广阔的应用空间。《文库》依托中国社会科学院，面向全国哲学社会科学领域博士后科研流动站、工作站的博士后征集优秀成果，入选出版的著作也代表了哲学社会科学博士后最高的学术研究水平。因此，要善于把中国社会科学院服务党和国家决策的大智库功能与《文库》的小智库功能结合起来，进而以智库意识推动品牌意识建设，最终树立《文库》的智库意识和品牌意识。

第三，积极推动中国特色哲学社会科学学术体系和话语体系建设。改革开放 30 多年来，我国在经济建设、政治建设、文化建设、社会建设、生态文明建设和党的建设各个领域都取得了举世瞩目的成就，比历史上任何时期都更接近中华民族伟大复兴的目标。但正如习近平总书记所指出的那样：在解读中国实践、构建中国理论上，我们应该最有发言权，但实际上我国哲学社会科学在国际上的声音还比较小，还处于"有理说不出、说了传不开"的境地。这里问题的实质，就是中国特色、中国特质的哲学社会科学学术体系和话语体系的缺失和建设问题。具有中国特色、中国特质的学术体系和话语体系必然是由具有中国特色、中国特质的概念、范畴和学科等组成。这一切不是凭空想象得来的，而是在中国化的马克思主义指导下，在参考我们民族特质、历史智慧的基础上再创造出来的。在这一过程中，积极吸纳儒、释、道、墨、名、法、农、杂、兵等各家学说的精髓，无疑是保持中国特色、中国特质的重要保证。换言之，不能站在历史、文化虚无主义立场搞研究。要通过《文库》积极引导哲学社会科学博士后研究人员：一方面，要积极吸收古今中外各种学术资源，坚持古为今用、洋为中用。另一方面，要以中国自己的实践为研究定位，围绕中国自己的问题，坚持问题导向，努力探索具备中国特色、中国特质的概念、范畴与理论体系，在体现继承性和民族性、体现原创性和时代性、体现系统性和专业性方面，不断加强和深化中国特色学术体系和话语体系建设。

新形势下，我国哲学社会科学地位更加重要、任务更加繁重。衷心希望广大哲学社会科学博士后工作者和博士后们，以《文库》系列著作的出版为契机，以习近平总书记在全国哲学社会科学座谈会上的讲话为根本遵循，将自身的研究工作与时代的需求结合起来，将自身的研究工作与国家和人民的召唤结合起来，以深厚的学识修养赢得尊重，以高尚的人格魅力引领风气，在为祖国、为人民立德立功立言中，在实现中华民族伟大复兴中国梦的征程中，成就自我、实现价值。

是为序。

王京清

中国社会科学院副院长

中国社会科学院博士后管理委员会主任

2016 年 12 月 1 日

摘　要

　　2017年6月，中共中央、国务院印发《关于加强和完善城乡社区治理的意见》，这是我国首个以党中央和国务院名义出台的城乡社区治理纲领性文件，预示着我国社区发展在历经社区服务、社区建设、社区管理阶段后，进入到了以社区治理为重点的新时代。尽管近年来我国城乡社区治理取得诸多进展，但从社区治理体系和治理能力现代化的目标而言，还面临着难以匹配新型城镇化和城市高质量发展的追求、难以适应城市治理重心下移和资源下沉的要求、难以满足城市精细化管理和公共服务均等化的要求等挑战，为应对这些问题和挑战，不同学科的学者从多个视角进行了深入分析和给出政策建议。然而，与社区治理关联密切且作为应对社区治理挑战独特政策工具的基层政区改革视角还不多见。例如，从基层政区建制转换角度研究郊区社区治理如何应对城乡空间结构转换还不多见；从基层政区层级调整角度研究社区治理如何应对重心下移、服务下沉的还不多见，从基层政区规模伸缩角度研究社区治理如何应对精细化管理和公共服务均等化的还不多见。基于以上考虑，本书首先对研究内容中涉及的社区治理、基层政区等基本概念做了分析，进而对二者之间的内在关联逻辑进行了分析。进而，以社区治理、基层政区改革以及二者关联作为关键词对现有研究进行了梳理和综述。本书的主体部分是基层政区的核心三要素，即基层政区建制、基层政区规模和基层政区层级与社区治理的关联、影响机制研究。最后，从社区治理的新要求和新趋势出发，提出了基层政区在现有调整框架下改革的方向和方案。

　　本书的主要结论有以下五点：

一是在现有社区治理研究中，缺乏以基层政区作为视角的研究，而在中国特色的社区治理实践中，基层政区往往发挥着社区治理的职能构建、体制框架、空间依托、资源配置、层级划分等重要作用。

二是上海的社区治理在顺应新型城镇化、产业转型升级、政府职能转变等方面的调整中，往往伴随着基层行政建制的类型转变、职能转换和功能转型。因此，通过基层政区的建制调整推动社区治理来顺应发展变化，对回归其社会治理和公共服务的本质属性具有重要意义，今后推进社区治理仍需要重视基层政区建制的精准化定位和适配性改革。

三是上海社区治理在主体功能上的变化对社区治理中所依托的空间规模结构形成了挑战，寻找社区治理中的适度规模对于提升社区治理绩效具有重要意义。在强调经济治理的社区发展中，往往追求"更大"的空间规模来利用规模经济效应和范围经济，而社区治理转到社会治理和公共服务为主的功能时，其空间规模则需要追求"更小"的结构。在划小社区治理空间规模的技术分析中，可以以 15 分钟生活服务圈（商圈选址理论指明了 15~20 分钟步行距离是人们普遍接受的进行消费的适宜交通距离）为依据。凭借这一依据，我们对上海市 15 分钟生活服务圈下社区人口和面积的理想规模进行了分析。本书的分析表明，假定居委会和村委会人口平均规模为 4500 人，根据克里斯泰勒中心地的行政原则，一个中心地管理 7 个次级中心地是行政效率最高的空间形态，因此，在村居层面之上的层级管理 7 个村居理论效率较高，由此可确定管理的人口规模大概是 7 × 4500=3.15（万人）；根据 15 分钟生活服务圈的距离范围约束，要构建 15 分钟服务圈（即便民利民的服务距离），大概面积在 3 平方公里，在 3 平方公里内分布 3.15 万人，即说明在人口密度为 1 万人/平方公里的条件下，由 7 个村居构成的一个社区服务圈是最为理想的模式。

四是当前上海社区治理中探索的中心城区在街道与居委会之间设立新型功能小街区，以及在郊区和农村的镇与村居之间设立"基本管理单元"都是社区治理层级上对功能调整以及所导致的规模划小的制度响应，特别是在精细化治理和精准化服务的大趋势下，划小治理单元、推进资源下沉到更低的治理层级，是未来社区治理层级改革的趋势，但是避免层级资源聚集后的"实化"是扁平化改革趋势下需要重点考虑的风险，唯有搭建社会力量广泛参与、市场机制适当运用的治理平台，才是未来社区治理中既要强化精细化和精准化，又能避免体制资源投入过多的重要路径。

五是要继续利用基层政区与社区治理的关联，通过基层政区改革推进社区治理，需要在区划调整理念上构建"治理区划"的政策框架；而从基层政区改革视角研究社区治理的终极目标就是终结这一视角的研究，这也是最终解决社区建设中"行政有效、治理无效"的重要观察视角。

关键词： 社区治理；基层政区；上海

Abstract

In June 2017, the CPC Central Committee and the State Council issued the *Guidance on Strengthening and Optimising Urban and Rural Community Governance*. It is the first programmatic document issued by the CPC Central Committee and the State Council in urban and rural community governance (CG), indicating that China's community development has stepped into the new era of CG after eras of service, construction through management. Although recent various progress were made in China's urban and rural CG, challenges and difficulties still exists from the perspective of CG systems and capacity modernisation targets, namely: 1) matching new urbanisation and high quality urban development pursues; 2) adapting with demands from further localising urban governance focus and resources; 3) satisfying fine urban governance and public services equalisation demands. To combat these challenges, many scholars have conducted multi−disciplinary and multi−perspective in−depth analysis and policy recommendations; however, few were of local political division (LPD) perspective studies strongly tying with community governance while able to serve as unique policy tools against CG challenges. Current uncommon but necessary study fields and perspectives, for instance, include: 1) Suburban governance towards urban−rural spatial structure changes from LPD changing's perspective; 2) CG's reactions towards further service localisation from LPD's hierarchical modifications perspective; 3) CG's actions towards fine management and local service equalisation from LPD sizes' rescaling perspective. Based on such considerations, this book first analyses the basic concepts involved in the research CG and LPD, etc. Before analyses their intrinsic logical relationships. Then, with keywords of community governance, local political division reform and their interconnections, existing studies were reviewed and summarised. The essential of this book is to study the connection and interaction mechanisms between LPD's three key elements (formation, scale, hierarchy) and CG. Finally, from new demands and trends in CG, this book studied LPD's reforming directions and approaches under current modification frameworks.

The five major conclusions of this book are as follows：

First, existing CG studies are absent from a local perspective. In China's CG practical, LPDs often play important CG roles in task construction, system framework, spatial support, resource allocation and hierarchical division.

Second, Shanghai's CG are often accompanied by LPD's re-typing, re-tasking and re-functioning in the course of new urbanisation, government re-tasking industrial transformation and upgrading as well. Therefore, it is of utmost importance to revoke LPD' nature of social governance and public service by modifying LPD, promoting CG and adapting to social developments and changes. Future promotions in CG should keep underlining LPD's precise positioning and adaptive reforming.

Thirdly, changes in Shanghai CG's main function poses challenges to spatial scale and structure on which CG are based. Identifying appropriate scales in CG can be significant in promoting CG performances. In communities where economic administration are stressed, community development tends to pursue "bigger/larger" to employ scale economy and scope economy. In contrast, when social governance and public service functions prevail, "smaller" spatial structures are preferred. In a technical analysis to further divide CG spatial size, 15-min walking circle (Business Location Theory reveals that 15-20-min walking is a generally accepted distance for consumption activities) can be referred.

With this basis, we analysed Shanghai's ideal scales of community population and area within the 15-min walking circle. Analyses show that, when average neighbourhood/village population are set 4500, managing 7 sub-level centres is of the most efficient administration according to Chris Tayler's Administration Centre Principle. Thus 7 neighbourhoods/villages is an optimised set for the higher level administrative area, determining a population size around 31500. According to the 15-min walking circle (a convenient walking distance), an area around 3 km^2 is needed. To allocate 31500 people in 3 km^2, a population density of circa 10000/km^2 with 7 sub-level neighbourhoods/villages is an ideal mode.

Fourthly, in its CG demonstrations, Shanghai is establishing new functional small blocks in the city proper and "Basic Management Units" among suburban townships/subdistricts, mechanically echoing re-functioning and derived smaller scales in CG. Especially in the background of fine governance and accurate service, it is a foreseeable trend to divide governance units and promote further resources localisation. But in the wake of resource aggregation, one should avoid seeing current management unit transforming to an administrative hierarchy, a critical risk in flatting local administrative reform. Only when a governance platform with wide social voices and proper market mechanisms is established could we realise strengthening fine and precision governance while avoid wasting system resources.

Lastly, connections between LPDs and CG should be consecutively utilised. Promoting LPD reform to accelerate CG requires establishing a policy framework of "Governance structure" in administrative re-zoning ideology. The ultimate goal to study CG from the perspective of LPD reform is to terminate such studies, an irreplaceable perspective in resolving "Administrative effectiveness vs. Governance ineffectiveness".

Key words: Community governance (CG), Local political division (LPD), Shanghai

目　录

Contents

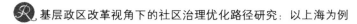

第一章　绪　论

第一节　选题缘起与研究意义

社区治理作为国家治理体系的重要有机组成部分，无论是在现实关注还是在学术研究方面，无疑都被列为分析重点和前沿热点。作为具有很强政策性和实践性的社区治理，其路径研究备受关注，在加强和完善社区治理上，已有诸多观点和探索。然而，从基层政区改革视角来观察并推进社区治理的情况还不多见，这也构成了本书研究的逻辑起点，并在学术和实践上具有重要意义。

一、选题背景

社区概念作为舶来品，在中国特色社会主义背景下呈现新的概念内涵和特殊功能，从社区服务到社区建设再到社区治理，社区的研究和实践在保持其基本特征的同时，更是顺应了中国经济社会发展的大趋势，并在这一过程中不断丰富创新。进入即将实现"两个一百年"奋斗目标和中华民族伟大复兴的中国梦的新阶段，社区又被赋予新的内涵。

一是社区发展越来越成为促进产业转型升级的重要基础。全球化、互联网所带来的要素集散速度空前快和规模空前大的新背景，使得产业发展正呈现"人跟着资金、技术和产业走"向"资金、技术和产业跟着人走"的深刻转变，有了"人"、有了"人才"，高端产业链、大量就业机会就会随之而来，经济转型升级自然加快，新动能也将形成。而怎么样才能吸引人、留住人？一个非常重要的条件就是构建一个宜居宜业宜学的良好社区发展环境。从资本驱动型向智力驱动型转变的经济格局，将越来越需要社会格局的支撑，舒适优美的社区生态环境、优质便利的社区公共服务、安全稳定的社区治安状况、多元协同的社区治理机制等都是吸引人才、留住人才的重要因素，而人才在创新创业上带来的产业或产业链（如一个"马云"就能带来电商这一庞大的产业链，那么如果能吸引到若干个"马云"，那经济发展和产业创新则不可限量，甚至半个"马云"也能对当地经济产生足够的支撑力）将是一个区域实现产业转型升级的关键。

二是社区治理得到国家前所未有的重视和支持。2017 年 6 月，《中共中央　国务院关于加强和完善城乡社区治理的意见》（以下简称《意见》）正式印发，这是首个以党中央、国务院名义对城乡社区工作专门部署的政策文件，其充分体现了以习近平同志为核心的党中央对城乡社区治理的高度重视，对于提升党的执政能力、创新基层治理机制、维护社会和谐稳定具有重大而深远的意义[1]。社区治理是国家治理体系和治理能力现代化的重要组成部分，不仅因为社区治理所具有的基础性、直接性、操作性特点，也因为其在转轨时期承载多元诉求调适、社会心态重建、执政基础夯实等战略重任。此外，针对全球经济危机背景下难民、种族、恐怖主义等问题频发，而社会治理不力的现实情况，如何总结和提炼具有中国特色的社区治理理论，形成可复制可推广的经验，也是非常重要的。

三是上海作为我国走在前列的超大城市，在社区治理上率先遇到问题，率先创新并解决问题，以它作为实证对象，可以更早地发现规律、更好地指导实践，走出符合超大城市特点和规律的社区治理新路子，这不仅是上海解决自身发展问题的需要，也是承载国家战略的要求。在 2035 年

---

① 黄树贤：《加强和完善社区治理　夯实国家治理现代化基础》，《求是》2017 年第 13 期。

建设为"卓越的全球城市"的新愿景下,上海需要继续保持社区治理上的优势,并不断探索新的政策举措,在社区精细化治理、精准化服务、永续化发展等方面继续深耕创新。

正是基于以上原因,本书选择社区治理作为研究对象,以路径研究为重点,并聚焦到基层政区改革这一独特的、被忽视又是必需的视角,对上海社区治理进行分析,以期在推进上海社区治理中找到独特的、被忽视又是必需的路径,并更加精准、精细和精确地,事半功倍地加强和完善上海社区的治理,完善治理的体制机制、提升治理的能力水平、解决治理的短板问题,实现社区的善治。

二、研究价值

本书基于对上海社区治理的实证研究,提出了从基层政区改革来分析的独特视角,并指出了在这一视角下上海社区治理的优化及其未来通过基层政区改革推动社区善治的策略。这一研究的主要价值在于:其一,在推动上海社区治理上提供了独特的视角,通过这一视角可以更为清晰地观察和分析社区治理中存在的问题、短板。具有中国特色的社区治理仍需要依托具有行政属性的基层政区来开展和推进,这使得社区治理中存在的"条块不协调""职能不匹配""治理资源不足"等体制机制问题,公共服务便捷性、可及性和精准性不够,公众参与不足、居民自治未能充分调动、多元主体共治缺乏动力和持续性等都或多或少、或直接或间接地与基层政区设置、调整和改革不到位有关联。例如,基层政区规模偏大影响了公共服务的可及性、居民参与的便利性;基层政区建制转换不及时,影响到政府资源对社区治理的投入力度和关注程度,从而影响社区治理的有效性;基层政区边界的刚性较强,使得公共服务的跨界供给、社会治理的统筹协同存在一定的障碍,因此,唯有跳出社区从政区看社区,透过社区从内在看社区,才能更好地找到问题的症结所在。

其二,在破解社区治理问题上,基层政区改革作为加强基层基础工作的重要政策工具，可以充分应用基层政区改革政策框架中的工具，为补齐社区治理短板提供更丰富多元的解决之道，特别是由于基层政区与社区治理之间存在诸多内在关联，透过政区可以看到社区治理中更为本质的问题，并且由于基层政区改革本身具有全面性和系统性，因此在提供决策方案上，以基层政区改革为切入点，可以从治本和长远的视角来破解社区治理中存在的固有难题。

其三，基层政区作为我国政权体系的末梢，其重要性不言而喻，正所谓"基础不牢，地动山摇"，因而围绕社区治理导向的基层政区改革，更切中未来基层政区的职能和功能定位，同时研究基层政区改革与社区治理的内在关联和互动，也可以为基层政区未来的改革提供重要的参考，如在社区中广泛应用的治理理念，在引入行政区划改革后，就可以丰富政区研究的内容，优化政区调整和改革的方式。

从理论和学术价值而言，社区治理的研究已十分丰富，基层政区改革的探讨也观点纷呈，而在理论上如何将两者系统关联，并找出规律性的结论的研究还远未展开。特别是从行政属性和中国特色属性较强的基层政区出发，探讨具有普遍甚至普适意义的社区研究，应该可以从中提炼出具有中国特色的社区治理学术命题，进而为国内外社区研究提供可资借鉴的模式规律。

第二节　研究思路和篇章安排

从本书的研究思路和内容布局来看，其主要还是集中在关联性研究和对策性研究方面，并从基层政区的核心要素出发，来观察、分析社区治理现状和问题，提出优化路径。

一、逻辑思路和技术路线

本书在写作思路上，遵循从理论到实践、从整体到局部、从分述到总结的整体思路。本书首先对文中涉及的基本概念进行分析，主要是社区治理及其相关概念和基层政区及其相关概念两个方面；其次对两者之间的内在关联进行了分析，包括关联内容、关联机制和具体关联举措。同时以社区治理、基层政区改革以及两者关联作为关键词对现有研究进行了梳理和综述。因此，这一板块包括了三个章节，即绪论、基层政区改革与社区治理的关联逻辑以及相关研究综述。

本书的主体部分研究基于政区的核心三要素，即行政区划中的"分类、分区和分层"，分别对应政区要素中的行政建制、行政区域和行政层级，而基层政区的核心三要素自然对应于基层政区建制、基层政区规模和基层政区层级。从基层政区的这三个核心要素出发，对其与社区治理的关联及其影响机制，特别是改革政策怎样促进社区治理进行了分析，这些研究都是通过夹叙夹议的方式展开的，既有理论性的总结分析和启示思考，也有以上海为主的实证数据和丰富案例。因此，这一板块也包括了三个章节，即基层政区的建制转型与上海社区治理、基层政区的规模适度与上海社区治理、基层政区的层级优化与上海社区治理，每个章节都是围绕基层政区改革下上海社区治理的现状、问题和对策展开的，只是每个章节重点选择政区中的一个要素。需要指出的是，由于基层政区是一个政策框架和制度体系，因此，虽然分开探讨某一核心要素可以更为清晰和聚焦，但是难免会与其他要素有所涉及甚至交叉，如规模适度后，相应的幅度就会调整，因而层级肯定有所变化，所以在分析规模调整时，或多或少涉及层级优化。三大核心要素的区别分析虽然主要是横向逻辑的推进，但也是系统结构逻辑的展开，并且其内在还有一条重要的纵向逻辑线索。纵向逻辑线索是指：由于基层政区的行政建制在城镇化进程中存在着社区治理城乡转换的必然趋势，因此在产业升级和技术创新趋势下呈现出基层社区经济职能重心上提的必然趋势，在居民对美好生活向往和现代福利制度的要求下呈现出社会职能下沉和服务功能强化的必然趋势。在这些趋势影响下，基层行政建制的类型、职能和功能也发生了相应的变化，而这些行政建制的变化及其社区治理的变化，又进一步对社区治理的规模提出了挑战，特别是农村社区、以产为本社区在规模上是要求"大"，而城市社区治理、以公共服务为主职能的社区治理则是需要规模上"小"，这一转换扩大了社区治理规模的张力，而社区治理的规模在可操作性视角下与基层政区的规模密切关联，甚至重合，因而这也对基层政区规模提出了挑战，如何通过区划调整来实现规模的适度，则是基层政区规模改革需要重点讨论的。在基层政区调整规模以达到适度的过程中，由于社区规模变小，使得现有层级结构出现不适应，在原有"街—居"和"镇—村、居"之间还需要"嵌入"相应的机构和组织，而且在同一层级的政区之间如何协同，如何避免规模结构调整中政区边界刚性带来的社区服务资源配置、社会组织发展等负面影响，也是研究的内容，这也是本书这一板块进入层级结构探讨的缘由。

此外，政区要素中还包括治所驻地、边界、名称等，这些要素对社区治理也有影响，但这些影响的显著性和重要性不是很高，因此关于这部分的内容，一部分理论性的分析放在前述关联逻辑中论述，另一部分对策性的探讨放在最后的整体性讨论改革举措中阐述。

本书最后的板块是从社区治理的新要求和新趋势出发，研究基层政区在现有调整框架下，其改革的路径和方向有哪些：分别为将基层政区调整理念从"行政区划"向"治理区划"重塑、基层行政建制的精准化、通过信息化条件下跨界治理突破规模适度的主观性和多变性以及以平台化的治理推进政府层级的扁平化。最后一章是对本书的相关结论以及未来需要深化的方向和内容的思考。通过基层政区体系的优化来破解社区发展中"行政有效、治理无效"的问题，正是由于社区治理与基层政区之间存在着千丝万缕的关系，所以可通过逐步调整基层政区的制度体系，来提升社区发展中治理的有效性。然而，推动基层政区调整的动力从哪里来？如果只是技术性调整，面对纷繁复杂的基层事务，技术性调整是否会很快面临局限性，而非技术性调整的边界又在哪里？在政区框架内突破行政性实现有效治理是否具有可持续性？此外，本书在历史性基层政区改革的研究以及海外社区治理的系统研究上还有待加强。

根据以上逻辑思路，本书的技术路线如图1-1所示：

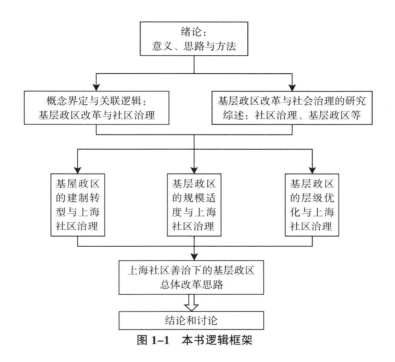

图1-1　本书逻辑框架

二、篇章安排和各章重点

根据以上逻辑思路和技术路线，本书一共八章，每一章的主要内容和观点如下：

第一章是绪论。本章主要是对全书的选题背景、立题的理论价值与实践意义以及整体逻辑思路、篇章布局和研究方法等做概括性的交代，对本书的主要观点和结构都进行了简要阐述。

第二章是概念界定与关联逻辑：基层政区改革与社区治理。本章先对本书中涉及的核心概念做了阐述和界定，主要是与基层政区和社区治理相关的概念，在此基础上，对基层政区改革与社区治理之间的关联进行了分析。对两者关联逻辑的分析是本书的论证基础，也是关键，笔者从概念与内容关联、内在关联机理以及具体关联方式三个方面对基层政区改革与社区治理进行了关联逻辑的分析。

　　第三章是基层政区改革与社区治理的研究综述。本章主要是抓住三个关键词，即基层政区改革、社区治理、两者之间的关联，从三个方面对现有研究的进展进行综述，从目前的研究来看，有大量的文献对社区治理和基层政区改革进行了分析和展开，但从基层政区改革视角来研究社区治理的还较为少见，特别是系统性的、对策性的研究还较为薄弱，而关联两者推进社区治理研究亟待展开，这也构成了本书研究的学术出发点。

　　第四章是基层政区的建制转型与上海社区治理。本章从建制类型、建制职能和建制功能三个方面分析了基层政区对社区治理的影响。建制类型转换主要是指随着城镇化进程中社区地域性质转换而调整，建制职能则是指街道办事处和乡镇在经济职能上不断淡化，但其社会治理和公共服务的职能不断强化，而这些变化也影响和推动着社区治理优化。

　　第五章是基层政区的规模适度与上海社区治理。随着基层建制的转型，原有的政区规模也出现了不适应，而适度的规模是可以改善社区治理绩效的。通过对与基层政区相重合的街镇社区、村居社区在人口规模和面积规模上的现状和问题分析，结合从中总结的相关规律提出了社区治理规模适度化的思路与对策。

　　第六章是基层政区的层级优化与上海社区治理。基层建制的转型以及相应的规模调整，都对层级关系产生了影响，相应的层级调整已逐渐展开，本书在实证分析上海中心城区功能性小街区以及郊区镇管社区的升级版——基本管理单元中，分别提出了优化这些"中间层"的具体对策。

　　第七章是上海社区善治下的基层政区总体改革思路。前面几章是从各个基层政区的组成要素角度来探讨政区改革对社区治理优化的路径和对策，综合以上分析思路，本章将从系统化的角度提出上海在推进社区善治过程中基层政区的总体改革思路。思路分为两大部分：一是整体性的方案设计，包括近期的和远期的；二是区划调整理念、建制、规模和层级在创新性思路上的具体方向。

第八章是结论和讨论。针对本书的一些关键性结论进行总结，并提出了需要进一步讨论的问题。

第三节　研究方法和研究基础

本书在研究方法上，除了有常规性的质性与量化相结合的分析（主要是在对现状和问题的阐述上运用了实地调研访谈和相关统计数据资源）、历史与比较相结合的分析（在总结特点上一般是从纵向的历史比较和横向的个案比较来进行分析）、归纳与演绎相结合的分析（在形成分析的视角上更多采取了演绎性的逻辑思辨分析，而在各要素的具体现状、问题以及对策分析中则采取的是归纳推理的方式）、文献与实证相结合的分析（通过对文献的梳理来确立本书的独特性，并在总括性分析上结合文献的梳理来总结，在涉及本书实证对象上海的分析中则更多采取一手资料的方式进行研究）等外，还有两个主要的特色：

一是积极应用 GIS 软件通过直观化、图形化的方式来分析和表达相关问题或结论。由于政区和社区都有很强的空间性，因此有些问题的表达或分析需要借助空间分析工具，包括利用泰森多边形来分析各基层政区行政中心和边界形态的合理性等。

二是充分利用近年来笔者主持或主笔的课题素材，通过实证和案例的方式来阐述理由，其中包括笔者主持的国家社会科学基金项目、国家民政部部级课题、上海交通大学校级自主探索课题以及横向委托的各类政府咨询课题。

第二章 概念界定与关联逻辑：基层政区改革与社区治理

第一节 基层政区改革相关概念与理论

一、基层政区·基层政府·基层政权

行政区划作为政府权力结构的空间投影，其设置与改革无疑影响着一个区域的发展与变迁，而"我国既是世界上行政区划内容最丰富的国家，也是现实行政区划矛盾最多、最复杂的国家"。[①] 因此，科学合理地进行行政区划研究对于促进区域发展具有重要意义。政区是"行政区"的简称，在我国的行政区划体系中，基层政区指的是最为接近居民的行政区，它一般包括了我们所熟知的乡、镇、街道等，由于从严格意义上讲，街道不属于一级政区（街道不设人大、政协，属于上级政府的派出机构），因此，市辖区、县级市等从广义上纳入基层政区范畴。此外，由于我国的居委会、村委会接受党的领导，其性质上仍带有一定的行政管理色彩，因此，从广义而言，基层政区也涵盖居委会、村委会（见图 2-1）。

[①] 刘君德、靳润成、周克瑜：《中国政区地理》，科学出版社 1999 年版。

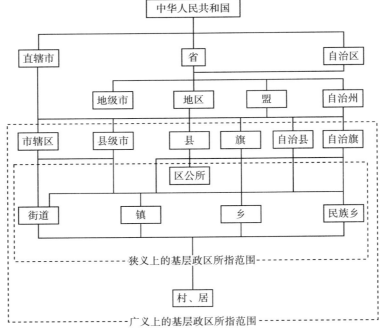

图 2-1　我国基层政区范围

资料来源：刘君德等：《中国政区地理》，科学出版社 1999 年版。

在整个中国行政区划体系中，基层政区一般具有以下特点：一是政区性质的基层基础性。基层政区是我国自上而下的行政管理权力和自下而上的民主自治权利相互作用、交融、促进最为直接和明显的政区空间。所谓"基础不牢、地动山摇"，在我国经济转轨、社会转型不断加快的今天，加强基层政权建设，是关系到国泰民安的头等大事。二是政区调整的现实需求性。高层政区的设置和调整一般从政权建设、国土安全、民族团结等政治角度进行考虑，而基层政区的设置和调整则更多是从生产力布局、城市化进程等发展需求角度加以考量，如随着城市化进程的推进，经常出现的乡改镇、镇改街道、县改市、县改区等，以及为实现经济社会现实发展规模效应而进行的乡镇撤并、市辖区撤并等。三是政区类型的多样多元性。由于中国目前处于大规模、高速度、多形式的工业化、城市化进程中，而基层政区作为基础性的制度安排必然先"遭遇"制度变迁的压力，面对丰富复杂的生产力实践，基层政区的表现形式也不断增加，特别是对广义政区（行政管理区）而言，新区、新城、新市镇、各类开发区（经济开发区、旅游风景区、高新技术区等）、带经济功能和不带经济功能的街道，甚至虚拟乡、虚拟镇、农场等"各式各样"的基层政区自改革开放以来均不断出现。

　　与基层政区概念密切相关的一个概念是基层政府。基层政府是指我国政府序列中面向一线群众、负责国家方针路线具体实施的一级政府，从涵盖的组织范围而言，它与基层政区大致相同，但是从完整的一级政府来看，即根据《中华人民共和国地方各级人民代表大会和地方各级人民政府组织法》，基层政府仅仅包括市辖区、乡、民族乡、镇，因为市辖区、乡、民族乡、镇是具有一级人民代表大会和人民政府的完整政府组织，而街道办事处是上级政府的派出机构，并不设有人大，此外，村民委员会和居民委员会在法律上是基层群众自治组织，更不能纳入基层政府的序列。因此，总体而言，基层政府作为法定的完整政府组织，包含于广义的基层政区中，与狭义的基层政区涵盖的政府组织是对应的。需要指出的是，尽管狭义的基层政区与基层政府是对应的，但它们在表述的对象上还是有所区别，基层政区主要还是从行政区划的角度来看待基层政府，即将它作为一个整体性的空间行政建制，而内部的管理体制、部门设置、运行机制等不是其重点，它更注重的是基层政府在辖区规模调整（合并或拆分出相应的区域、管辖区域是连续的还是有飞地等）、作为整体的建制类型（是乡、镇还是民族乡）、作为整体的层级隶属关系（行政级别是什么，行政级别决定与上下级政府之间的关系，上级政府管辖多少个基层政府，即管理幅度等），而基层政府更为强调的是内部的领导体制、部门设置、部门关系、运行机制等内部性的要素及其关系，当然也包括整体性的政府职能转变、机构改革、人员配置等。

　　与基层政区概念相关的另一个概念是基层政权。基层政权作为国家政权的重要组成部分，是相对于中央政权、中层政权而言的，是指这一级政权在国家政权结构中处于基层地位，也就是说处于最低一层的位置。从涵盖的组织范围来说，基层政权所包括的组织范围与广义的基层政区的范围相对一致，因为只要涉及与国家力量相关的管理组织都应该纳入基层政权范围，包括村委会和居委会以及设立了居委会的住宅小区管理机构等，而在社区建设上，由于我国目前在推动社区建设方面的行政力量发挥了重要作用，因此，各层面与政府相关联的各类社区组织也可纳入基层政权范畴。也正是基于此，民政系统专门将社区建设与基层政权职能统合在一起，设立了基层政权与社区建设司，其职能是"拟订城乡基层群众自治建设和社区建设政策；指导社区服务体系建设；提出加强和改进城乡基层政权建设的建议；推动基层民主政治建设"。

二、区划调整·政区改革·基层政区改革

行政区划既是一个静态的制度概念，也是一个动态的变动概念，区划调整是指行政区划的调整或变更，它可以分为六种类型，具体如表 2-1 所示。

表 2-1 行政区划调整的六种类型

类别	内容	举例
建制变更	增设、裁撤、改设，县改市、市改区、乡改镇等	1995 年，上海市浦东新区张江乡改为张江镇
行政区域界线变更	行政区域扩大和缩小	1984 年 11 月，真如镇由嘉定县划归普陀区
行政机关驻地迁移	首都搬迁、省会等其他行政中心的变迁	1952 年，安徽省会从安庆迁往了合肥
隶属关系变更	A 行政区由甲管辖改为由乙管辖，对 A 行政区而言，隶属关系变更	1958 年，江苏省苏州专区上海县划入上海市
行政等级变更	行政级别升格和降格	1979 年 11 月，深圳市由县级市改为地级市，1986 年，吉林公主岭市由地级市改为县级市
更名	改变行政区专名	1949 年，北平市改为北京市

资料来源：浦善新：《中国行政区划改革研究》，商务印书馆 2006 年版，第 1 页。

政区改革指在具体政区发展管理中指导思想和理念、规则的调整，是

行政区划规划的调整。广义的政区改革涵盖了政区的调整，因为政区调整的行为也是对基层政区运行架构相对较大的改变，例如，从镇改为街道办事处，不仅意味着从一级完整的政府改为上级政府派出机构，也是管理要求和性质的转变，是从农村郊区型治理向城市社区治理的深刻转变；增设直辖市或划小省区等，这些调整虽然也是在现有政策框架下的区划调整，但是其影响不言而喻，从改革的角度而言，无疑也属于重大改革。狭义的政区改革，则是指行政区划的指导思想、理念、规则、标准、流程等方面的调整，是现行行政区划调整政策框架的变革，它通过对现有政策框架体系的改革来对政区发展和调整产生影响。例如，县改市、县改区等标准的调整，"县下辖市"，直辖市增设"二级市"，行政区划调整必须听取专家意见和公众意见等。改革、取消"地级市"，设立特别行政区等都属于政区改革的范畴。需要指出的是，尽管政区改革更为本质，但在影响性上，有一些政策框架的微调并不会比大的区划调整影响大，例如，行政区划调整后的上报审批改革；乡镇行政驻地调整由省级来审批或地级市来审批，虽然这一流程改革也有重大影响，但较之于划小省区等大的区划调整，其影响还是相对较小的。

从广义上而言，基层政区改革包含了与基层政区所指管理组织的空间区划调整，以及指导区划调整的相关理念、政策、规则等的调整。从狭义上而言，基层政区改革仅仅指现行基层政区设置和调整政策框架的改革，本书中提到的基层政区改革主要还是从广义上来定位的，特别是对历史和现状的分析，在对于面向未来的基层政区改革的分析中，则更多从狭义上来理解和研究。

三、基层政区改革的政策框架

基层政区改革作为行政区划改革的组成部分，其内容包括行政区域的合并、撤销、分设（乡镇撤并、镇中心切块设街道等），行政建制的转换（乡改镇、镇改街道、县改市、县改市辖区等），行政层级的升格、降格

（镇升格为县级市、县级市升格为地级市等）、行政中心的迁移，政区通名和专名的变更（政区名称改变）等（见表2-2）。

表2-2　基层政区调整的方式

	乡、镇、街道	村委会、居委会
行政建制转换	乡改镇、镇改街道、乡改街道	撤村改居，设立新的村委会和居委会
行政区域调整	乡镇撤并、街镇合并、乡切块设镇、镇切块设街道	村村合并、居委会撤并
隶属关系变更	乡镇街从郊区县划入市辖区、地级市下辖镇	从一个乡镇改为另一个乡镇管辖
行政中心迁移	驻地搬迁至辖区几何中心	居委会和村委会办公地的搬迁
政区专名变更	乡镇街道的更名	村委会、居委会名称变更

同时，基层政区改革作为一项制度改革，其改革过程也符合新制度经济学关于制度变迁的成本和收益理论，即当制度改革的收益足够大而成本足够小时，制度变革得以发生。从基层政区改革的收益而言，往往可以体现在经济、社会和政权方面，包括产业的整合、功能的联动、资源的聚焦、城镇化的推进、居民的管理与服务、基层政权的巩固等。从基层政区改革的成本而言，包括政府人员的安置分流、机构的重新整合、工作机制的暂时性调整、相关标识（地名、公章、邮编、门牌号等）的更改、某些地域文化的消失等。改革的收益主要来自于对破解现实发展难题而获得的解放生产力、发展生产力的空间，当现有政区结构越来越束缚和阻碍生产力发展时，改革的收益就越大；改革的成本主要来自于人员、机构、工作机制的重新理顺，当改革形成越来越大的规模趋势效应时，改革遇到的人为阻碍相对就越小，改革的成本也就越低（见图2-2）。

四、近年来基层政区调整和改革的新理念和新动向

建制转换、辖区扩缩、层级增减、驻地布局等基层政区调整和改革，都需要在理念上有所改变，因为任何具体的区划调整，都可能有多种利弊均衡的备选方案，在确定最终方案过程中，必须要有科学合理并符合发展

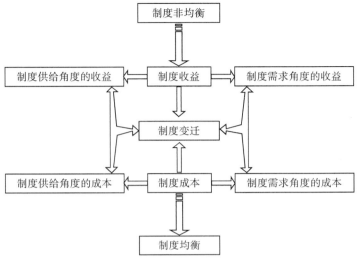

图 2-2　制度变迁机制

资料来源：张曙光：《论制度均衡和制度变革》，《经济研究》1992 年第 6 期。

趋势的理念进行指导和贯穿。"以人民为中心"的发展理念是指导我国基层政区调整和改革的核心理念。以人为本、城乡统筹、生态优先的新型城镇化是一个制度变革的过程，行政区划作为一项与城镇化进程密切相关的基础性、框架性制度，必然要在政区改革上做出相应的新探索，以顺应并促进新型城镇化的发展。一是在政区空间框架上需要实现"以产为本到以人为本"的转变，即从追求产业发展规模和集聚效应的"大空间"向追求社会管理和公共服务便捷的"小空间"转变；二是在政区建制转换上需要实现"以城为主到城乡统筹"的转变，即在厘清城乡一体化不是城乡一样化的认识后，充分考虑农业型镇、生态型镇的建制保留，而不是一味追求郊区要被"水泥森林"填满；三是在政区组织方式上需要实现"动辄区划调整到鼓励府际合作"的转变，即加快政府职能转变，避免单纯通过过多过频的区划调整来解决跨界发展问题，而是通过加强政区之间的协调合作，以实现资源合理配置。

近年来，在具体的基层政区调整和改革中，也出现了一些新的动向。一是在郊区基层政区体制上，特大城市纷纷设立超大空间尺度的新区建制。例如，天津滨海新区面积达 2270 平方公里，重庆两江新区面积为 1200 平方公里，上海浦东新区面积超过 1210 平方公里，浙江舟山新区陆域面积超过 1400 平方公里等。以特大城市（尤其是直辖市）为大手笔、高起点形成城市新的经济增长区域，采取了借鉴上海浦东经验在郊区设置新区的发展战略，而为了更大范围地整合资源、统筹发展，在区域规模上则又采取了超大空间尺度的调整方式。这一设置既有利于合理搭建产业框架，也打破了原有市辖区的规模惯性，在常规性的市—市辖区—街道（乡镇）格局未能得到相应调整的情况下，有利于产业大整合的新区格局也给街镇管理、社区建设、产城融合、公共服务等带来了挑战，在经济高速发展的阶段，这些问题可能会有所"掩盖"，然而，随着工业化（人口的非农化）、城市化（非农人口大量导入）的不断推进，以及和谐社会、基层自治以及转变经济发展方式等理念的凸显，这些问题必将在近期，尤其是未来成为"掣肘"新区持续高速发展的难题。

二是在城区基层政区体制上，扁平化以及扩大市辖区规模成为各地试点的趋势。在更加注重社会建设和推进政府体制改革的新阶段，为提高行政管理效能、优化公共服务体系、完善居民民主自治、推进社区建设发展，各地纷纷从基层政区体制上着手，推出相应的制度改革。在层级体制上，以"市—市辖区—街道—居委会"为架构的多级管理和服务体制往往会导致公共服务难以贴近百姓、居民自治难以充分体现、社区资源难以有机整合等问题，特别是 2009 年全国人大宣布废止 1954 年颁布的《街道办事处条例》后，街道体制改革已没有法律障碍，与此同时，民政部也明确"取消街道是大势所趋"，在这一趋势背景下，各地纷纷加快了基层政区的改革探索，并不断付诸实践。例如，北京在《北京市"十二五"时期体制改革规划》中，明确提出在未来五年将探索撤销街道办事处的改革试点，探索更简化的纵向管理模式。被民政部列为"全国社区管理和服务创新试验区"的安徽铜陵市，成为全国第一个全部取消街道办事处的地级市。南京市白下区早在 2002 年就在淮海路街道试点取消街道办事处，贵州贵阳市也在 2010 年试点在两个市辖区取消街道办事处。深圳则在其申报国家综合配套改革试验区的《总体方案》中，提出"适当调整行政区划，推进精简行政层级改革试点，实现一级政府三级管理，创新现代城市管理模式"，这一改革的思路在于虚化市辖区。以上这些改革，尽管在具体路径和方案上都有所不同，然而其共同点都直指基层政区的层级烦琐，并朝着精简扁平的方向进行改革，或取消街道、或虚化市辖区。然而，从改革成效看，由于政府职能转变未能到位、现有管理和服务机制存在体制惯性，尽管取消了街道，但政府仍需在市辖区与居委会之间设立一个相应的组织机构，才能保证现有的运行秩序不被打乱，因此，形式上的扁平化并未能很好地解决基层服务效率与社区居民自治问题。在改革效果"打折"的同时，体制调整中涉及的干部安置、人员分流等"副作用"却使得改革成本大为增加。北京新东城区和新西城区以及上海新黄浦的成立，表明城区市辖区为均衡配置管理资源（随着郊区大量的县市改区，城市市辖区的平均规模迅速扩大，中心城区的市辖区就显得相对很小）、整合城区功能资源（例如，上海市黄浦区与南市区、卢湾区的合并主要是为了外滩的国际金融中心功能建设），也在循着扩大规模的思路做调整。然而，对于高度城市化的城市中心地区，由于经济发展的任务趋于稳定，政府管理的重心主要转到为居民提供优质、均衡、针对性的社会服务上，而与产业发展所需的大区域不同（有利于产业资源的整合），社会服务倾向于小区域（有利于直面百姓，更加贴心、互动式进行管理和服务），因此，从长远看，目前特大城市中心城区适当调大的市辖区，仍未达到一个相对稳定状态，如何高效民主地做好基层管理和服务工作，我们仍需探索。

三是开发区向行政区转变。开发区管委会作为一级准行政管理区，虽然其更偏向经济管理，但也是一个特定区域的政府组织机构。近年来，随着开发区城市化进程加快、产业空间不断扩展，以往"一地两府"带来的管理掣肘不断凸显，开发区管理体制出现由管委会向行政区转变或是与所在行政区合并的趋势。例如，苏州高新技术开发区与虎丘区的合一，青岛开发区与黄岛区的合并，浦东新区管委会、滨海新区管委会向浦东新区和滨海新区一级政府的转变等。虽然由开发区到行政区的复归解决了管委会体制在综合管理上的一些问题，然而，开发区的建制转换也使得传统体制的弊端（官僚作风、机构膨胀、效率不高等）同时复归，这在一定程度上减缓了区域的开发开放进程。因此，如何推进开发区管理体制的调整在当前仍是一个值得探讨的问题。

第二节　社区治理相关概念与理论

一、社区·行政社区·"行政区—社区"体系

1. 社区

1871 年，英国学者 H. S. 梅因在《东西方村落社区》一书中首用"社区"一词，随后德国著名社会学家斐迪南·滕尼斯（F. J. Tonnies）在 1887 年出版的《社区与社会》一书中最早从社会学角度界定并系统研究了这一概念。社区自提出以来，就得到了学术界和实践领域的深入研究和广泛关注，不同学科、不同理论、不同学者纷纷对社区进行定义和研究。据不完全统计，社区概念表述不下 140 种[①]。尽管学者们对社区概念描述不一，但在对其共性特点的把握上，则相对一致，他们认为在社区的基本属性中，至少包括居民（社区人群）、地域（社区空间）、文化（社区内在差异性）、组织（社区管理和服务的各类机构）、认同（社区的归属感）。从本质而言，社区是有一定群体性的居民在一定实体空间内，按照一定的规则组织起来，并具有相对内在差异性特征的共同体。虚拟社区和网络社区是近年来随着信息化社会而发展起来的社区，由于这类社区具有开放性、全天候、很松散的群体，且没有实体空间，因此，从严格意义上来说，它不

---

① 程玉申：《中国城市社区发展研究》，华东师范大学出版社 2002 年版。

属于社区的范畴，但是，从社区治理而言，网络空间的治理却越来越重要，线上治理对打破政区空间阻隔、打破部门利益掣肘、打破监督考核难追溯的困境，提升社区服务效率、实现全天候服务等具有明显的作用。

2. 行政社区

由于社区与地域和空间密切关联，而差异性是空间的基本属性，因此，类型学也成为社区研究中一个重要的维度。例如，在西方社区研究中，许多学者曾对城市和郊区社区进行类型划分，并形成社区类型讨论的经典类型（见表2-3）。

表 2-3 典型社区类型的划分

学者	角度	社区类型
P. 马库斯（1996）	城市社会居住分化	城市社区五种类型：豪华住宅区、绅士住宅区、郊区住宅区、租地住宅区、遗弃住宅区
甘斯（Gans, 1997）	西方城市内城居民群体特征和需求取向	城市内城社区类型：寄宿区、种族村、贫民窟、灰区
马勒（Muller, 1981）	美国城市郊区居民的社会经济特征和社会互动方式	美国城市郊区四种类型：位于城市远郊的排他性高收入社区、普遍位于郊区的中产阶级社区、郊区世界主义者社区、工人阶级或蓝领阶层社区
怀特等（White 等, 1984）	西欧的郊区社区	西欧的郊区类型：工业郊区社区、中产阶级郊区社区、通勤村庄社区、新工人阶级郊区社区
徐中振（1996）	上海的城市功能发展	改造区、旧宅保留区、近建居住区、新辟居住区
吴缚龙（1992）	生活功能和生产功能的空间关系	中国的社区：传统式街坊社区、单一式单位社区、混合式综合社区、演替式综合社区

资料来源：刘君德等：《中国大城市基层行政社区组织重构》，东南大学出版社2013年版，第34-37页。

在社区的诸多分类中，如果从中国社区建设实践和治理路径的角度而言，应该有一类社区或者某种视角的社区需要重点关注，即刘君德及其团队提出的"行政社区"的概念。1995年，刘君德在进行上海浦东新区社区研究时正式提出这一概念并运用到具体的社区发展实践中。行政性是中国特色社会主义语境下社区的重要属性，"由于政府在社区建设中的主导作用，使中国的社区被赋予了明显的行政化特性，并在很大程度上被纳入地方政府的纵向行政管理体系，尤其在基层行政区和社区层面上，两者表现出较为明显的共性特征。"[①] 从社区角度而言，基层政区本身就是一种法定的行政社区，"由于此类情况在中国很多城市都具有较强的普遍性，因此，这种法定的社区从类型学逻辑的角度看，可以说基本具备成为一种社区类型的基础"。[②] 正是基于这一重要属性，为凸显其个性，并区别于居住社区、工业社区、商业区等类型，将这一类型的社区定义为"行政社区"。

可以从行政社区与非行政社区的关系比较中更为清晰深入地把握行政社区的概念内涵。"非行政社区"是指自然形成的社区，包括商业社区、工业社区、大学社区、交通社区、城中村社区、新型居住社区、动拆迁社区、农村聚落社区、旧式里弄社区、国际社区等。两者的根本区别在于是否存在正式制度的认定，即政府在国家法律法规框架下对社区进行行政界定，因此界定行政社区及将社区分为行政社区和非行政社区两大类，是基于社区的组织性质和组织功能的。在中国特色社会主义国情下，行政社区与非行政社区一般不能随意相互代替，如以非行政社区完全代替行政社区，则有可能影响基层政权建设，而如果以行政社区完全替代非行政社区，又有可能损害居民的某些权益，不利于有效地提供各种社区服务，甚至由于行政社区对社区空间的不当分割而造成社会治理力量和公共服务设施的过度拥挤浪费或严重不足。因此，一个合理的行政区—社区体系必须合理划分空间规模和层级结构。表 2-4 基本反映了我国城市地区行政社区与居住区非行政社区体系的现状和相互关系，其中区级社区、街镇社区的地域范围分别与市辖区、街道办事处和乡镇政府的政区范围相吻合，即行政社区，居委会和村委会正如前面分析的那样，在现阶段的实践中仍具有很强的基层政区属性，因此，村居级社区与村委会和居委会管辖范围也完全一致，这三层行政社区与大型居住社区（如潍坊新村、曹阳新村、华师大高校社区、郊区大型居住社区等）、中小型居住社区（大的开发楼盘、

---

①② 刘君德等：《中国大城市基层行政社区组织重构》，东南大学出版社 2013 年版，第 37 页。

大型动迁小区、集镇社区等）、自然村和小区社区（自然村落、居住小区等）保持一致。在行政社区体系中，各社区之间有着严格的层级和隶属关系，其资源配置遵从行政管理的统一规范原则；而非行政社区则只是从规模大小上来区别，其服务资源配置完全遵从市场化和社会化的高效原则。

表 2-4　行政社区—非行政社区的关系框架

行政社区	非行政社区
区（县市）级社区	
↓ ————	———— 大型居住社区
街道（乡镇）级社区	
↓ ————	———— 中小型居住社区
居委、村委社区	
————	———— 自然村和小区社区

资料来源：刘君德等：《中国大城市基层行政社区组织重构》，东南大学出版社 2013 年版，第 38 页。

3. "行政区—社区"体系

基于行政社区概念框架，从这一概念的运用及其范式形成的角度，刘君德又进一步提出了"行政区—社区"体系的理论观点。"行政区—社区"体系的基本结构框架包括三个体系，即层次结构体系、社区服务供给机制体系、地域整合分布体系。

（1）社区的层次结构体系。无论是行政社区还是非行政社区都具有层次结构性，行政社区由于其行政管理中的层级与幅度关系，必然有着较为明确的上下隶属关系，并且有相应的权责利划分和条块关系协调，如区级社区更多是通过专业指导、规则制定、人员安排等方面统筹全区经济社会发展，而街镇社区和村居社区更多从具体操作和推进各项发展事务角度来划分职责。非行政社区则是通过不同功能层级和规模等级的社会服务和商业服务来构建大型社区、中小型社区和微型社区的服务层级体系，上下并无行政隶属关系，但是由于大型社区主要提供更为综合和高层次的服务，因此其与居民区和住宅小区的服务层级定位有所差异。

（2）社区服务供给机制体系。从社区服务和管理的机制来看，行政社区往往以福利性事业和社会服务为主，主要是提供托底性、普惠性、基本的公共服务，包括低收入困难群体、高龄老年人、困境儿童等的社会福利服务，以政府财政直接提供或政府购买的方式无偿或最低成本地提供；而非行政社区的服务供给机制则是以市场化方式，以满足居民不同层次不同类型的需求为导向，通过以企业为主体的产业发展方式进行供给；在这两种社区服务供给体系外，还有一类介于纯政府性福利服务和市场化产业服务之间的社会化服务，其提供主体是社会服务组织（以前的民办非企业组织），这些组织不是政府，但是其属性是非营利性质，以社会效益为导向进行服务的生产和供给，这类服务业往往依托行政社区，包括公办民营、行政社区组织购买服务等，因此它们的布局仍在较大程度上需要依托行政组织。总体而言，行政社区的福利服务供给的特点是：其供给网络主要依托行政组织，各级各类行政作为服务供给的节点，遵循的关系也是行政管理性的，资金来源以财政拨款为主，服务的特点是基础性、兜底性、稳定性、系统性。非行政社区市场化服务供给的特点是，其供给网络主要依托各类企业和市场化主体，商业超市、购物中心、便利店、茶吧、咖啡吧、社区商业个体户等是其供给的节点，遵循的是市场化原则，但同时要符合国家市场监督管理的相关法律法规，服务的特点是市场化、高效化、品质化、国际化等。社区的社会化服务供给体系则是以行政组织为基础，同时考虑居民的多样化需求和市场化服务半径，其供给节点是各类社会组织（包括民办非企业组织、慈善组织、社区基金会等），遵循的是社会效益最大化原则，服务的特点是社会化、多元性、间接性、补缺性等。

（3）地域整合分布体系。行政区—社区体系的地域分布表现为空间上相邻分布的规模不等、功能各异的小型专业社区或低层级的行政社区之间的相互作用，从而逐渐嵌套累积为多功能高层次的大型综合社区或高等级行政社区。一个城市综合性社区在地域上往往由行政社区、工业社区、商业社区、文化社区、城郊农村社区、住宅社区，甚至交通社区、学校社区、旅游景区社区等多个小型专业社区或行政单元组成。不同类型的大型社区，其内部空间结构差异明显，但一般仍会表现为一定的分布规律性和有序性。

二、治理·空间治理·社区治理

1. 治理与善治

"治理"一词最早源于拉丁文和古希腊语，原意是控制、引导和操纵，长期以来与"统治"一词交叉使用。相对于传统的统治而言，治理理论的主要创始人之一詹姆斯·罗西瑙（2001）认为治理是一种内涵更为丰富的现象，既包括政府机制，也包含非正式、非政府机制[1]。1995 年，全球治理委员会对"治理"作了一个具有很大代表性的界定：治理是各种公共的或个人与公共的、私人的机构管理其共同事务的诸多方式的总和，它是使相互冲突的或不同的利益得以调和并且采取联合行动持续的过程。我国著名学者俞可平（2000，2002）在梳理了各种关于治理的理论后认为，"治理"一词的基本含义是指在一个既定的范围内运用权威维持秩序，满足公众的需要。治理的目的是在各种不同的制度关系中运用权力去引导、控制和规范公民的各种活动，以最大限度地增进公共利益。善治就是使公共利益最大化的社会管理过程，其基本特征为，它是政府与公民对公共生活的合作管理，是国家政治与公民社会的一种新颖关系，是两者的最佳状态，是国家权力向社会回归的还政于民的过程。善治的基本要素是：合法性、透明性、责任性、法治、回应、效益。

治理理论强调多中心的权力结构，认为政府并不是国家唯一的权力主体，各种公共的和私人的机构，同样可以参与式地决定公共政策和提供公共服务，越来越多地承担公共事务治理的责任。只要其行使的权力得到了公众的认可，都可以成为在各个不同层面上的权力中心[2]治理理论强大的包容性、解释力和指导性，特别是党的十八届三中全会将全面深化改革

---

① ［美］詹姆斯·罗西瑙：《没有政府的治理》，人民出版社 2001 年版。
② 吴志华、翟桂萍、汪丹：《大都市社区治理研究》，复旦大学出版社 2008 年版。

总目标定位为"国家治理体系和治理能力现代化"，使得治理不仅在研究上成为理论的热点，更在实践中成为改革的主线。

2. 空间治理

无论是社区治理还是基层政区改革，由于两者与空间的天然密切关联，使得两者在治理上都具有空间治理的重要特征，梳理目前我国空间治理的研究有利于我们更为深刻地把握基层政区改革和社区治理的概念内涵。

在我国城镇化和现代化进程中，由于土地制度的特殊性，空间成为政府重要的操作资源和政策对象，城乡空间研究也成为显学中的显学，与治理理论兴起相结合，"空间治理"的概念在国内研究中逐渐升温。从理论渊源来看，空间治理概念的确立有着两条明显的线索：一是以空间研究的社会转向为起点，进而到空间的治理转向的线索；二是以社会科学的空间转向为起点，进而到治理理念的空间转向的线索。这两条线索交织、汇集、整合为目前"空间治理"的概念。

（1）空间的治理转向。

空间的治理转向首先源于空间科学和地理学的社会—文化转向。20世纪60年代，随着对理性主义的批判和人文思潮的兴起，建筑设计、城市规划、地理科学等空间学科与政治学、社会学等人文学科不断交叉渗透，空间科学的社会—文化转向不断加快。简·雅各布斯的经典著作《美国大城市的死与生》问世，意味着对城市规划的精英主义和理性主义批判达到一个高峰。Paul Davidoff（1965）提出了倡导性规划，该理念认为规划者不应以纯粹的技术理性为标准，而是要综合考虑社会、经济、文化等诸多方面的影响。在这一时期，西方地理学也开始了一场"人文地理学的社会关联运动"①，当代地理学开始转向以西方马克思主义、后结构主义、女性主义等后现代社会思潮为理论基础的"新文化地理学"，英国地理学家杰克逊和考斯格罗夫认为，地理学研究内容已从传统的区域研究和空间

---

① 王兴中：《社会地理学社会—文化转型的内涵与研究前沿方法》，《人文地理》2004年第19期，第2–8页。

分析转向解决现实性社会问题，包括关注文化的生产运作、价值内涵和符号意义等，进而基于这些内容再来考察空间构成、空间秩序和空间政治①。

进入 20 世纪 70 年代，全球化、信息化和城市化的深入发展使得社会日趋多元化、流动化、碎片化，公众对传统官僚制公共行政模式产生了质疑，这一质疑也使得空间和城市研究中对社会公共性的诉求不断强化。进入 20 世纪 80 年代，随着西方国家大量非政府组织（NGO）、社会组织、第三部门的出现，新公共管理理论、"增长机器"、增长联盟以及城市政体理论等相继被提出并付诸实践，西方国家政府开始了与商业机构、社会组织等合作推进城市经济的增长，以及公共产品生产和供给的改革②，而空间作为政府的管理对象和公共资源，也不断地向多元参与、协商共治的管理和利用方式转变。例如，城市规划领域越来越强调其公共政策属性，而并非只是技术精英和政府管理的过程，倡导性规划、合作性规划、协同规划等理念③的提出，使得各国城市规划越来越强调社会互动和公众参与。1989 年诞生的治理概念及对其如火如荼的研究热潮，自然也将空间科学的研究带入到注重"空间治理"的重要阶段。

对于中国而言，随着把国家治理体系和治理能力现代化确立为全面深化改革的总目标，空间科学研究领域的地理学家和城市规划专家都纷纷撰文对"空间治理"进行阐述并以此为框架对相关问题展开探讨。最直接且重要的两篇文献来自于经济地理学家刘卫东发表在《地理学报》上的《经济地理学与空间治理》和城市规划专家张京祥的《空间治理：中国城乡规划转型的政治经济学》。刘卫东是较早明确界定"空间治理"概念的地理学家，他认为"空间治理是指通过资源配置实现国土空间的有效、公平和可持续的利用，以及各地区间相对均衡的发展"。他明确指出了空间治理

① J. S. Duncan, N. C. Johnson and R. H. Schein, *A Companion to Cultural Geography*, Wiley-Blackwell, No.3, 2004.

② ［美］戴维·奥斯本、特德·盖布勒：《改革政府——企业家精神如何改革着公营部门》，上海译文出版社 1996 年版，第 6 页。

③ Healey P., "Building Institutional Capacity through Collaborative Approaches to Urban Planning", *Environment and Planning A*, No.3, 1998, pp.1531-1546.

与空间管理或空间管制概念的不同，"治理强调的是多方参与，其中政府仅是权威的一方，其他方面包括市场机制、社会参与和法制，因此，空间治理是政府职能、市场机制、社会参与和法制作用的有机组合"。作者还探讨了空间治理的四大手段，包括规划体制、土地制度、户籍制度和财税体制。这四类手段明显是基于宏观的空间治理而言的，因此，难免具有明显的行政性。作者认为空间治理中"治理"概念的体现也主要来自于体制内部上下级政府之间的协商，这对于"空间治理"中面向地方或基层的解释或分析则明显不足。

张京祥（2014）作为一直关注管治、治理理念的城乡规划和区域研究领域的专家，将当今中国的城乡规划本质定位为"空间治理"，即城乡规划是对空间资源的使用和收益进行分配与协调的政治过程，必须充分体现政府、市场和社会多元权利主体的利益诉求，既要在公共利益、部门利益和私有利益之间进行协调，还要统筹政治、经济、社会、生态、技术等的关系。形象地说，城乡规划是一个多元利益在此互动、博弈的舞台，演绎着长远与眼前、效益与公平、局部与综合、个体与群体等诸多复杂作用的过程。因此，城乡规划本质上是一个极其复杂而又敏感的空间治理活动。作者对城乡规划的本质"空间治理"的分析鞭辟入里，但是反过来，作为比城乡规划更为广泛和丰富的"空间治理"的本质又是什么，作者在文章中未能给出答案。

由于张兵等（2014）、李丹舟（2015）的案例选取自中国的台湾地区，因此，其空间治理展现的是台湾地区在历史建筑保护、弱势群体抗争、社区营造更新等方面的政府、社区、学校、民众等的斡旋过程，具有鲜明的"空间治理"理念，但台湾地区与大陆之间存在一定的制度差异，因此，从他们的文章中难以找到构建本土化"空间治理"概念和政策框架的更多元素。朱旭辉（2015）对"空间治理"概念的应用，仅仅将治理性体现在基层村镇组织与城市政府在城镇规划中的互动关系，这仍然以体制内的合作治理为主的探讨，与治理本身更为丰富的概念还颇有差距。陈易（2016）则从城市更新这一中国城市发展的当代热点问题出发，运用空间治理概念，以政府在治理中作用的发挥程度为维度，将城市更新的空间治理模式划分为决策型、主导型、合作型和监管型。

　　我们以"空间治理"作为篇名关键词，在中国知网进行搜索，能明显看到"空间治理"的研究热度是从 2013 年开始快速升温的（见图 2-3）。

图 2-3　近年来以"空间治理"为关键词的论文数量变化

　　（2）治理的空间转向。

　　与治理相关的政治学、公共管理学、社会学等研究中，"空间"出现的概率也越来越高，因为空间本质上所体现的公共性、不可复制性、不可移动性，使得其公共性易于成为政府、市场和社会共同作用的场所、容器，而各种力量"角逐"的结果也往往体现在空间上。

　　"治理"概念自 1989 年使用并引入中国以来，特别是进入国家话语体系后，相关的研究迅速展开。对于治理研究中的空间进入，可以先从社会科学的空间转向说起，20 世纪 70 年代，以哲学反思、学科整合和时空转型为背景的社会科学出现了空间的转向，并不断向前推进。尽管社会科学更多是指社会学、哲学，但其中的诸多讨论也多涉及政治学、管理学，包括吉登斯从权力与社会互动的角度切入空间议题，如他在借鉴地理学观点后指出，"社会互动由一定时空下的社会实践构成，空间形塑社会互动亦为社会互动所再生产。"[1] 社会互动，也可以说是一种"治理过程"与空间的深刻关系。

福柯致力于考察权力和知识的空间化过程，他认为现代社会是一个纪律社会，而空间成为权力运作的重要场所或媒介，空间是权力实践的重要机制，这样的空间如学校、军营、医院等。空间是任何公共生活形式的基础，同时也是任何权力的运作基础。但是，当置身于各种不同的空间宰制而无法逃脱的时候，我们便会开始启动自我控制机制。[2]

当然，对于身处空间宰制的弱者，德·赛尔杜在其空间实践理论中也指出，与强者空间策略（Strategies）中"以分类、划分、区隔等方式规范空间"的逻辑不同，弱者的空间战术（Tactics）是"以游逐不定的移动、游牧、窜流的空间战术（Tactics）来对抗区域化，是对以强权为后盾进行空间支配的拒绝与批判"。这种理论被解读为"常识与街头社会理论"[3]，展现出了与福柯"体制性空间"的差异，这也是不同主体在空间中进行规制和反规制的互动进而相互协调的过程，这一过程中弱者虽然只是被动地以战术（Tactics）对抗，但弱者仍有行动的机会，这也使得空间蕴含着自由和可能性，空间也成为治理的场域。

20世纪90年代在北美兴起的城市增长机器（Growth Machine）、增长联盟（Growth Coalition）、城市政体理论（Urban Regime Theory）是将治理理论应用到城市这一特殊空间的理论。随着全球化竞争的加剧，地方政府为推动城市经济的增长，与商业精英、私人企业以及民间团体进行合作，对城市土地和空间进行治理运作，这一合作治理形成的公共政策体系就是增长机器（Growth Machine）和增长联盟（Growth Coalition）理论[4]。基于城市经济增长这一单一目标的局限，在城市增长联盟理论的基础上，又提

---

① 何雪松：《社会理论的空间转向》，《社会》2006年第26卷第2期，第34-48页。
② 苏硕斌：《福柯的空间化思维》，《台湾大学社会学刊》2000年第28期。
③ Crang, Mike and Thrift, Nigel, *Thinking Space*, London: Routledge, 2000.
④ Molotch, Harvey, "The City as a Growth Machine: Toward a Political Economy of Place", *American Journal of Sociology*, Vol.82, No.2, 1976, pp.309-332.

出了城市政体理论，这一理论一方面更多地强调多元主义以及非正式制度安排作为治理的手段；另一方面更加注重分析政府、企业、社团在治理过程中，通过不同的"城市政体"组合，如何产生截然不同的城市治理绩效[①]。

从国内学者关于治理理论研究中对空间的关照来看，杨雪冬（2011）认为在市场化、信息化、工业化、全球化进程中，基层空间已发生深刻变化，而原有的以公共权为主导且追求稳定的空间治理模式则未能及时调整，使得空间再造与组织调整之间产生了种种错位、不对称问题，基层治理空间重构的目的就在于空间的再划分及其再组织化过程。作者作为治理研究领域中的专家，对基层空间治理的分析如此全面细致，令人佩服，特别是他提到的治理空间单位尺度问题，在诸多治理研究，甚至空间治理研究中都算难得。朱国伟（2013）则抓住城镇化过程中由于空间变迁而带来权利、利益的激烈调整甚至冲突，进而导致空间排斥、隔离和失序，为实现空间的正义和公平，需要在空间治理中进行空间修复，但他的空间治理仍是指城镇化进程中涉及的各级各类政府之间的协调和互动。

以上两条线索的演进，殊途同归地将"空间治理"这一概念浮现于最为复杂的中国当代城镇化、城市群、区域协调等热门研究领域。中国房地产市场是学界、政界和社会各界对空间问题给予高度关注的一个重要原因，而"城市病""存量规划""城市更新""基层基础的重视""社区发展与治理""日常生活的回归"等又进一步使得城市空间同时具有更多的政治属性和社会属性，由此空间治理体系和治理能力现代化也成为国家治理体系和治理能力现代化的重要内容。

3.社区治理

社区治理是治理理论在社区研究中的运用与发展，通过将治理理念引入社区管理的实践中，发挥多元主体之间可持续的互动与合作，应对传统单向依赖政府管理而产生的"社区失灵"。社区治理往往不仅是指城市社

---

① 乔恩·皮埃尔、陈文、史滢滢：《城市政体理论、城市治理理论和比较城市政治》，《国外理论动态》2015年第12期。

区，更为强调农村社区以及农村社区向城市社区转型中的治理，社区这一概念使得社区的地域空间属性更为凸显，社区治理也更具有空间治理的特点。然而空间本身所具有的公共性，也使得社区和治理这两个强调多元参与的概念，能够更好地连接在一起，包括社区空间营造、社区空间更新等概念都突出了社区治理中空间治理的意涵。因此，社区治理强调社会参与与公共决策的共识导向，主张政府与社区组织以及社区公民一起，基于公共空间中的共同利益、认同和目标，通过相互协商、相互合作与相互作用等方式，共同参与管理社区公共事务的过程。

三、社区治理的多维路径

社区治理是通过多种方式的治理以实现社区更好的发展，而用何种方式、手段、要素、体制、机制等来实现社区的善治，是探讨路径需要考虑的内容，例如，在治理体制上党委、政府、社会、企业、居民等在社区治理中如何定位、如何分工，在治理机制上则是各主体之间通过什么样的方式来相互沟通、协调、合作、反馈、纠错、激励等，在治理要素上是"人财物"，在治理方式上是自上而下和自下而上，在治理手段上是行政性、社会化和市场化，在政府作用上是以条为主、以块为主、条块均衡，在治理能力上是信息化、法治化、动员能力、规划能力、社工专业能力等。

中共中央、国务院发布的《关于加强和完善城乡社区治理的意见》中，对于城乡社区治理提出了从"健全完善城乡社区治理体系"（充分发挥基层党组织领导核心作用、有效发挥基层政府主导作用、注重发挥基层群众性自治组织基础作用、统筹发挥社会力量协同作用），"不断提升城乡社区治理水平"（增强社区居民参与能力、提高社区服务供给能力、强化社区文化引领能力、增强社区依法办事能力、提升社区矛盾预防化解能力、增强社区信息化应用能力）和"着力补齐城乡社区治理短板"（改善社区人居环境、加快社区综合服务设施建设、优化社区资源配置、推进社区减负增效、改进社区物业服务管理）共 15 个方面的具体路径来加强和完善城乡社区治理。这些路径的提出可谓是切中了目前中国社区治理的关键。

第三节　基层政区改革与社区治理的关联逻辑

在分析基层政区改革与社区治理的基础上，指出了两者关联的内在逻辑，进而对两者之间具体的关联方式进行解析。

一、基层政区改革与社区治理的共性

尽管从理论和内涵而言，政区是基于国家管理需求而设置的地域单元，其形成是自上而下的，而社区是聚居在一定地域上人群的生活共同体，其形成是自下而上的，但是在实践中，正如前面行政社区所分析的，基层政区与社区之间还具有诸多共同属性。

1. 空间性

基层政区作为行政区划的组成部分，与作为"体国经野之道"的行政区划是国家权力在空间上的投影相类似，基层政区是基层政权在空间上的投影，是国家空间管理的重要政策工具，因此基层政区非常重要的属性就是空间性，而社区尽管概念多种多样，但地域性、空间性作为社区的基本属性，还是得到了大部分学者的认同，特别是以美国城市社区研究的先驱帕克（Robert Ezra Pork）为代表，他认为社区是"占据在一块被或多或少明确地限定了的地域上的人群汇集"；桑德斯（1982）在其总结的社区研究四种方法上，将区位学的方法作为第一种研究方法，即将社区作为一个空间单位来进行分析。无论是在概念上还是在研究方法上，社区都是与空间息息相关、密切关联的。我国在推进社区建设中，民政部对社区的定义为"社区是指聚居在一定地域范围内的人们所组成的社会生活共同体"，也充分强调了社区的空间性。

作为行政性的社区，自然在空间上深受政府空间管理的影响，特别是在中国特色社会主义下，这一关联和勾连甚至有紧密的特点。中国的空间管理政策工具包括区域政策、财税政策、土地政策、规划政策、主体功能区政策等，在这个政策工具包中，作为"体国经野"的"行政区划"政策工具，是最具有中国特色和现实影响的政策工具，而且它在国土空间上具有面积全覆盖、层级全贯穿等特点，这与政策实践中的社区紧密相关，虽然行政区划针对的是行政空间的管理，但对兼具行政性和社会性的社区治理也同样"适用"，而且充分延伸和嫁接"行政区划"的政策工具框架，对推进社区治理具有重要意义。

2. 政策性

对于基层政区而言，其属于行政管理的范畴，自然具有很强的政策性，虽然社区更多属于社会学范畴，但是在实践发展中，其政策性也不断强化。自社区概念提出以来，在相关理论研究不断深化拓展的同时，社区在实践中也逐渐进入政府政策中，特别是随着经济高速发展、城市化快速推进而导致社会问题多发的国家，纷纷在基层社会中有意识地以社区作为整合、管理和发展社会的政策工具，使其成为国家治理的一个重要路径。在西方，"二战"后一些发达国家面临城市失业、贫困和社会秩序恶化等问题，于是其提出了社区建设等应对措施。20世纪70年代，香港地区在经济快速发展过程中城市阻隔问题也很突出，于是港英政府提出了包含社区发展、社区参与和社区意识在内的社区建设计划。20世纪80年代，在复杂的政治经济背景下美国等发达国家的社区主义逐渐复兴。

自费孝通等将社区概念引入中国后，其在逐渐成为中国社会学的通用术语的同时，也从理论和学术研究走入政府决策和实践中，特别是在改革开放后的20世纪80年代末期，一方面是西方国家社区主义的复兴，另一方面是我国改革开放推动经济快速发展和加快城镇化进程建设，使得城市的"单位制"逐步瓦解，国家也逐渐开始在基层管理上探索社区制，社区服务、社区建设、社区发展、社区治理等成为国家政策话语体系中的高频词汇。1987年国家民政部在武汉召开"全国城市社区服务工作座谈会"，提出建立具有中国特色的社区服务系统，1991 年民政部正式提出社区建设这一概念，1996 年上海市召开"城区工作会议"，开始着手建立"两级政府、三级管理"体制，2000 年中共中央办公厅和国务院办公厅转发《民政部关于在全国推进城市社区建设的意见》，第一次以规范性文件形式对城市社区建设概念作了完整界定。尽管社区从概念上作为研究社会结构的学术用语，而且在研究"语境"中，总是希望它能"脱开一些"政府，但是在现实中，这一概念却不断出现在国家治理和政党执政的政策视野中，可见，社区的研究不仅是一个学术理论命题，更可能是一个公共政策话题，而且正是由于不断在公共政策中"出场"，对于它的研究也由此不断更新并深化。

3. 实操性

基层政区改革作为基层政府空间治理的重要政策工具，其目的在于不断调整基层政区的建制、辖区、层级、中心、边界、地名等，以适应城乡经济社会的发展和变化，提升政府空间管理绩效，促进居民安居乐业，推动企业发展升级。基层政区改革具有明确的操作流程，能迅速启动、显见明确、较快见效。社区治理也是一种提升区域治理绩效、改善居民生活水平、推动区域发展的政策方式和方法，研究治理路径的目的就是找到解决问题的办法。因此，社区治理同样是一项从调整社区治理体系、提升社区治理能力、加大社区资源投入等方面解决社区发展问题的政策工具。从政策工具的操作性而言，基层政区改革与社区治理具有很大的相似性。

二、内在关联的机理

1. 要素内容的关联性

如前所述，基层政区改革与社区治理之间在内容上具有很大关联性，如政区是国家为提高治理绩效划定的明确地域空间而形成管理单元，并层层嵌套形成的空间治理体系，其要素包括辖区、管理的人群（无人区除外）、管理机构、制度体系（上下级关系等）等，而社区治理则也包含一定人群、一定地域、一定治理主体及其制度体系。只是，前者更多是法定的、行政性的，而后者范围更大，既包括法定的，也包括自然形成、社会化形成的等多种类型的地域共同体。

2. 演变历程的一致性

从社区发展的历程来看，我国经历了从社区服务、社区建设到社区治理的过程，而这一过程无疑与基层政区息息相关。因为最早的社区建设就是依托居委会、村委会和街道、乡镇来推进，而现有的居村、街镇可能不符合社区建设的要求，那就要通过调整居村、街镇的空间结构来适应要求。因此，从结果上而言，政府在推进社区建设中最终是将社区替代为基层政区来操作的。概念宽泛的社区一旦需要具体化、落地化，其必然是以基层政区作为其核心坐标，甚至与基层政区是重叠等同的关系。当然，由于社区概念的宽泛性，包括网上社区、虚拟社区、开发小区、商业社区、工业社区、农场社区等，在实际运用中，如不涉及具体落地操作，其与基层政区的关联性则较小。不过，如果将基层政区范围扩大为基层的开发区管委会、农场等概念，则它又与社区相关联了。从社区治理的角度看，由于涉及管理和治理，则社区必然需要具体化、操作化。

3. 功能定位的一致性

基层政区作为国家权力的末梢，其功能定位的基础性、基本性与社区治理中社区作为社会的基本单元和细胞是一致的。正是因为两者在基础性、基本性上是一致的，所以在区域内管理或治理的内容也相对一致，即都涉及居民最日常的生产生活事务，如居民委员会、村民委员会的任务是办理本居住地区的公共事务和公益事业，调解民间纠纷，协助维护社会治安，并且向人民政府反映人民群众的意见、要求和提出建议，这些任务与社区治理的内容高度重合。此外，在组织性质上，居委会和村委会都是自我管理、自我教育、自我服务、自我监督的基层群众性自治组织，这与社区治理主体的性质也是高度一致的。即使是乡镇、街道办事处，其职责范围也是面向居民的日常生活，而且在方式方法上也强调民主、共治、自治。

三、具体关联的方式和路径

从基层政区改革与社区治理的关联方式和路径来看，有以下几个方面：

1. 建制类型调整与社区精准化治理

行政建制是政区的主要组成部分，从基层政区来看，包括乡、镇、街道以及村委会和居委会，不同的建制类型代表着对所辖区域不同的整体性管理方式，这种不同的整体性管理方式主要与辖区的城镇化程度相关联，对于成熟的城市化区域一般是以街道办事处作为建制类型，而城乡混合且仍处于城镇化的区域则以建制镇的方式进行管理，而以农村社区为主的区域则通过建制乡的方式进行管理。因此，通过建制类型的调整可以更加匹配地域的管理性质，实行对所辖区域更为精准的管理。从另一个维度而言，基层政区所辖区域也是一个社区，因此，要更为精准地治理社区，从整体性治理框架而言，需要建制类型的转换予以配合。此外，同一类型的建制也有不同的职能和功能，通过对建制职能和功能的调整，也可以影响社区治理的整体架构，从而使社区治理更为精准，提升社区治理的绩效。

2. 辖区规模调整与社区精细化治理

基层政区改革的一个重要内容就是辖区空间范围的调整，包括政区的合并、拆分、析出以及地域的划进和划出。对于社区治理而言，空间规模对于辖区内服务设施的效率、管理资源的效率、居民自治的效果等都会产生相应的影响。例如，如果社区治理单元的面积太大，则公共服务的可及性、社会治理的有效性、居民参与的便利性都会不足，从而降低了社区的精细化治理，继而影响到居民的感受度和幸福感。反之，如果面积过小，虽然社区精细化需要这样的小空间基础，但是，这也可能导致社区治理资源的过密化，从而造成治理资源的浪费，某种程度上也是挤占了其他社区的治理资源。

3. 层级结构调整与社区扁平化治理

在依托基层政区推进社区治理的模式中，基层政区的层级结构自然影响到社区治理的层级关系。集权体制下，由于任务需要层层分解和考核，则往往倾向于较多的管理层级，以强化控制，但是如果每一层级的管理幅度过小，也可能导致治理资源多配，当然，如果基本治理单元事务量多、结构复杂，则可能析出更多的基本治理单元，从而增大管理幅度，当管理幅度过大，则需要增设层级来缓解幅度过大导致的粗放化治理。但是，从电子政务发展趋势、行政体制改革以及简政放权的要求来看，扁平化是未来的方向，而要实现社区治理的扁平化，需要先在基层政区上缩减层级。

4. 各要素之间的系统关联与社区治理

综上所述，基层政区各要素与社区治理是关联的，内在逻辑则是系统性的。一方面，正是由于基层建制进行了调整，才对规模调整提出了要求，而规模的调整则影响了管理幅度，从而影响管理层级。另一方面，政区要素中的行政中心、边界形态等也会影响社区治理的绩效，如当行政中心位于政区的几何中心时，则其发挥的行政效率最大，而如果边界形态近乎圆形，则行政资源的空间布局也将发挥最大效应。基层政区建制与政区规模和政区层级之间的关联关系如图 2-4 所示。

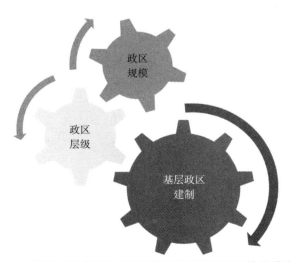

图 2-4　基层政区建制与政区规模和政区层级之间的关联关系

第三章　基层政区改革与社区治理的研究综述

第一节　社区治理的研究进展

社区治理提出后，学者们对政治学、公共管理学、社会学、法学等多学科领域都给予了重点关注，并且在社区治理的理论、模式、主题词变化、内容、体制机制、方法等方面进行了广泛而深入的研究①②③④⑤，推动了我国社区治理理论和实践的发展。从本书的研究主线来看，在充分吸收现有社区治理研究成果的基础上，需要重点讨论的是视角问题，而社区治理的研究视角又主要包括理论分析视角、推进路径视角和研究方法视角三个方面。

---

① 肖林：《"'社区'研究"与"社区研究"——近年来我国城市社区研究述评》，《社会学研究》2011年第4期。
② 吴晓林：《中国城市社区建设研究述评（2000~2010年）——以CSSCI检索论文为主要研究对象》，《公共管理学报》2012年第1期。
③ 马中全：《中国社区治理研究：近期回顾与评析》，《新疆师范大学学报》(哲学社会科学版) 2017年第3期。
④ 陈燕、郭彩琴：《社区治理研究述评》，《重庆社会科学》2016年第3期。
⑤ 万月月：《城市社区治理模式研究综述》，《法制与社会》2013年第35期。

一、社区治理的理论分析视角

社区治理在理论分析视角上，主要有国家—社会、治理理论、社会资本三大理论视角。

1. 国家—社会关系理论的研究视角

社区作为国家权力与社会的直接交界载体，国家与市民社会的关系自然成为社区治理的理论探讨中必须但仍未完全清晰的内容。从西方社区概念和理论来看，在大的国家体制背景下，社区天然成为市民参与国家和公共事务的平台，因此，社区自治是社区治理的首要前提。当然，在社区中也有政府"身影"，但首先还是居民的自治，其次才是政府在社区法治、社区规划、社区安全等方面的管理。然而，中国的社区发展实践，无论是体制背景还是发展路径都与西方迥异，因此中国的社区治理从概念到实践更为复杂。

从社区发展来看，1986年我国民政部针对城市单位制瓦解后，大量城市居民都需要在福利服务、生活服务上得到新的保障，在街居制基础上提出了社区服务的概念，一方面是希望社会力量兴办社会福利事业，另一方面也是希望从单位剥离的民政对象能在社区这一新的载体中获得相应的民生保障。1991年，为进一步开拓民政工作，又提出了"社区建设"的概念；1998年，在国务院机构改革中，明确民政部负责社区建设，并将原基层政权建设司改设为基层政权和社区建设司，将社区建设在全国加快推进；2000年11月，国务院办公厅转发了民政部关于在全国推进社区建设的建议；2017年，首次以党中央和国务院的名义提出《关于加强和完善城乡社区治理的意见》。因此，从理论视角而言，中国的社区实践可能更多是国家主导的，也正是基于这个现实，杨敏（2007）认为，社区只不过是国家在单位制瓦解后新设置的一个国家治理单元，而社区自治只不过是一种实现现行管理体制合法化的手段，因此，社区治理在本质上呈现出"行政吸纳"和"国家主导"的特点。刘君德等（1995）则将中国的社区定位为"行政社区",并从上海浦东的实践出发,总结出"行政区—社区"的理论体系。朱健刚(2010)则认为在城市社区建设中,国家权力其实并未离开社区,虽然社区治理中引入了社区管理委员会等社会团体,但行政权力在社区治理中仍然起着主导作用,当然,与纯粹的科层制不同,社区的政府控制方式具有较弱色彩的社会参与特点。

认为社区治理应该是居民自治的学者,更多是借鉴国外理念并基于"价值判断"的"应然"分析,当然,从《居民委员会组织法》和《村民委员会组织法》来看,居委会和村委会应该是社区居民依法实行自我管理、自我教育、自我服务、自我监督的群众自治组织。不过,在实践中,尽管法律和政府将"议行分设"作为社区发展的目标,但由于基层管理体制以及改革措施缺位等,导致在城市社区治理中,社区居民并没有实现真正的社区自治。朱健刚(2010)认为中国行政管理体制改革的重要目标是实现政社分离,而实现政社分离的关键是避免基层政权的控制导向和全能政府思维,同时大力培育和发展社会组织,推动基层和社区自治。

认为社区治理是政社合作的学者则认为,社区治理应该实现国家主导与社区自治的合作统一,这是我国社区治理未来的发展方向。学者们普遍认为政府与社会各有优势,存在资源互补性,合作治理有利于形成双赢局面:一方面,国家在社区治理中了解了更多民情,提供了社区发展的更多资源,同时提升了国家治理能力[1];另一方面,社区居民获得了公共事务参与的空间,社区社会组织也有了发展和自主行动的空间。也有学者认为,我国社区自治并非是"自然生成"的,国家干预和其他外在因素的影响更大。社区治理的组织形态和行动方式是国家或政府各种制度性渠道或非正式途径形塑和影响的结果,因此,国家和社区之间并不是相互对立的存在,而是相互影响、彼此融合的关系[2]。

---

[1] 赵秀梅:《基层治理中的国家—社会关系——对一个参与社区公共服务的 NGO 的考察》,《开放时代》2008 年第 4 期,第 87–103 页。
[2] 王汉生、吴莹:《基层社会中"看得见"与"看不见"的国家——发生在一个商品房小区中的几个"故事"》,《社会学研究》2011 年第 1 期,第 63–96 页。

2. 治理理论的研究视角

在党的十八届三中全会提出国家治理体系和治理能力现代化之后，社区治理这一议题成为学界高度关注的概念。当然，自社区概念引入中国以来，它便得到理论界和政府部门的关注，特别是改革开放后随着单位制的瓦解，社区更是进入政府政策视野，并成为应对我国基层社会流动性、多样性、分散性不断增强挑战的重要政策工具。从社区服务，到社区管理，再到社区建设，更多体现的是自上而下、行政主导的社区发展过程，而"社区"这一词汇本身体现出"出入相友、守望相助、疾病相扶"的多主体互动和自治等特点，直到"社区"与"治理"相组合并通过中共中央、国务院的文件正式提出，才让"社区"这一概念真正回归其本源意蕴。可以说，"治理"不仅从内在深刻地反映了"社区"的本质内涵，也是"治理"让"社区"成为了真正的"社区"。

治理的概念及其理论天然地与社区紧密相关，社区治理也是治理理论在社区层面的应用，即社区治理有政府、社会、市场和居民等多主体参与；治理对象更多体现为社区内各种与人们密切相关的公共事务，其内容涵盖政府关注、社区关联、居民关心且相互商讨后形成的问题；决策过程强调互动与回应、正式与非正式的制度安排；权力来源是内在的信任，行使方式更多表现为多向性、柔性化等。当然评判一个好的社区治理，应该在"合法性、透明性、责任性、法治、回应、有效"等要素上不断提升，最终实现社区善治。

在具体治理的相关理论中，学者们的分析主要涵盖"元治理理论"视角、"多中心治理理论"视角和"新公共管理理论"视角。元治理即"治理的治理"，治理在避免政府权力单向度过大导致忽视社会需求、居民利益的同时，也可能出现纠纷冲突、意见统一难、治理效率下降等"治理失灵"问题，因此，在治理基础上需确立一个相对主导的主体，使其成为更好发挥治理效应的重要方式，而"元治理"理论的目的就在于此。有学者认为，元治理是适合我国治理现实的治理方式，它与我国政治现实和历史传统具有契合性，所以在我国城市社区治理中，"一核多元"是我国社区治理的主要特点，即发挥党委、政府在社区治理中的领导作用，在此基础上，不同主体之间协作互动进行社区治理。"元治理"在我国社区治理中具有很大的现实性，但从治理的本质而言，如处理不当，很可能回到行政管理的轨道上，导致社会力量在社区治理中的作用被忽视，甚至被压制，居民的意见想法也难以在社区治理中体现。因此，从"应然"的角度来说，多中心治理、合作治理仍是目前社区治理讨论中必须强化的治理方式。陈家喜（2015）研究表明，目前推广的"一核多元"，即以党委和政府为中心的元治理模式并没有充分关注到其他社区主体，如物业公司、业主委员会等的作用，但在现实社区治理中，两者扮演着重要的管理角色并承担着诉求表达功能，但是现有的制度体系并未充分考虑赋予这些新兴社区主体参与社区治理的功能。因此，从治理理论的视角出发，社区治理应该重视业主委员会等新兴社区主体的治理功能，同时也要注意合作机制、合作关系和合作精神的建设。

另外一个治理理论视角是"新公共管理理论"，即强调社区治理中使用合同外包、鼓励建立竞争机制、注重专业技术力量在社区治理中的作用等。陈炳辉等（2010）认为，虽然治理理论对我国社区治理具有重要的示范作用，但是，它对我国社区治理的转型价值有限，而新公共管理所提倡的政府再造原理则为社区的重建提供了新的启迪，未来的社区治理改革应该向着授权型、竞争型、企业运作型、居民参与型、互助协作型社区转变，即社区治理要充分借鉴西方新公共管理改革的经验，从而实现社区治理的再造。我国的社区治理在权力的生成方式上存在着自上而下的"有限性授权"特点，在社区自我治理上表现为一种"外力推动型"模式，因此，我国社区治理存在着内在动力不足的问题，借鉴新公共管理理论，我国社区治理的发展方向应该朝向一种政府与社会彼此互动参与的治理模式，变有限授权为充分的授权，变政府推动型自治为内在生成型自治[1]。

---

[1] 付诚、王一：《新公共管理视角下的社区社会管理创新研究》，《社会科学战线》2011年第11期，第161–166页。

3.社会资本理论的视角

城镇化进程使得原有乡村社区的社会资本被消弭，在城市社区治理中，社会资本需要重建，社区社会资本的重新积累对于社区治理走向善治具有重要意义。

刘志林等（2015）通过对北京市九个户低收入社区的实证研究表明，社区社会资本与居住满意度有显著的正向关系；王永益（2013）认为，社区治理的最高目标是实现社区的善治，目前社区治理最大的问题在于公共精神的缺乏，重建社区公共精神的最佳路径则在于提升社区的社会资本存量，通过提升社区的友爱、互助、合作和信任等关系网络，实现社会资本的提升和公共精神的重建。桂勇、黄荣贵（2008）通过实证分析，构建了一套社区社会资本的测量量表，并指出社区社会资本确实存在并在社区治理中发挥了重要作用。在我国城市化建设的进程中，过渡型社区存在着传统社会资本流失和现代社会资本匮乏这一双重困境，而社会资本的再造是这种新型社区实现良治的关键因素[1]。

如何提升社区治理中的社会资本？有学者认为，虽然现代社会巨大的流动性导致了社区的异质性，这种异质性也消解了整合性的社会资本，但是社区的异质性也在一定程度上促进了不同群体之间的交往，即它能导致另外一种社会资本——链合性社会资本的产生[2]。同时，社区群体面临的共同压力也是产生社会资本的重要原因。有学者认为，面对共同压力或危机时，社区中的人们在集体行动中容易产生社会资本，而且，社会资本的发展程度与集体行动有明显的相关关系[3]。此外，国家权力和制度也对社区的社会资本产生重要影响。刘春荣（2007）指出，国家介入和国家提供的各种制度机制，为社区社会资本的产生提供了制度空间和激励机制，国

---

[1] 蒋慧、吴新星：《"过渡型社区"治理问题的政治社会学解析——基于社会资本的视角》，《大连理工大学学报》2012年第1期，第101–105页。

[2] 李洁瑾、黄荣贵、冯艾：《城市社区异质性与邻里社会资本研究》，《复旦学报》2007年第5期，第67–73页。

[3] 石发勇：《社会资本的属性及其在集体行动中的运作逻辑——以一个维权运动个案为例》，《学海》2008年第3期，第96–103页。

家介入在一定程度上是社区社会资本发展的必要条件，国家介入的形式和力度，深深地影响着社会资本发展的程度和质量。从辩证的角度而言，社会资本对社区治理有不同的影响，那些具有包容性和开放性且具有积极意义的社会资本，在社区治理中能够有效促进社区的善治；然而，那些封闭的、具有人际关系局限性的社会资本则对社区治理产生较为明显的消极作用[1]。

二、社区治理的推进路径视角

如何推进社区治理，从学者们的研究来看，可以从制度供给和服务供给两个维度来分析。

1. 社区治理路径中的制度供给

社区治理作为社区建设的重要内容，实现治理首要的还是需要政府在制度上，即法律法规、体制、政策等方面的设计、创新和供给。法律法规作为规范社区治理行为的硬约束，需要首先加以研究和制定，虽然社区事务琐碎、细小，影响并不大，但其发生的利益摩擦、邻里纠纷等数量却不少，对老百姓生活的影响也不小，且一旦处理不当，也将引发一些大的冲突，甚至酿成大祸。美国就制定了处理这类大量社区小麻烦的法律，当地一般称之为"皮毛法"（Nuisance Law）[2]。我国在社区立法上也是陆续出台了《城市居民委员会组织法》《村民委员会组织法》等上位法，各地也出台了相应的条例。周少青（2008）认为，在社区立法上，我国应该秉持以私法为主、公法为辅的立法原则，在立法内容上，应该包括以地权、社会组织、社区居委会、政府职责界定等为立法焦点的社区法律体系，其中，前两者的立法要体现私法治理的精神，而后两者的立法则主要基于公法辅助的原则。如何促进和保障社会组织等社会力量参与社区治理则需要通过一

① 陈捷、卢春龙：《共通性社会资本与特定性社会资本——社会资本与中国的城市基础治理》，《社会学研究》2009 年第 6 期，第 87-105 页。
② 谢芳：《纽约的邻里纠纷与"皮毛法"》，《社会》2004 年第 2 期，第 53-56 页。

定的立法来加以保障。王名（2015）认为，我国要加强社会组织的立法，从法律制度上解决社区社会组织建设、发展和管理的难题；社会组织法律的建设需要从法律体系的完善、法律地位的提高、法律内容的优化等方面完善社会组织的立法。随着商品房小区的大量建设，小区物业问题逐渐凸显，围绕物业产生的社区纠纷也成为社区治理的重点和难点。揭明等（2007）认为，目前物业管理的相关制度安排仍然不是很完善，因此需要加强物业管理的法律建设，其中在制定物业管理法律制度体系时，需要明确业主委员会的法律地位，同时也要对物业收费和物业合同等法律问题给予明确的规定。王艺璇等（2015）认为，现代化的农村社区建设需要完善法律制度体系，而目前农村社区治理所依据的法律主要有《村民委员会组织法》以及《中国共产党农村基层组织工作条例》等，因此亟须建立新型农村社区的法律规范体系，化解农村社区不同主体间的矛盾和利益冲突。

如何协调好政府、社会、居民等的关系是社区治理能否实现善治的关键，法律的规定往往原则性较强，在实际运作中，社区治理的规范还需要大量政府政策的供给，特别是在管理体制和运行机制方面。李慧凤（2011）认为，我国社区治理体制应该从社会管理体制、社会政策以及机制等方面进行改革，即从改革政府与社会的关系、建立新型社会组织体制、转变政府职能模式、构建民主合作体制等方面进行社区治理体制的革新。徐道稳（2014）认为，我国在社区管理体制改革上存在着改革理念与实践的反差，一方面，促进社区自治和多元主体参与社区治理是社区改革的主导理念，但在实践中，社区治理改革总是走向原初改革设计的反面——社区治理行政化特色越来越突出；另一方面，既包括社会层面因素，也包括制度环境、政府自利行为的影响，同时也与社会治理的压力型体制有关。因此，为克服社区管理的行政化，必须减少行政权力对社区事务的干预，转而建立社区主体广泛参与的合作治理体制。郑杭生等（2012）认为，社区管理的关键在于体制的创新问题，未来社区治理需要在体制创新上做文章，我国的社区治理体制应该重点改革社区治理的行政化体制，打破政府的"垄断"地位，引入社会组织、市场组织等社会及市场主体，进而构建社区治理的合作治理体制，同时政府在社区治理中也要克服碎片化倾向，转而建设一种整体性政府治理。

此外，对于社区治理而言，非正式制度的供给也非常重要，如前述理论视角中社会资本理论的探讨，正是通过各种"社区公约""村规民约""自治章程"等非正式制度而进行社区治理的。社区治理不仅需要村民自治法、村民委员会组织法等"硬法"的规范，更需要那些由社区主体创造的，用于协调公共事务的"居民公约""运作制度""工作准则"等一系列"软法体系"①。

2. 社区治理路径中的服务供给

通过社区服务来提升社区的福利水平、提高居民的获得感和满意度，进而提升社区治理的水平，不仅是社会和谐稳定的需要，也是基层政权建设的需要，因此社区服务成为社区治理的重要路径。关于社区治理中公共服务和福利事业发展研究，从目前的文献和政策梳理来看，主要体现在两个方面：一是从社区研究出发，不少学者对社区服务和社区建设中的公共服务、社会保障等内容进行了研究。自"社区"概念引入中国以来，社区就与社会福利事业发展息息相关，从 20 世纪 80 年代民政部提出"社区服务"肇始，到 1993 年 11 部委联合下发《关于加快社区服务业的意见》，再到 1995 年民政部颁布《社区服务示范城区标准》等一系列关于社区服务的文件中都明确了社区服务以发展福利服务为宗旨的原则，而 20 世纪 90 年代在提出"社区建设"后，更是大大拓展了社区与社会福利的关联领域。徐永祥（2006）从社区建设与社会保障的关系视角提出了"社区保障"的概念，他认为"社区不仅成为国家保障任务的落实者，而且同各种慈善组织、基金会等社会团体一样，成为了地位突出、作用明显的狭义社会保障的运作主体"。沈洁（2002）、江立华（2008）、徐晓军（2004）等更是旗帜鲜明地提出了城市社区福利的概念，他们认为，社区福利是在政府相关部门的指导下，以社区为依托，以满足社区居民的日常生活需要为基本内

---

① 陈光：《社区治理规范中软法的形式及定位》，《广西社会科学》2013 年第 9 期，第 94-99 页。

容，以提高社区居民整体生活质量为宗旨的各项福利措施的总和。社区福利的内容包括三个方面：社区提供的福利服务、社区内机构提供的福利和政府为社区具体实施的福利。社区福利具有以下几个特征：服务范围具有地域性，福利主体多元化，福利对象具有普遍性，福利方式具备服务性，社会福利资源多样化，社区福利是整个社会福利体系中的一个子系统。二是从公共服务出发，在研究公共服务、社会福利和社会保障中论及了社区的重要性。例如，成海军（2011）认为社区服务成为社会福利改革的新视角，它是中国社会福利社会化的重要载体。杨团（2000）也提出了中国社区化社会保障的重要性，他甚至认为"努力把中国社会保障的基础立在社区，不仅仅发展具有社区特色的服务保障，而且需要将社会救助、社会保险也融进社区；不仅仅将社区化社会保障限于社会救助、社会保险、社会福利三项制度，而且要全方位地发展社区教育、文化、科学、体育、卫生、环境保护等各项事业；不仅仅进行社区服务，还要进行社区建设和社区发展"，虽然主要分析的是社区建设与社会保障之间的关系，但同时阐述了社会福利事业与社区建设的关系。此外，王思斌（2009）对我国城市社区福利服务的弱获得性进行了分析，许小玲、傅琦（2012）则在论述"适度普惠型"社会福利的实现路径上，重点从社区层面进行了探讨。

三、社区治理的研究方法视角

国内社区治理研究广泛分布在政治学、社会学、公共管理等社会科学相关学科领域，因此也产生出多元的研究范式。当前，不仅存在部分的政策分析与规范性的理论思辨（如褚松燕（2017）对城市社区中市场、社会和政治三大场域中的关系和行为逻辑进行的思考，曹海军（2018）对党建引领下的社区治理和服务创新的研究，张雷（2018）对于构建居民自治新体系的思考，袁方成等（2017）对于空间正义视角下社区治理的研究），而且存在广泛的经验研究，而这些经验研究通常选取了差异化的路径，其中绝大部分为以个案研究和比较研究为基础的质性研究。

个案研究是深入理解社区治理运行机制的关键环节，诸多学者通过对社区个案的研究，分析城市中不同区位、不同结构与不同特征的社区治理方式。政治学与公共管理学科的研究者往往从中观层面切入选题，早期的典型研究包括：陈伟东（2000）对武汉市江汉社区的研究，赵过渡等（2003）对广州市某城中村的研究。近年来倪咸林（2018）通过对城市核心区典型案例的剖析，发现其呈现更加复杂化特征，并进一步分析了"多元分类合作网络"模式及其完善之策。叶林等（2018）通过 G 省 D 区的案例，对"互联网+"社区治理的现状与发展进行了研究。郑永君（2018）对厦门市"共同缔造"行动中的试点社区中，社会组织在提升社区治理绩效方面的作用进行了研究。类似的还有徐询（2018）对杭州市上城区社区"金点子"行动中社会组织嵌入社区治理的协商联动机制的研究。社会学者往往能够从更微观的层面进入到社区治理的研究之中，比较典型的包括侯博文等（2018）对具备"熟人社会""老龄化社区"和"全能型街道居委会"三个典型特征的哈尔滨市 Y 社区进行个案研究，发现 Y 社区治理中将"人情的力量"融入"法治社会"理念，提出了"道德法庭"的社区治理思路。

　　从个案研究的切入范式来看，也通常存在差异。部分学者通过对个案进行深入研究，总结与分析当前社区治理的相关模式与类型，如唐杰等（2018）通过对南京雨花台区景明佳园小区的考察，对"项目指导型"社区治理机制进行剖析。还有部分学者则是通过对个案的深度研究发现并总结出社区治理的创新机制，如胡洁人等（2017）通过对上海市 H 区某小区的深度调研、访谈和参与式观察，并结合问卷统计数据和其他相关政府资料及网络资料，发现一种以居委会为主导的，在物业公司、业委会和居民之间的四方互动的群体性冲突化解过程。郭晓聪等（2017）以顺德黄连社区的社区营造为个案，总结出了"模糊治理"对于基层治理的策略性回应。

　　除了个案研究之外，比较研究也越来越得到学者重视。首先是对国内社区治理模式的比较，宋道雷（2017）对我国社区治理上海模式、百步亭模式、青岛模式、沈阳模式、江汉模式、成都模式等的比较研究具有较强的代表性。类似的还有陈鹏（2016）对四个商品房社区治理模式及其治理绩效的案例比较。与此同时，也有部分学者通过对海内外或两岸的社区治理比较，开展相关研究。如夏茂森等（2011）对中美两国城市社区治理内在差异和外在差异的比较。吴晓林等（2015）分析了国外社区治理理论的研究现状，认为国内社区治理应该在"结构—过程"研究、差异化研究和本土化研究上下功夫，推动符合中国实际的"社区治理理论"。樊鹏（2018）通过对发达城市地区试点经验的调查与比较，分析了建设国际化社区治理的必要性和方向。类似的还有吴晓林（2017）对两岸城市社区治理的比较。

值得注意的是，运用个案或者比较案例的方式进行研究，虽然能够在具象社区治理经验、评估社区治理效能等方面表现出强大的优势，但是案例研究往往具有特定的时空与场域背景，不同案例背后通常具有较强的特殊性，难以作为社区治理研究的普遍结论，个案研究与对社区治理的整体性认识存在某种张力。另外案例研究更多关注的是体制机制的运行状况，更多是研究者根据相关的访谈资料、参与式观察等形成的直接印象，缺少技术性的分析模式，难以避免因研究深度和研究材料的限制对社区治理的局限性认识。

当前在社区治理研究中也有部分学者开始运用量化研究方法，如孙小逸等（2012）通过对上海45个小区调查数据的统计分析，研究了居委会的制度能力与社区治理绩效之间的关系。王素侠等（2017）运用专家访谈法、层次分析法和模糊综合评价法，确立各指标及权重，对社区治理创新的区域集聚效应进行量化分析。桂勇等（2008）基于2006~2007年上海50个社区的数据，通过七维度的量表对社区社会资本进行了量化研究。马建珍等（2016）对社区治理能力现代化指标体系进行了研究。这些量化研究强化了社区治理的技术性分析模式，但其往往依据统计和相关关系检验部分微观的假设，技术性分析中往往缺少制度性分析。

基于当前社区治理的研究方法，本书尝试从基层政区改革视角来分析。争取在研究方法上有所突破，不仅强调深度的个案剖析，也强调对整体情况进行科学把握；不仅强调运用定量方式、GIS 等工具进行技术性分析，也强调依靠文献资料进行制度性分析。基层政区改革的视角，在研究方法上，依托于地理空间这一分析起点，实现了量化研究与质性研究的结合。它不仅能够整合既有的各种研究方法和研究路径之优势，还能够依托独特的地理空间视角实现中国特色社区治理与政治学、公共管理、政区地理学的深度对话。

四、上海新一轮社区治理探索

2014 年，上海将"创新社会治理加强基层建设"列为市委一号调研课题，2015 年发布了《中共上海市委上海市政府关于进一步创新社会治理加强基层建设的意见》以及涉及街道体制改革、居民区治理体系完善、村级治理体系完善、网格化管理、社会力量参与、社区工作者的六个配套文件，简称"1+6"文件。在这些文件发布后，学者们对于上海社区治理的研究和实践也有了诸多新的观点和进展，由于本书在案例上聚焦上海，因此有必要对"1+6"文件发布后上海社区治理的研究和实践做一简要梳理。

1. 专家学者对上海新一轮社区治理改革的特点进行深度解读和思考

针对上海自 2014 年以来新一轮社区治理体系的改革[①]，也有诸多上海专家学者进行了探讨。

李友梅（2015）认为上海这一轮治理创新有三个亮点：以深化体制改革为着力点，推动基层政府向下负责，形成敏捷呼应群众诉求的新型治理导向；以系统制度创新和适度赋权为切入点，从较深的层面激发社会活力；以"精细化"和"专业化"为线索，塑造面对多元、开放、流动社会的精准有效的服务与管理模式。当然，她也认为目前改革还存在一些问题，包括基层社会自我协调的能力不足、社会组织的发育还不成熟、社区工作者自身发展也没有好的预期等。

---

① 上海市民政局：《加强基层建设夯实社会治理基础的上海探索》，《中国民政》2015 年第 22 期。

顾海英（2015）从推进上海城乡统筹的战略视角，对农村社区治理中涉及的"三块地"（承包地、宅基地和集体建设用地）如何促进农民增收、村集体成员的退出机制、深化推进集体经济治理结构改革等问题进行了理论探讨，并结合"业""人""公""貌"四个层面进行了系统分析。

方志权（2014）从培育新型农业经营主体、开展承包经营权确权登记颁证和集体产权制度改革等方面对上海农村社区治理进行了阐述。周建明（2013）指出尽管国家财政投入不断增加，但坚持"组织起来"的方向，激发农民自治组织的活力是农村社区治理体系中必须高度重视的内容。

2. 上海启动推进"街村居"的立法调研

上海人大内司委在常委会副主任薛潮的带领下，开展了修订《上海市实施〈中华人民共和国村民委员会组织法〉办法》的调研，并认为应重点修改六方面内容：村委会职责强化；大力培育农村社会组织，推进社会多元共治；完善农村议事决策机制；完善村民自治章程和村规民约；规范村务监督委员会的产生程序及职责；建立村级自我保障和财政支撑相结合的经费保障机制（沈志先，2016）。上海市民政局目前从官方的正式制度供给角度，对《上海市实施〈中华人民共和国村民委员会组织法〉办法》进行修订，据了解 2020 年 4 月份左右该办法将正式出台①。

3. 全国和上海各区县在社区治理实践中推出的一些最新配套改革举措

全国目前对村级治理体系改革探索主要是从精准扶贫、特色经济发展、制度创新、体制机制改革等方面展开，比较典型的包括广东村庄"扶贫超市"、浙江特色小镇、重庆"地票"制度、河南西辛庄村级市改革、河南邓州"四议两公开"工作法及四川成都"六步工作法"等。自"1+6"文件出台以后，上海各区县在指导意见基础上不断推出村级治理体系的改革试验。例如，浦东新区在全区推广首创于合庆镇的"1+1+X"村民自治

---

① 沈志先：《同步推进"街村居"立法调研，推动社会管理向社会治理转变》，《上海人大》2016 年第 2 期。

工作法①，并于 2016 年启动全面取消村级招商引资职能的改革；松江区在农村集体资产产权改革上加大探索力度②；上海金山区东方村党总支推进"民主管村"改革③；闵行区则在村级干部职务犯罪惩防机制上进行了实践探索④。

第二节　基层政区视角下社区治理相关研究

通过对以上社区治理研究中研究视角的评析，指出目前社区治理研究路径仍存在的问题，并提出了从基层政区改革视角研究的重要性及现有研究中的不足，在此基础上确立了本书研究的学术意义与价值。

一、社区治理研究视角的评析

目前我国社区治理研究内容丰富，基本涵盖了社区治理的各个方面。学者们也从不同的视角对社区治理进行了理论分析和解读，得出了很多富有价值的研究成果，但是我国社区治理研究也存在着一些问题，这些问题的解决对促进我国社区治理研究具有重要意义。

1. 研究视角中"舶来主义"过重

由于社区和治理两个概念本身就是"舶来品"，因此在概念引入中国并进入研究视野后，学者们难免不自觉地会将社区治理放在西方理论的视角下进行观察，无论是讨论社会组织发展、社区民主选举还是国家—社会

① 杜学峰：《上海探索村民自治的有效实现形式》，《党政论坛》2014 年第 12 期。
② 李宽、熊万胜：《农村集体资产产权改革何以稳妥进行：以上海松江农村集体资产产权改革为例》，《南京农业大学学报》（社会科学版）2015 年第 3 期。
③ 程ība：《创新村域治理的探索与启示：以上海市金山区东方村党总支"民主管村"为例》，《上海党史与党建》2016 年第 2 期。
④ 沈雅林：《闵行区村级集体资产经营管理工作的实践与思考》，《上海农村经济》2015 年第 6 期。

视角下社区自治，都多多少少放在西方成熟市民社会的视角下来讨论，让居民参与、决策和评价社区事务成为社区治理必需的状态和方向，但现阶段，居民素质参差不齐、社区管理惯性依然存在、社区治理资源短缺等都表明要实现西方社区治理理论中的自治，还有诸多客观约束条件。因此，研究中国的社区治理，必须放在中国这块土地上来综合考虑，如党引领下的社区自治就是一个既具有中国特色又可行的路径，让社会组织"靠党更近、靠政府稍远"就是社会组织发育成长的中国路径。

2. 研究视角中"实证主义"缺乏

社区治理研究中，理论结构和价值判断上的"质性"研究仍占多数，虽然有一些案例研究，但都是个案的调查，缺乏一定范围内全样本的考察和分析。社区本身数量繁多、类型各异、变动较快，要做到既体现个案又兼顾所有，具有一定难度，但如果能选择一定的维度进行全样本的分析，可能对于社区治理的研究也能达到一个更加客观的研究效果。尽管目前也不乏经验研究和实证研究，但总体而言，一定范围内的全样本实证研究还是有所不足的。

3. 研究视角中"因地制宜"不足

社区尽管具有空间、人群、归属感等共性，但社区最大的特点之一还是差异性，不仅社的类型丰富多样，而且同一社区在不同时间不同空间区位上也会呈现出差异性，虽然社区的共性和理论研究目的之一是从差异性中找到共性，但是首先需要对各种差异性进行深入系统研究，然后在此基础上寻找规律性。然而，在社区治理研究中，由于缺乏对"因地制宜"的充分认识和重视，出现了"泛对象化"的现象，即在社区治理研究中，试图将研究结论运用于所有研究对象的现象。这一现象既存在于一些理论研究中，也存在于一些实证研究中。实际上，目前社区治理研究中的一些实证研究都属于个案研究，这些个案研究具有鲜明的地域特征和诸多限定性因素，由这些个案所得出的经验和结论很难推广到更广泛的现实客体中。克服社区研究"泛对象化"，需要从以下几点做起：第一，要加强社区治理的比较研究。我国国情复杂，社区治理存在着地区差别、城乡差别、文化差异等一系列问题。因此，当务之急是加强不同类别社区治理的比较研究，研究不同地方社区治理的体制、机制、模式的异同，寻找适合我国不同地区社区治理的可能路径。第二，要注重社区治理的各种限定条件研究。在进行个案或实证研究过程中，很多社区治理个案的实施条件比较特殊，这些条件往往成为社区治理取得成效的关键，也是社区治理经验进一步推广的主要限定因素，因此社区治理研究要着重关注这些特殊条件。第三，社区治理研究要更关注我国的国情。如前所述，目前社区治理理论研究视角存在西化的现象，用西方的经验指导中国社区治理的实践，而缺乏对中国社区治理现实的关照。因此，未来社区治理研究应更加关注我国社区治理的现实。

二、从基层政区改革视角研究社区治理的重要性

从社区治理来看，基层政区改革视角的重要意义体现在以下四个方面：

1. 基层政区与社区治理本身就存在深度的关联

从前面概念界定及基层政区改革与社区治理的关联分析中发现基层政区与社区治理之间存在明显的关联。社区治理具有明显的空间政策性，而基层政区作为空间治理重要的政策工具，必然对社区治理产生重要的影响。社区治理的体制机制主要是依托基层政区进行调整优化；社区治理中要实现精细化治理必须依托更为精准的基层政区建制、更为合理的基层政区规模；社区治理能力的提升来自于基层政府的能力提升以及调动激发社会力量和公众参与的能力；社区治理中如何实现减负增能，需要依靠基层政区层级结构的调整、各层级政府之间的权责利配置。对于以行政推动为主要模式的上海社区治理，从未来来看，发育社会力量、激发公众参与在这一模式中还需要不断强化，但就阶段性发展及其有效性而言，这一模式仍然具有很强的现实指导性，而这一模式中社区治理与基层政区改革之间的关联度更为明显和直接。

2. 基层政区改革视角研究具有明显的中国特色

中国作为"积乡而成"的国家，与西方"积市而成"的国家相比，具有更为明显的中央集权管理特点，"普天之下莫非王土，率土之滨莫非王臣"就是对中国集权体制的经典描述。行政区划作为"体国经野"之道，在中国历届王朝发展中，特别是在王朝更替时期，都是作为实现统治阶级目标、调节国家权力配置的重要政策工具，在国家治理中行政区划的地位可谓非同一般，因此中国也是世界各国中行政区划调整最为丰富、行政区划矛盾最为突出、行政区划功能最为重要的国家。基层政区作为行政区划中最为基层和基础的重要组成部分，其与社区治理的密切关联，也使得其具备特有的中国政策工具效应，从这一视角来观察社区治理现状、分析社区治理短板、提供社区治理方案具有明显的中国特色。近年来，在全球金融危机还未彻底走出阴影的背景下，世界各国在国家社会治理、城市管理上出现了诸多极端事件，包括恐怖袭击频发（欧洲的法国、英国、西班牙等国家多次发生恐怖袭击事件）、难民和移民问题严重（美国、德国、荷兰、法国等针对伊斯兰国家的移民和难民问题出台多项法案）、种族矛盾激化（美国的白人和黑人矛盾等）等，然而与这些国家和城市的治理矛盾相比，中国的社会治理和城市治理还是较为成功的，未出现大的极端恶性事件，这与中国社区有效治理有密切关系，特别是中国各超大城市的社会治理，更是在较之西方发达国家城市更为密集的人口、更为复杂的情况、更为多变的趋势下取得了令人瞩目的成绩。因此，有理由相信深入分析具有中国特色的社区治理模式，不仅对于未来中国社区治理的优化具有重要意义，而且对于形成可复制可推广的中国经验，体现道路自信、制度自信具有更为重要的宏观和长远意义，而透过基层政区来分析社区治理，无疑是总结提炼这一模式和经验的重要视角。

3. 基层政区改革视角有利于进行社区实证研究

要使社区治理的研究更接地气、更理解其中的内在实践逻辑、更多获取相关的数据和素材，基层政区改革是一条事半功倍的路径。在大数据日益成为社会发展中重要的生产要素和生产资料的背景下，数据分析对于研究的重要性也不言而喻，根据信息数据专家的统计分析，在全社会的所有数据中，各国政府机关占所在国有效使用信息的85%以上，而用于行政首脑机关进行检测查询和分析决策的信息数据中85%以上是与空间定位有关的数据①。基层政区改革作为依托空间数据信息进行决策的政策工具，也是社区治理的重要研究视角，可以更好地利用相关数据、素材和案例开展经验研究和实证分析。特别是对于中国城市政府而言，在基层政区改革和社区治理上的丰富实践，为开展两者的关联研究奠定了扎实的材料基础，也正是基于这些原因，本书拟通过基层政区改革这一视角来分析社区治理。

4. 基层政区改革视角本身就是个案研究的视角

基层政区和社区都有明显的因地制宜性，政区和社区所在的区域不同、所处的发展阶段不同，相关的研究结论也有很大不同，因此，两者的研究都必须依托具体的实践案例和个案城市才能推进具体研究，具体问题具体分析是两者分析的必然路径。当然，并非说两者的研究只能"就事论事"、只能样本全覆盖，难以找寻共性的、规律性的结论，只是这两者的研究在逼近规律性的过程中，仍是一个案例一个案例的分析，有了充足的个案研究才能得出有信服力的结论。本书依托上海开展个案实证研究，虽然在方案和对策上主要还是针对上海，但是上海作为我国率先实现现代化和全面建成小康社会的区域，具有较强的与其他发达国家做比较的基础，也对国内其他中地区在未来发展上具有重要启示，特别是上海的一些先行先试措施，更易于被其他地区借鉴和参考。

三、基层政区诸多研究中缺乏对社区治理的明确系统关照

前述对从基层政区改革视角研究社区治理重要性进行了阐述，然而，

———————————

① 谢先举：《政府在GIS实施中的作用与存在问题》，《信息化建设》2000年第12期，第12—14页。

从文献的搜索来看，以"基层政区"和"社区治理"为直接关键词的文献目前还未有，但拆分基层政区的概念，分别从城市街道社区和农村县—乡镇—村社区两个方面做一个梳理，并归纳这些观点，发现尽管对基层政区改革与社区治理相关的研究已经或间接或潜在地展开，但对基层政区的调整和改革的研究，特别是系统性的研究还非常缺乏。

1. 街道办事处治理体制改革的观点

在城区基层政区体制研究方面，主要是对于街道体制改革的论述。街道办事处是我国城市的基层政权，1954 年 12 月 31 日中华人民共和国主席令公布《城市街道办事处组织条例》，对街道办事处的设立、组织架构、任务、人员等做了简要规定。《中华人民共和国地方各级人民代表大会和地方各级人民政府组织法》第六十八条也规定了街道办事处作为政府派出机关，在上级人民政府批准下，市辖区、不设区的市人民政府可以设置街道办事处。

何海兵（2003）以上海为核心研究对象，对我国基层治理从单位制到街居制，再到社区制进行了详细梳理，作者对街居制存在的职能超载、职权有限、角色尴尬等问题进行了剖析，而社区制是解决这些问题的一个重要路径。但是社区制在推进的过程中，与街道办事处本身的关系也非常密切，包括上海社区制就完全是依托街道推进的行政主导模式，沈阳模式和江汉模式则定位在小于街道大于居委会辖区的层面，虽然这种社区制在超越街道和居委会基层政区层面进行探索，可以较好地从自治角度推进社区建设，但是其也存在逐渐机关化、层级化的风险。

周平（2001）则集中讨论了街道办事处的定位，指出在时代发展趋势下，街道办事处的性质与职能已不符合现状，需要对不适应的制度进行改革。王鲁沛等（2003）通过对南京市白下区街道管理体制的调查分析，明确指出应撤销街道办事处，并同时强化社区的自治功能。孙学玉、凌宁（2003）指出街道办事处作为政府派出机关，应在经济、文化、社会、政治等方面使其"准政府"职能充分发挥。当前城镇化进程不断加速，社区建设水平不断提高，社区发展受到"两级政府、三级管理"的基层管理模式的制约，为了更加有效地解决上述存在的问题，南京市政府在政府和街道依法行政、社区依法自治的基础上，改革淮海路街道办事处体制，效果显著，为中国城市基层行政管理体制的改革提供了借鉴。董娟（2012）认为：从发展阶段、改革目标、组织角度不难发现，撤销街道办事处是改革的必然趋势。饶常林等（2012）则认为在现有街道办事处基础上，通过功能的增减和优化，还是可以很好地发挥这一组织在基层治理中的作用。陈霞（2012）指出"职能越位、职能缺位、职能错位以及职能和权力不统一"等是目前街道办事处行政职能的主要弊端，要在理顺相关服务和管理职能的前提下，从转变观念、减少不符合自身定位的职能、加强与社区及居民的联系、加大政策支持力度等方面着手，来进一步实现街道办事处职能的转型。王庆明（2015）认为撤销街道办事处以后，应根据区域的功能特点设立综合性的开发管理机构，以统筹区域的整体管理和服务。

综合以上学者的观点，可以分为五类，具体如表3-1所示。

表 3-1　街道社区治理体制改革的若干观点汇总

观点	做法	理由	评价
实区实街	把街道办事处建成一级政府，实行"三级政府、三级管理"体制	由于城市基层管理事务日益繁多复杂，市辖区政府纷纷向街道办事处下放权力，有必要将街道办事处"由虚到实"建成一级政府	增加了层级，有悖于扁平化发展趋势，也不符合国际上城市管理的普遍规律
虚区强街	把街道办事处变成政权实体，把区一级变成派出机关	鉴于市辖区政府作为城区基层政府与市民"距离"太远，行政幅度也过大（即辖区人口太多），可将现有的街道适当合并，减少数量，扩大辖区面积后设一级政府，而将现有的区政府改为市政府的派出机关，实行"虚区实街"，构筑新的"两级政府"	需要修改宪法和地方组织法的有关条款，设立街道一级人大，制度变革的成本极高，缺少现实可行性；同时，"虚区实街"在实质上也没有减少管理层次
改良街道	维持街道办事处派出机关的性质，把重点放在简政放权、理顺关系、强化职能上	街道办事处的权责配置不合理。要理顺街道办事处与市、区政府职能部门的关系，剥离街道办事处的专业化管理职能，强化综合管理职能。在社区建设中，街道办事处要扮演"组织者、倡导者、指导者和参加者"角色，调动多方力量提升社区治理水平	在维持街道办事处派出机关性质的同时，又强调强化其综合管理职能，存在一定的自相矛盾。且由于体制惯性，相应的改良措施可能使得问题复归

续表

观点	做法	理由	评价
取消街道	取消街道办事处，把区的管辖范围划小，由区政府直接指导社区建设，实行"一级政府、二级管理"体制	为解决目前区与街道办事处在权责配置上的矛盾，相应缩小现有区政府的管理幅度，"做实"区级专业部门，促使其下沉到社区提供专业化服务。缩小每个区的管理幅度后，区政府的工作重心就会下移到社区，从而真正成为基层政府	既可以减少管理层次，又有助于将更多的公共服务资源下沉到社区；但街道取消后的干部安置和人员分流工作难度较大，且涉及市辖区的机构调整
撤街建功能区	撤销街道办事处，但设立副区级的功能区，统筹经济社会、土地开发等职能，实行"一级政府、三级管理"	在社区自治加快推进的情况下，街道办事处也面临新的调整，目前的性质和权能无法匹配推进基层整体发展的要求，撤销后成立高配半级的功能区，可以起到很好的综合统筹产业发展、土地开发和社会管理的作用	基层治理需要合法性，也需要有效性，特别是在发展任务还较重的区域，需要构建一个比街道体制更为有效的建制

从以上综述可以看到，对于街道办事处的改革已充分展开，然而这些改革观点更多是围绕行政管理体制改革来阐述，从街道办事处改革来全面分析社区治理的研究还不多见。

2. 郊区农村的基层政区改革观点

在郊区和农村基层政区体制改革上，从当前乡镇政权发展面临诸多困境（县乡关系与条块分割、政府赤字与财政管理体制改革、"七站八所"事业机构改革等）与"三农"问题日益严重等背景出发，对乡镇政区职能的定位和改革进行了深入探讨。此外，乡镇政权也是中国启动政治体制改革的重要突破口，对于乡镇领导干部民主选举、竞争性选举（直选、海选、"两推一选"等）等乡镇自治的改革试点也有所推进和研究。郊区和农村基层政区改革部分观点汇总如表3-2所示。

表3-2　郊区和农村基层政区改革部分观点汇总

作者及观点	县（市）	乡（镇）	村
温铁军"乡政府改乡公所，村镇并列自治"		乡政府改乡公所；镇级政府只管镇建成区，不得管辖有自治权的村；镇改建为自治政府，和村民自治权利相等；一般镇保留现行建制，少数改制为副县级的中心镇，把镇政府办成真正的自治政府	"村自治"，村是直接面对县一级机构的法律主体（村法人）

作者及观点	县（市）	乡（镇）	村
徐勇 "县政、乡派、村治，强村、精乡、简县，精乡扩镇、乡派镇治"	县实行人大代表和县长双直接选举；垂直式党组织和司法系统	乡成为县的派出机构，不必与政府设立对等对口的机构，乡长由县长委任，不设立副职；扩展镇的自主权，将镇政权改为基层地方自治组织，实行乡派镇治	村民委员会只是协助政府工作，其主要任务是搞好村民自治，增强村的财力和自治能力
党国英 在乡镇层次上"建立大农村社区"		在乡镇层次上"建立大农村社区"，把行政村现有职能分解，公共管理职能转移到乡镇管理机构，经济职能转移到民间经济组织	村不再设村委会和党支部；经济职能转移到民间经济组织，公共管理职能转移到乡镇；取消村后，可适当缩小镇管辖范围
沈延生 "乡治、村政、社有"		乡镇实行自治，以社区服务为主，以行政决策为辅；社区自治体由地方自治体依法设立，其财政体制与人事制度也由地方自治体统一制定	在村一级设立乡镇政府的派出机构村公所，主张村民委员会改称村社委员会，类似于日本的财产区，不是政权机构；其成员不拿国家工资，"做志愿者"
徐增阳 "镇政""乡派"		城市化镇设立一级政府；提高建制镇标准，不达标恢复为乡，并改为县政府派出机构乡公所	
吴理财 "乡政自治"		将乡镇政府改革为"官民合作"组织	
刘君德等 实行"县辖市""新市镇"等多种模式	特大城市实行都—区、市、县—社区（里或坊）三级体系	由于乡镇分化现象明显，对于东部沿海发达地区乡镇，在撤并基础上试行多种政区改革策略，包括"县辖市"、"新市镇"、弱化街道职能、构建行政区—社区体系	
曾军 "村准政权化"			主张村委会准政权化，赋予村委会一定的行政强制权
李凡等 "乡镇自治式民主"		人民直接授权组建而成，并受到人民的切实监督，独立自主地行使本辖区各项事务的管理权，而不受上级政权机关干涉	
曾业松 "乡镇村一体自治行政体系"		村级自治提高到乡镇的层次，实现自治和行政的统一	村民委员会改建为村公所，实行行政化管理，人员由乡镇自治行政组织选聘

续表

作者及观点	县（市）	乡（镇）	村
项继权 "乡政村治"		仍维持乡政村治关系，条块分离 "七站八所"打破行政区划，按功 能需要设立	村级实行自治
于建嵘 乡镇自治		推进撤乡并镇，在乡镇一级实行 授权性的社区自治	在村一级实行村民自治

从各位学者对郊区和农村基层政区改革的观点来看，村级社区治理是强化还是弱化，甚至是行政化或取消都各有阐述，这是由于我国农村社区差异较大所导致，包括发达地区大城市郊区农村因为具有发展的资源，可以进一步强化其职责，而贫困地区，考虑到财政压力大，取消村甚至乡镇都具有一定合理性。当然，在当前精准扶贫国家战略下，通过地区间财政转移支付强化乡镇村的职能，促进当地村民脱贫致富，仍然具有现实性。此外，在推动基层民主自治上，在村民素质较高的地区可以进一步上提基层自治的层级，在乡镇层面推行直选，也可以推行民主选举。但是，这些改革观点中对社区治理的明确路径未进行系统性分析，因此仍有必要从完善和加强社区治理的目标来讨论农村基层政区改革。

3. 基层政区改革视角下社区治理的相关研究

关于基层政区改革的观点已非常丰富，关于社区治理的研究更是繁多，然而，从基层政区特别是基层政区改革的角度来分析社区治理的研究还是较为少见的。例如，以与基层政区相关的社区空间为例，通过检索中国知网上以"社区"为主题的研究，截至 2017 年 8 月份为 557214 篇，而主题为"社区空间"的则只有 15081 篇，占比仅为 2.7%，主题为"行政社区"的则更少，只有 8698 篇，占比更是低到 1.56%，而社区治理与基层政区改革为主题的论文还未曾有。

20 世纪 90 年代后期，刘君德等在研究浦东社区时，提出了"行政社区"和"行政区—社区体系"①②③④，他较早地创新性地提出了我国当前社区建设中社区主要体现为"行政社区"，特别是在上海社区建设中，以街道为主体推进社区建设，更是强化了城市社区表现为行政社区的属性，然而在这些分析中，突出了社区的行政性，但在引入行政区划的政策工具体系中，对社区治理的研究则还未充分展开，特别是在国家提出社区治理等新理念背景下，如何"嫁接"行政区划政策工具体系对社区治理进行研究尚未全面展开。

在社区治理研究中，也有学者关注到了行政区划的重要性，如彭勃（2006）指出：确立和调整城市治理的空间策略是现代国家的重要任务。计划经济时代中国的单位体制，使国家能够依靠单位实现"单元分隔"式的治理模式，而改革开放以来，这种整齐划一的空间战略无法适应新的城市社会变迁。在城市社区管理体制改革中，出现了三种不同的国家空间战略，即"政党国家""行政国家"和"社会化国家"模式，但从空间区划的视角来分析社区治理的研究却仍不多见。

① 刘君德、张玉枝:《上海浦东新区行政区—社区体系及其发展研究》,《城乡建设》1995 年第 9、10 期。
② 刘君德等:《中国大城市基层行政社区组织重构:以上海市为例的实证研究》,东南大学出版社 2013 年版。
③ 张俊芳:《中国城市社区的组织与管理》,东南大学出版社 2004 年版。
④ 刘君德等:《中国社区地理》,科学出版社 2004 年版。

第四章 基层政区的建制转型与上海社区治理

随着新型城镇化的推进，上海城乡空间变迁加快，而社区治理的结构、重心、方向也随之改变。一方面，农村社区不断向城市社区转变，要求基层政区在建制类型上转型；另一方面，在产业转型升级大背景下，城乡基层社区在产业社区功能上的优势不断衰减，而社会治理和公共服务的要求和比重则越来越高。基于以上社区治理的变化，基层政区也通过建制类型的转换、建制职能的转向和建制服务功能的强化，为社区的城乡协调治理提供空间属性更匹配的治理架构，并提供更符合基层需求的治理资源。

第一节 基层建制类型转换：城镇化进程中的上海社区治理

改革开放以来，上海的城镇化进程不断加快，农村社区的治理也越来越需要向城市社区转型，基层政区作为构成社区治理体系的重要行政依托，也相应地在整体反映地域管理性质和特点的建制类型上加以调整，以适应上海城镇化进程对社区治理带来的挑战。

一、上海城镇化进程对社区治理的影响

改革开放以后，上海开启了快速城镇化的新阶段，随着工业化和服务经济的发展，产业结构中第二产业和第三产业所占的比重快速增加，在产业非农化的驱动下人口和空间的城镇化进程也逐渐加快。

1. 上海城镇化进程的加快

我们从城镇化进程中最核心的三大要素产业、人口和空间的变化对上海城镇化进程做简要梳理。

一是产业结构的变迁。从产业城镇化率的增长看，由于上海作为我国特大城市，工业基础雄厚，因此在改革开放初期，上海的第二产业和第三产业之和占 GDP 的比重已达到 95.97%，此后虽有波动，但 1990 年浦东开发开放以来，产业城镇化率则保持平稳快速增长，目前基本稳定在 99% 以上（见图 4-1）。

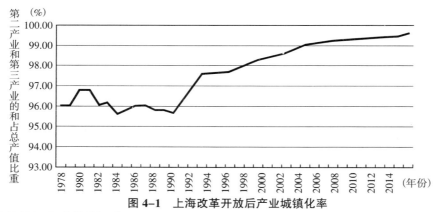

图 4-1　上海改革开放后产业城镇化率

资料来源：《上海统计年鉴》（2016）。

二是人口结构的变迁。2015 年上海取消农业人口与非农业人口的区别，如果按 2014 年常住人口计算，上海城镇化率已高达 89%，位列全国第一。从图 4-2 可以看出，上海本身具有较好的城镇化基础，改革开放之初城镇化率就已超过 50%，而 21 世纪以来更是加快了增长速度，这也符合美国著名学者诺瑟姆对于城镇化率增长中"S"曲线的规律总结。

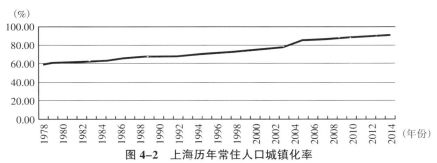

图 4-2 上海历年常住人口城镇化率
资料来源：《上海统计年鉴》(2016)。

从全市人口城镇化率和郊区人口城镇化率的发展趋势看，未来将接近 90%，郊区和全市的人口城镇化率都快速增长（见图 4-3）。郊区的社区治理城镇化进程更是飞速推进，进入城乡一体化的稳定状态。全市城镇化率从 1970 年的 50% 左右增长到 2015 年的 90% 左右，而郊区的城镇化率更是飞速提升。

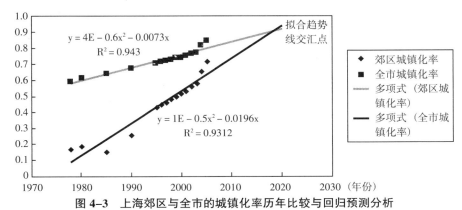

图 4-3 上海郊区与全市的城镇化率历年比较与回归预测分析
资料来源：上海市统计局：《上海市国民经济和社会发展历史统计资料（郊区分册）》，中国统计出版社 2001 年版。上海统计局、上海市农业委员会：《2006 年上海郊区统计年鉴》。

三是土地结构的变迁。从土地和空间城镇化发展来看，中华人民共和国成立时，上海行政区面积为 636 平方公里，其中市区面积为 82 平方公里，土地城镇化率仅为 13% 左右。随着 20 世纪 80 年代卫星城、工业园区以及乡镇工业的发展，1990 年全市建设用地面积已超过 800 平方公里，当然这一时期上海市域总面积也扩展到 6300 平方公里，而在浦东开发开放的带动下，2000 年全市建设用地面积已超过 1500 平方公里，在总面积不变的基础上，相当于土地城镇化率翻了一倍。截至目前，全市建设用地面积已经达到 3081 平方公里，约占陆域面积的 45%。

2. 城镇化进程中社区治理结构的变化

城镇化的快速推进意味着社区治理中城市社区的比重快速增加、农村社区大量减少，意味着在城乡治理中，需要提供更多城市型的更为复杂和现代的空间服务设施，需要满足更多城市居民多元化、个性化和精细化的治理要求，需要配备更多熟悉城市社区治理方式的社区工作者队伍等，需要从人口分散化布局的治理向人口集中化布局的治理、从有集体经济和集体资产支撑的农村社区治理向依托上级政府财力拨付和社会化资金筹措的治理转型。

例如，笔者近期在上海市浦东新区航头镇下沙社区的调研中了解到，由于下沙社区由两个居委会（鹤鸣居委会、下沙居委会）和六个村委会（沈庄村委会、沉香村委会、王楼村委会、鹤东村委会、牌楼村委会、梅园村委会）组成，这一社区是典型的村居一体化社区，在治理中可以明显感觉到城市居民区治理和村庄治理有很大的差异，这也使得下沙社区治理面临较大的挑战。例如，在会议通知上，居委会由于人口集中，很快就能通知到；而农村社区居住分散，通知的难度就很大，往往费时费力。在群众文化团队活动的补贴上，从农村社区出来的文化团队由于依托仍有集体资产的村委会，所以其每次活动补贴力度都大大高于居委会派出去的文化团队，如村委会每次大概补贴是 100 元/人，而居委会有时不仅没有补贴，还往往需要"自掏腰包"。此外，由于居民与村民的文化程度和观念有差异，往往同样一个活动，群众的反应完全不一样，如在居委会开展英语角等活动，群众的参与热情还是较高的，但在农村社区，开展这一活动则群众响应度很低。

二、城镇化进程中上海基层政区的建制调整

在城镇化快速推进的背景下，社区治理要求的变化也推动着上海基层政区的建制结构不断变化，由农村型政区不断向城市型政区转变，相应的建制结构也不断变化，乡和村委会数量逐渐减少，镇、街道办事处和居委会的数量逐渐增加。

1963 年以后，上海郊区的乡镇级政区数量无论是在人民公社化时期，还是进入改革开放后的乡镇重建阶段，数量几乎都维持在 200 个左右。从更细分的角度看，1978 年开始的农村改革和撤社建乡工作的开展，使得这一数目稍微增加，从 200 个以下跨入 200 个以上，此后一直维持在 210 个左右；进入 20 世纪 90 年代有轻微的增减波动，如 1995 年比 1994 年减少 1 个，而一年后又恢复到 209 个。需要指出的是，尽管这一时期，乡镇规模比较稳定，但在建制上仍有变化，那就是撤乡建镇实行镇管村体制。尽管难以看出这种变化，但从各区更细致的统计资料中我们还是可以发现端倪，如浦东新区 1995 年 11 月实行撤乡建镇，由 5 镇 27 乡的政区格局一次调整为 30 镇 1 乡，并且在 1996 年将高南乡与东沟镇合并为东沟镇，从而进入"无乡区"的时代。上海郊区 1993 年、1997 年、2010 年、2016 年乡镇数量的比较如表 4-1 所示。

表 4-1　上海郊区 1993 年、1997 年、2010 年、2016 年乡镇数量的比较

单位：个

区县名称	1993 年		1997 年		2010 年		2016 年	
	镇数	乡数	镇数	乡数	镇数	乡数	镇数	乡数
闵行	15	0	15	0	9	0	9	0
宝山	13	3	14	2	9	0	9	0
嘉定	18	0	17	0	7	0	7	0
浦东	5	26	28	0	25	0	24	0
南汇	6	24	25	0	—	—	—	—

续表

区县名称	1993 年		1997 年		2010 年		2016 年	
	镇数	乡数	镇数	乡数	镇数	乡数	镇数	乡数
奉贤	2	20	22	0	8	0	8	0
松江	9	11	20	0	11	0	11	0
金山	9	10	15	1	9	0	9	0
青浦	4	17	20	0	8	0	8	0
崇明	3	25	20	5	16	2	16	2
合计数	84	136	196	8	102	2	101	2

注：由于县改区后，各区辖域变化不大，故在区县名称一栏，统一与当前建制名称一致。
资料来源：上海民政局：《上海行政区划简册》（1994 年、1998 年、2011 年、2016 年）。

从表 4-1 中可以看到乡镇数量的明显变化，在 1993~2016 年，各区乡的数量从 136 个锐减到 2 个，总下降幅度高达 98.53%。镇则保持了快速的增长趋势，其中在 1997 年一度达到最高值 196 个，比 1993 年翻了一倍多，之后，又逐渐减少，2016 年为 101 个。究其原因，主要是郊区城镇化大踏步推进。结合图 4-3 和城市化发展的"S"曲线规律[1] 我们可以看到，20 世纪 90 年代中期是郊区城镇化的加速期，对于快速发展和形成的城市化地域，进行相应的建制转换以适应新的管理变化是客观规律的反映。当然对于这一大规模调整，为避免出现"一窝蜂""盲目""冒进"式的调整，1994 年上海市民政局发出《上海市关于调整本市撤乡建镇标准的通知》，在重申国家 1984 年建镇标准的基础上又加上了对全乡工业化和现代化的调整指标[2]，以规范和更好地推进撤乡建镇工作。

进入"无乡"时代后，郊区在持续城镇化进程中，即在镇析出街道或改设街道以及撤村建居的基层政区建制类型转换中，不断适应社区空间结构转变带来的治理要求和挑战。

---

① Northam R. M., *Urban Geography*，New York：John Wiley & Sons，1979.
② 这一指标是"全乡劳动力人数比例：第一产业占 25%；第二产业占 60%；第三产业占 15%。全乡具有初级职称以上科技人员总数在 100 人以上"。见《上海市关于调整本市撤乡建镇标准的通知》（沪民基（94）第 23 号）。

从表 4-2 中可以看出，上海各郊区在乡改镇基本稳定后，进入 21 世纪后，主要是增加街道数量特别是居委会数量来适应社区城镇化的发展趋势和要求。街道数量从 2000 年的 27 个增长到 2018 年的 34 个，而居委会数量占居委会和村委会总量的比例更是从 35.27% 上升到 63.49%，居委会数量占比增长近一倍，其数量也是大大超过村委会数量。

表 4-2　进入 21 世纪以来上海郊区街道和村居的数量变化

单位：个

区县名称	2000 年			2005 年			2010 年			2018 年		
	街道	居委会	村委会	街道	居委会	村委会	街道	居委会	村委会	街道	居委会	村委会
浦东	11	471	297	11	582	251	13	708	412	12	961	362
宝山	3	122	233	5	251	116	3	302	111	3	382	104
闵行	3	238	177	3	303	164	3	361	156	4	449	118
嘉定	5	229	170	3	92	167	3	120	151	3	214	143
金山	1	72	224	1	62	136	1	78	124	1	106	124
松江	4	88	219	4	130	115	4	144	114	6	261	85
青浦	—	71	318	3	56	179	3	73	184	3	141	184
南汇	—	61	339	—	64	185	—	—	—	—	—	—
奉贤	—	79	296	—	75	270	—	86	199	2	125	175
崇明	—	52	449	—	51	271	—	70	269	—	81	269
总数	27	1483	2722	30	1666	1854	30	1942	1720	34	2720	1564

资料来源：上海民政局：《上海行政区划简册》(2001 年、2006 年、2011 年、2019 年)。

三、面向新型城镇化的基层建制改革与社区治理

新型城镇化对社区治理提出了"以人为本、生态优先、城乡统筹"等新要求，在这一新要求下，未来超大城市郊区农村在城乡一体化进程中，将避免"城乡一样化"的城镇化进程，既在城镇发展中不断植入和发育现代城市文明，但又避免环境污染、交通拥堵、房价飞涨、犯罪频发等"城

市病"的发生，在充分地体现以人为本、保持生态底色、协同城乡发展的原则下推进郊区的城乡一体化，这不仅符合超大城市整体发展的利益，也是郊区利用自身优势打造符合创新经济、服务经济、绿色经济发展的综合环境，推动产业转型升级、增强郊区发展品质和后劲的必然之举。在这一发展判断下，基层建制的改革也需要有新的思路和新的原则。推进未来社区统筹治理，需要在基层建制改革上确立以下思路：

1. 差异化与协同化相结合的社区治理

随着崇明的县改区，上海继北京市之后也进入"无县"发展时代，这预示着上海在区县建制层面已实现了全面的城市化，尽管有些市辖区在功能、景观、人口结构、产业组成等方面并未形成传统意义上的城市特点，但是从未来发展看，实行市辖区建制仍有一定的合理性。不过在乡镇村居层面，应更为精准地根据社区的实质性发展变化，推动基层建制的类型调整，以免不少仍以"三农"为主的地域由于乡改镇、村改居的盲目加快模糊了城乡地域管理的区别，给社区治理带来一定的负面影响。基层建制转换的本质意义还是在于希望通过治理架构的整体性调整来匹配、适应甚至推动社区在城镇化进程中治理要求的变化，包括在治理机构、治理人员、治理资源等方面更精准地对接治理内容和结构的变化。毕竟城乡之间在治理内容和要求上还是具有较大差异的（见表4-3），虽然城乡需要统筹治理，但在基础治理单元层面还是应该有所区分。

表4-3　城乡社区文化的特点比较

项目		城市	乡村
物质生活方式	衣着	时髦、款色多，样式变化大	不入时，款色少，变化慢
	交通	方便、方式多	不方便、方式少
	余暇	较多、利用充分	较少、利用率低
	文化生活	丰富、多样化	较贫乏、单一
	人际交往方式	比较松弛	亲切、重感情
	家庭生活	作用不甚突出	十分显著
	生活节奏	快	慢
	工作节奏	日规律性强	随农时变化

续表

项目		城市	乡村
精神生活方式	追求期望	层次高	层次低
	时空价值观	时间观念强、乡土观念弱	时间观念弱、乡土观念强
	信仰、宗法观	世俗化	宗教意识浓厚
	风俗习惯	变化快、理性化、约束力差	惰性大、传统化、约束力强
	伦理道德	多元化	较单一
	法规	限制多，多样化	限制少，较单一

资料来源：张小林：《乡村空间系统及其演变研究（以苏南为例）》，南京师范大学出版社 1999 年版。

　　但是，从未来上海郊区发展的趋势来看，传统意义上的城镇化带来的地域转换已基本稳定，正如《上海市城市总体规划（2017~2035 年)》中对土地利用总量进行了严格的底线控制，建设用地的零增长目标使得未来从地域结构来看，土地城镇化已基本稳定。因此，未来郊区的城镇化更多体现为内涵提升，或者是景观上保有乡村田园底色、情感上保有乡愁乡缘，实质上体现现代都市文明的新型城镇化。因此，未来上海郊区社区的治理既要根据社区不同的特点进行城乡差异性的精准治理，也要从未来超大城市郊区城乡统筹的发展趋势进行村居一体化的协同治理。在社区统筹治理中，一方面，仍要强调以城带乡、以工促农，提升乡村社区的发展活力和实力水平，在治理技术、手段、方式上则是体现现代化治理水准；另一方面，也要强调新型农村社区治理中应保留原有农村居民之间出入相友、守望相助的熟人社区特点，以更好地促进社区的自治，真正体现"社区"和"治理"的实质内涵。例如，奉贤区近年来探索的"四堂间"农村社区治理新模式，就是在不离乡土、不离乡邻、不离乡音、不离乡愁的情况下创新农村养老服务方式的新型农村社区治理。

专栏 4-1

奉贤区探索"四堂间"农村社区治理新模式

2015 年 9 月，在青村镇李窑村 9 组成立了奉贤区第一家睦邻"四堂间"，探索郊区农村养老新模式。村里通过对一户居民空置的住房进行设施改造，使其成为老年人"吃饭的饭堂、聊天的客堂、学习的学堂、议事的厅堂"。睦邻"四堂间"一推出，就受到了村里老年人的欢迎，不仅解决了他们要掐着时间去别人家串门的困扰，还解决了独居老人的午饭问题。"烧一次吃三顿，吃隔夜饭菜是经常的事。现在中午只要出 5 元就能吃到可口的饭菜。"说起睦邻"四堂间"，青村镇李窑村的王秀芳竖起了大拇指。

随着不离乡土、不离乡邻、不离乡音、不离乡愁的奉贤农村养老模式不断推进，各个街镇也动足脑筋，如何让老人实实在在享受到养老服务。于是，小小的睦邻"四堂间"承载起了便民服务、健康保健、文化娱乐等活动，积极调动老年人主动参与、献言献策的热情，让老年人有参与感、成就感。

2. 生态型与城市型相结合的基层建制改革路径

针对郊区社区发展的趋势和特点，在基层建制上针对差异性的治理要求和内容，不断推进地域型政区建制向城市型政区建制转换，但是更为重要的是能否构建一种既能体现城市建制特点，也能反映乡村生态化、田园性特点的建制。近年来澳大利亚在一些设施好、生活质量趋近城市的农业生产地区，设置了一批 Rural City（农业型城市），就是以特殊的市建制来管理一片农业区域。这些城市人口规模小，一般为几万人口，地域面积则有几千平方公里，从事的职业也多是与农业有关。图 4-4 和图 4-5 分别是澳大利亚维多利亚州（Victoria）Mildura Rural City Council 的网页和其地理位置。

图4-4　澳大利亚维多利亚州 Mildura Rural City Council
资料来源：http：//www.mildura.vic.gov.au/Page/Page.asp?Page_Id=167&h=0.

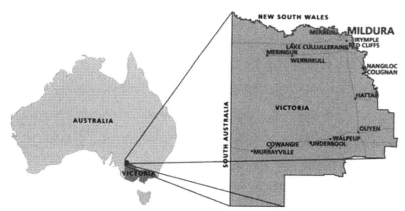

图4-5　澳大利亚维多利亚州 Mildura Rural City Council 的地理位置
资料来源：http：//www.mildura.vic.gov.au/Page/Page.asp?Page_Id=167&h=0.

3. 具体的调整和改革路径

围绕以上基本思路，在具体的基层建制改革上，可以从近期和中远期两个方面对改革路径做相应分析。

一是近期加快推动相关"城中镇"的撤镇建街或者是析出街道。目前在上海的中心城区市辖区中，仍有六个建制镇，与"城中村"概念相对应，这些镇可以称为"城中镇"，这些镇与上海整体的城镇化格局不相符合，在一定程度上也不利于这些镇覆盖的社区实现精准化和精细化治理。毕竟街道办事处作为城区基层治理建制，在机构、资源、人员、机制、感受度等方面更为契合城市化地区的治理，而目前上海的徐汇区、长宁区、新静安区、普陀区、杨浦区五个区还有六个建制镇，分别是徐汇区的华泾镇、长宁的新泾镇、新静安区的彭浦镇、杨浦区的五角场镇以及普陀区的桃浦镇和长征镇。这些镇的镇域范围都属于成熟的城市化区域，其下辖的社区类型也基本为居民区社区（除了新静安区的彭浦镇还有一个村委会、普陀区的桃浦镇还有七个村委会），社区治理也是城市社区的治理内容和结构，因此，适时推动这些建制镇的撤销并设立街道办事处，是理顺中心城区城市社区治理的一个重要路径。当然在这一过程中，还需要同步进行撤村建居，特别是集体资产的妥善处置（可建立社区股份制公司，将相应的集团资产折成股份，让"村民"能够分享集体资产的增值分红），避免影响社会稳定的问题出现。

二是近期可推动郊区市辖区行政中心驻地镇的撤镇建街道或析出街道。20 世纪 90 年代末期，上海就开始了撤县建区的郊区行政建制调整，到 2016 年，随着最后一个县——崇明县的撤县建区，上海也进入了"无县"发展的新时期。从行政建制匹配的惯例而言，市辖区作为城市型政区，意味着其所管辖的区域是基本城市化完成的区域，甚至是城市化成熟的区域，而其行政中心也往往设置为城市型政区建制，因此，随着"县改区"的调整，市辖区的治所驻地也纷纷改为街道办事处。目前从上海各郊区市辖区治所所在地而言，大部分已街道化，包括：青浦区行政中心位于夏阳街道（青浦区 1999 年县改区，2004 年青浦镇撤销，建立夏阳街道和盈浦街道）、松江区行政中心位于方松街道（松江区 1998 年县改区，2001年成立新的方松街道）、宝山区行政中心位于友谊路街道（宝山县 1988 年撤县设区，原行政治所宝山镇部分区域 2000 年划入成立新友谊路街道）、嘉定区行政中心位于新成路街道（1992 年嘉定县改区，1995 年整合城厢镇及周边区域成立新成路街道，嘉定镇也于 2000 年撤镇建嘉定镇街道）、浦东新区行政中心位于花木街道（2000 年浦东新区撤销管委会建政，2006 年行政中心所在地花木镇改花木街道）等。

但目前有两个市辖区的行政中心仍是建制镇设置，这在一定程度上也影响了所在市辖区的整体城市化发展，因为作为行政中心，需要更为展现区域的繁荣繁华，甚至成为本区域的 CBD，而 1992 年老闵行区（江川路街道等区域）与上海县合并成立闵行区，但行政驻地莘庄镇一直是建制镇的架构，特别是在《上海市城市总体规划（2017~2035 年)》中，莘庄还被列为"3+2+4"城市副中心体系（在中心城内继续提升五角场、真如、花木三个副中心的功能，并新增金桥、张江两个副中心。在宝山、虹桥、莘庄、川沙四个主城片区内分别设置主城副中心）中四个主城片区的城市副中心。对于这一定位，莘庄镇更应加快撤镇建街道的进程。此外，南桥镇作为奉贤区行政中心，其在近年已析出奉浦街道和西渡街道，未来随着新城中心的建设，也应继续推进街道化改革。

三是从中远期改革举措而言，在上海郊区构建生态职能型基层建制，推动新型农村社区发展。对于未来的上海郊区社区发展，一方面继续稳步推进外延式城镇化，另一方面加快推进内涵式城镇化，并且在社区治理上强调生态化、智慧化、统筹化和共享化。在社区治理定位上，并不是步城市社区发展的后尘，而是在规划阶段就高起点高标准规划，在治理上也是以最高标准来推进。例如，浦东新区航头镇下沙社区作为一个新设立的社区，其在办公中心、运作机制、人员配置等方面就率先按照最高最新的标准来建设推进，包括最智能化信息化的整体性社区办公中心建设，引入社会组织等社会力量参与社区建设的机制设计，建立村居一体化的统筹治理理念，强化美丽乡村建设等。

第二节　基层建制职能转向：以上海取消街镇村社区的招商引资职能为例

上海在早期社区治理中，社区就业需求增加，发展权限下移，使得经济职能成为社区治理的主要职能之一，社区的产业社区属性不断增强，特别是在农村社区，拥有集体资产的镇村更是在乡镇工业化、农村工业化中扮演了重要角色。然而，随着经济发展的市场化和专业化要求越来越高，特别是拥有多项政策优势的开发区不断崛起成为推进产业发展的主力军，使得资源不足、实力欠缺、级别有限的基层社区在经济治理上捉襟见肘，传统"苏南模式"与现代产业要求之间的差距越来越大，"小散乱"的社区经济发展格局也陷入"越发展问题越大"的尴尬局面中。也正是基于这些新背景，上海率先在经济转型升级的大趋势下，不断调整基层政区的经济职能，让基层政区在建制职能上更好地顺应社区治理的新需要。

一、社区治理中经济职能的强化

我国城市社区经济功能兴起于 1958 年，虽然当时还未在政策上提出社区概念，但类似的街居承担了目前类似社区治理的角色。当时，随着"全民办钢铁""全民办工业"和"集体食堂"的出现，广大妇女告别锅台灶台，走向社会，谋求职业。中国劳动力大军骤增的同时，生产部门的就业吸纳能力却由于计划经济等因素未能同步增长，为满足"解放"了的妇女高涨的工作需求，一些全民所有制企业支持她们在街道居委会开办一些小企业、小作坊和小商业，于是她们就近从家中搬来座椅板凳和劳动工具，自己组织起来进行生产作业，街居经济由此兴起。这一态势持续到20 世纪 60 年代初期，由于"三年自然灾害"造成严重的粮食供给短缺以及严峻的经济发展形势，2000 多万城市人口"上山下乡"进入农村，成为农业劳动者，城市"闲散"劳动力几乎不再存在，自然街道经济的发展也由此停顿。20 世纪 70 年代中后期，大批知识青年返城，而遭到破坏的城市经济无法吸纳新增劳动力，为了安置众多的待业青年，政府又开始大力推动街居经济的发展。

上海的街居经济发展主要是从 1978 年开始的，"文化大革命"结束后开始"拨乱反正"工作时，因要安置回城知青、解决城市居民日常生活的现实需要，街居经济开始充当起企业家的部分经营角色，办起了一大批生产、生活服务业企业。例如，静安区街道，1978~1992 年共办理知识青年 5 万多人返沪安置就业；闸北区在 1979~1983 年安置回沪知识青年和待业人员 12 万余人，1984 年 7 月，闸北区有街道工厂 148 家，职工 30241 人，产值 14240.91 万元，利润 2119.16 万元；普陀区则在 1979~1982 年由 123 个居委会举办各类合作社 246 家，安排上山下乡回沪知青 2300 人。

20 世纪 80 年代以来，随着改革开放的推进，特别是党的十四届三中全会确立"社会主义市场经济"，为上海街居经济的发展注入了活力，指明了新的生长点。1984 年在城市经济体制改革大背景下，上海市政府提出"地区工作要贯彻以经济建设为中心，两个文明一起抓，促动其他各项工作"，各街道开始通过各种方式大力推动街居经济发展，街居经济的管理也成为街道办事处日常工作的重要组成部分，而创收数量则成为考核街道各科室及居委会的重要评价指标①。

20 世纪 80 年代末，上海对街道财政收支实行包干，区政府的财政拨款微乎其微，特别是 1995 年上海市委提出由"两级政府、两级管理"逐步过渡到市区"两级政府、三级管理"的要求，街道的发展权能和资源，特别是在积极性上得到很大的提升，街道在承载"单位制"瓦解后社会管理和服务职能"溢出"以及安置大量下岗职工的过程中，其地位也越来越凸显，而作为资源保障的街道经济也迎来了快速高效的发展阶段，据统

---

① 鲍日新等：《社区管理理论与实践》，大连海事大学出版社 2004 年版，第 120–122 页。

计，在街道企业发展最好的时期，上海市区财政收入中街道经济的比重仅次于区属商业。以街居为主体的城市基层政区在职能上很好地配合了这一阶段城市社区发展的需要。与城市街居经济治理相同的是，在农村，乡镇经济异军突起，乡镇工业成为改变农村面貌的重要力量，在推动农村社区发展中扮演了重要角色。

随着全国范围内改革开放导致的"单位制"瓦解，国家开始重视社区建设工作，通过社区来承接更多的社会建设内容。上海的社区建设起步较早，街道由于在经济实力、基层建设和统筹资源上的优势，自然成为上海推动社区建设的主要平台。"街道办事处从为民、利民、便民的宗旨出发，发动和组织离退休职工和社会待业人员，因地制宜地办起了以综合服务、劳动服务、生活服务为主体的第三产业，方便了居民生活，有利于生产发展，活跃了市场，受到居民的欢迎，促进了街道办事处的工作从原来的单一性、突击性、经验性向综合性、服务性、科学性转化"①。

1997 年，上海出台实施《上海市街道办事处工作条例》，对街道办事处的主要任务进行了界定，包括：一是宣传和执行党的路线、方针、政策和国家的法律、法规；二是搞好精神文明建设；三是开展社会治安的综合治理；四是管理社会闲散劳动力；五是指导、管理各项经济工作；六是搞好民政福利工作；七是配合有关部门做好市政建设和管理；八是指导居民委员会开展工作。

2004 年上海从社区建设中居民对公共服务的需求出发，提出了"社区党建全覆盖、社区建设实体化、社区管理网格化"的新思路。在这一新思路指导下，以街道作为平台，社区"三中心"社区事务受理中心、社区文化活动中心、社区卫生服务中心不断建立健全，其他的社区服务设施也陆续在街道层面充实。街道在强化管理和服务的同时，也依托相应的职权积极发展街道经济和社区经济，一方面调动了街道发展的积极性另一方

---

① 中共上海市委办公厅市区处：《城市街道办事处居民委员会工作手册》，上海人民出版社 1988 年版，第 8 页。

面夯实了社区建设的资源保障。

二、"1+6"文件出台，全面取消街道招商引资职能

随着社会主义市场经济的逐渐深入，街道作为经济发展和招商引资平台，越来越凸显"行政区经济"的负面效应，恶性竞争和能级不高等问题使得街道经济日渐式微。进一步而言，在国家大力推动社区建设的背景下，街道作为上海社区建设的主要平台，社区建设所要求的综合性，特别是社会性和服务性，使得原有街道建制功能出现了"缺位"。特别是，街道与企业和经济发展"捆绑"在一起，过于关注经济使得离老百姓最为接近的基层政权建设削弱了与居民的"血肉联系"，远离了老百姓的真正需求，促进社会整合和秩序稳定的社区建设也大打折扣，这种职能"错位"也引发了各界的质疑。

2015年发布的"1+6"文件中，在街道体制改革方面，首次提出"取消街道招商引资职能及相应考核指标和奖励，街道的经费支出由区政府全额保障，推动街道工作重心切实转移到公共服务、公共管理和公共安全上来"。并且将这一改革目标作为硬任务，设立时间表在全市严格执行。虽然郊区有些新设街道由于发展资源有优势、经济发展任务仍较重、街道发展仍需要经济职能予以支撑，但根据"1+6"文件精神，全市所有街道，无论是市区还是郊区的都必须在2015年取消招商引资职能，没有例外。

从街道社区的经济职能改革看，浦东新区早在2006年就开始在浦兴、东明两个街道试点取消街道招商引资职能，2007年起全区一刀切，取消街道经济，同时取消区政府对街道招商引资的考核，街道的支出从税收分成改为由区财政全额拨款。从比财力到比服务的转变，虽然对一些辖区税收来源多的街道可能有一定短期影响，但从长期来看，街道可以在财力预算保障下心无旁骛、前瞻规划地做民生，一些物业资源也可以更多向民生服务需求方面供给。需要指出的是，对于青浦、奉贤等远郊区的街道办事处而言，由于发展职责大、建设任务重，区级财力也相对不那么充沛，可

能街道社区发展近期会受一些影响，但从长远看，街道回归社区建设中的公共管理、公共服务和公共安全定位，将对老百姓提升获得感、归属感和幸福感具有重要意义。

三、浦东率先全面取消村级和镇级招商引资

在农村社区建设中，同样的问题也在发生，一方面产业转型升级背景下基层发展经济的劣势不断凸显，另一方面郊区农村的社会治理和公共服务任务越来越重要。镇村作为基层政区在推动农村社区建设上，需要从以往注重经济发展功能向更加注重党建、社会治理和公共服务转变。为此，浦东于 2016 年率先全面地取消了村级招商引资职能，并于 2017 年在此基础上，全面取消了镇级招商引资职能。

1. 乡村经济发展在农村社区治理中的历史作用

1990 年浦东开发初期，浦东的城市化地区仅限于沿黄浦江南北长约 25 公里、东西宽约 2 公里的地带，实际面积约 38 平方公里，占浦东总面积的 7.3%。农村地区面积 479.2 平方公里，占总面积 522.7 平方公里的 91.7%；农业人口 52.3 万，占总人口 134 万的 39%；农村社会总产值 63.22 亿元，占新区社会总产值 205.39 亿元的 30.8%。可见，农村、农民和农业在当时占有举足轻重的地位。

自 20 世纪 70 年代后期起，上海郊区依托对外开放的政策优势和依临我国最大经济中心的区位优势，大力兴办乡镇工业。村办、乡办、镇办、县办企业如雨后春笋般破土而出，形成村村点火、户户冒烟的兴旺景象。乡镇工业的崛起带来两大惊人变化：一是郊县经济结构迅速优化，从以农业为主变成以工业经济为主，工业产值占比迅速攀升，并占据国民经济主导地位；二是大批面朝黄土背朝天的农民纷纷进厂务工，成为离土不离乡的小厂工人，拥有工资和工分双重收入，农民变为工人是一大社会变革。浦东开发开放之前，经济基础很薄弱，主要由一块沿江的城域经济和一块布局在川沙县域及各镇的镇域经济组成。原来的川沙县位居全国百强县之

前列，县属工业、乡镇企业相对发达，属镇域经济的佼佼者；而当时位于沿江市区的城市地区则主要是造船、炼钢、化工、纺织等粗放和劳动密集型行业。在这个阶段，浦东的城镇化进程比较缓慢，城乡差异不是很明显，乡镇与城市发展的关系相对和谐。

以张江地区的乡村工业经济发展为例。张江的乡镇（社队）工业于20世纪50年代后期起步，70年代得到迅速发展，80年代成为该地区工业的主体，成为农村劳动力就业的首要场所、财政收入的重要来源和农民脱贫致富的主要途径。当时服装（包括羊毛衫）、皮革制品、机电、化工、电线电缆和建筑（装饰）材料等成为镇域的支柱产业，张江电机厂、张江丝绸绣衣厂、新盛墙纸厂、张江混凝土构件厂、华生化工厂浦东分厂、开捷门窗厂等都是县内年产值超千万元、利润超百万元的知名企业。浦东开发开放之前，张江乡镇工业的综合竞争力已经在浦东地区位居前列。1991年末，张江乡的农村劳动力总数为 11195 人，其中从事第一产业的为 2469人，从事第二产业的为 6302 人，从事第三产业的为 2424 人。从三次产业的劳动力比例来看，近 80% 的劳动力已经从事非农产业。

2. 新形势下乡村经济的发展难以支撑社区治理

村级经济一直作为农村社区治理的重要资源基础，在农村社区治理中发挥了重要作用，同样，浦东现有 24 个镇，371 个行政村，镇域和村级经济一直是农村地区重要的经济组成部分。然而，随着产业转型升级要求和速度的不断提升，"小而散"的村级经济治理格局越来越不适应，并且由于村级组织将精力过多放在招商引资上，对农村社区中越来越重要的社会治理和公共服务则有所忽视，针对这一情况，浦东新区做出了全面取消村级招商引资职能的改革创新。

（1）镇域经济后劲乏力，且后遗症明显。

随着产业发展要求的不断提升，镇域经济的发展后劲日显不足。以财政收入为例，各镇财政收入三年增长率由 2008 年的 24.18% 滑落到 2009年的 19.29%，并在 2010 年进一步降低到 18.90%，与新区面上经济数据相比，街镇占比也在近年出现负增长，占比从 2007 年的 20.08% 提升到 2008

年的 20.44%，但 2009 年则降低到 18.74%，占比出现 8.29% 的负增长，2010 年占比进一步缩小至 17.77%（见表 4-4）。

表 4-4　2007~2010 年浦东各镇财政收入、工业总产值与新区的比较

财政收入的比较								
年份	2007	2008		2009		2010	
	总量（亿元）	总量（亿元）	增长率（%）	总量（亿元）	增长率（%）	总量（亿元）	增长率（%）
镇总计	171.56	213.04	24.18	254.14	19.29	302.16	18.90
新区	854.49	1042.44	22.00	1356.0	30.08	1700.32	25.39
占比（%）	20.08	20.44	1.79	18.74	−8.29	17.77	−5.18
工业总产值的比较								
年份	2007	2008		2009		2010	
	总量（亿元）	总量（亿元）	增长率（%）	总量（亿元）	增长率（%）	总量（亿元）	增长率（%）
镇总计	1692.79	1942.72	14.76	1985.1	2.18	2261.09	13.90
新区	5188.12	5649.22	8.89	7141.55	26.42	8591.5	20.30
占比（%）	32.63	34.39	5.40	27.80	−19.17	26.32	−5.32

镇域经济发展后劲不足的同时，由于基础不高、布局分散、技术滞后、环保不力等原因，乡村工业发展还存在三大问题：一是各镇以税收返还力度为竞争条件的招商引资实现了"小集体利益"，但这种"恶性竞争"对于整体利益的损害更大；二是产业低端化引发生态环境恶化，乡镇企业厂房简陋，设备落后，污水脏物、有毒有害气体任意排放，使江南水乡遭受了巨大的生态浩劫，不少乡间河道长年黑臭，鱼虾数量和品种逐年递减；三是布局无序引发工厂企业、农村聚落、农田交叉混杂，毫无章法，道路交通、排污、环保等公共资源无法配置，形成"走了一村又一村，村村像城镇；走了一镇又一镇，处处像农村"的空间杂乱景象。

（2）取消村级招商引资也是大势所趋。

在浦东快速城镇化和产业转型升级加快的背景下，村级招商引资考核

的制度设计也已越来越不适应浦东经济社会发展的需要，制度的弊端不断显现。村级招商引资制度导致的农村社区经济小、散、乱现象与浦东整体形象格格不入，而产业转型升级和土地"二次开发"的难度也不断加大，村级公共服务和社会治理压力增大的同时，对村工作重视程度不够，招商引资导致的村级集体经济不规范现象时有发生。2006年，原浦东新区就曾设想取消村级招商引资，但由于当时区镇两级财力无法保障村级组织的基本运转费用，加之遭到许多村干部的反对，所以这项改革措施未能在全区推广。

2014年上海市委一号课题"创新社会治理、加强基层建设"，对基层基础建设提出了新的要求，规定街道在全市范围内取消招商引资职能。尽管浦东新区在2007年左右取消了街道的招商引资功能，但对于弱化基层政区经济功能的改革仍在探索推进中。2015年6月30日，上海市委组织部、市委农办等五部门印发了《关于进一步规范本市村干部工作报酬管理的意见》，明确提出"取消村招商引资考核内容"。与此同时，浦东村级招商引资工作自身的情况也进一步变化。一是村级招商日趋式微。相关统计资料显示，2012~2014年浦东新区村级招商引资考核奖励呈逐年下降趋势。2012年收入为15016.15万元，2013年降为14937万元，2014年更是下降为11560.41万元，三年间减少了3455.6万元，降幅为23%。二是区镇转移支付日益增加。2014年，浦东新区对村级组织运行费用的补贴达到6.21亿元，平均每个村达到170多万元。并且从趋势上来看，随着村级组织社会综合治理、环境综合整治、基本公共服务等工作的增加，区镇两级政府也将逐步增加转移支付。三是取消招商引资考核正成为村级治理的必然趋势。无论是客观的城镇化以及产业转型升级的倒逼，还是随着大部分镇逐步取消招商引资考核所积累的经验，都使得取消村级招商引资考核成为了大势所趋。

3. 乡村建制的职能转型与农村社区治理的优化

基于镇域经济和村级经济存在的上述问题，浦东新区当机立断、率先改革，分别在2016年和2017年提出了全面取消村级招商引资考核和全面取消镇级招商引资职能的改革创新举措。

2016 年 7 月，浦东新区宣布 2016 年底前，全面取消村级招商引资考核，通过将经济招商职能交给更为专业、统筹能力更高的开发团队，引导村干部把工作重点放在为民服务上，推动村级组织把更多精力转移到社会治理和公共服务上。同时，区镇两级财政将加大对村基本运行经费的保障，通过专项补助或购买服务的形式，加大治安、环卫、市政建设等公共投入，减轻村级组织的经济负担。

2017 年 5 月，浦东新区宣布将在全区范围启动实施核心发展权统筹和区域管理权下沉工作，以响应上海自贸区"提升政府治理能力"的改革要求。所谓核心发展权，涵盖与区域经济发展密切相关的发展规划、镇级招商引资和区域开发等五个领域，其中镇级招商引资尤为受人关注。在2017 年 5 月 31 日举行改革动员大会之后，浦东新区 18 个镇的投资促进服务中心宣告揭牌。与以往不同的是，这些中心由浦东新区商务委统筹管理。自此以后，对于计划引进的重大项目，由区级层面负责项目评估和市场准入。在统筹核心发展权的同时，浦东还宣布将人事考核、规划参与、绿化市容和房屋等八方面的管理权进行下沉，以更有效地做实镇级政府的公共服务、公共管理和公共安全职能，提升广大群众的获得感和满意度。

在对建制镇和村委会基层政区的职能改革中，一方面，在新的发展环境下基层政区在经济发展上的职能已逐渐式微，甚至出现"越发展问题越多越大"的矛盾，因此，及时调整基层政区的职能重心，可以大大提升区域经济的整体性、持续性和品质性，在取得更大的区域效益基础上，也将更好地"反哺"农村社区的治理，而且，在基层政区将重点转到民生和社会治理职能后，农村社区治理也能实现"归位"，取得更好的治理绩效。对此，从率先取消村级招商引资职能的浦东新区高东镇可看到实证效果。另一方面，农村社区治理也到了需要更加重视民生服务和社会治理的新阶段，特别是特大城市的郊区和农村社区，社会治理和民生服务是社区治理中的主要矛盾，也是主要矛盾的主要方面。目前上海市正大力开展的"五违四必"中大部分的任务都集中在郊区和农村，因此及时调整基层政区的职能，将重心转到社会治理和民生服务，既顺应了农村社区治理的新趋势和新要求，也是提升农村社区治理绩效的重要路径。

专栏 4-2

高东镇全面取消村级招商引资后，农村社区治理取得更大绩效

村级招商职能取消后，高东镇做到了"两个不降"：因取消招商影响的村级财力，由镇财力兜底保基本，确保村级可用财力不降低；设置底线，保持村干部报酬相对平稳，确保干部薪酬在与招商脱钩后不降低。不仅如此，高东镇还制定了激励机制，规定村干部的报酬与各村管理规模、党建、社会治理等工作的质与量紧密联系，并形成逐年增长机制，让全心全意服务老百姓的村干部，不但不会在改革中吃亏，还能脱颖而出。

开展试点一年来，改革赢得了九成以上高东镇村干部的拥护。村与村之间干部的收入差距从过去的 20% 缩小至 10% 以内。与此同时，村党组织"班长"回归主业，集中力量抓党建，全力推进社会治理创新。2015 年，高东镇各村主要领导请假外出招商的情况不复存在，沙港村等长期存在环境问题的行政村，群访问题得到明显缓解。村干部工作重心下沉到基层，赢得了群众的好评。2015 年，全镇农村的帮困救助金额同比增长 10%，屡次被媒体曝光的珊黄村村容村貌也有了很大改善。

第三节 基层建制功能聚焦：以社会福利的
社区化为重点

随着社区建设的框架逐渐形成，以往以机构化和部门化为主的政府公共服务体系，在逐步社会化、市场化的同时也不断向基层下沉。社会福利

事业作为公共服务的重要组成部分，以它的社会化和社区化为分析对象，不仅具有代表性，也有利于在分析中更为集中切入。社会福利的社区化是通过社会福利与社区建设的多种关联方式来推进的，而在这一过程中，乡镇街道的基层政区也逐渐调整自身职能，通过不断增强公共服务能力来适应社会福利社区化的新趋势，2017年中共中央办公厅和国务院办公厅印发《关于加强乡镇政府服务能力建设的意见》，更是对基层政区的建制服务功能强化提出了具体要求。

一、社会福利社区化的重要意义

1. 社会福利社区化的概念

社会福利具有广义和狭义之分：广义上主要是指国家和社会为实现全民物质需求和精神需求、基本需求和社会发展而做的各种制度安排；狭义的社会福利包括剩余性社会福利、制度性社会福利和发展性社会福利。由于新中国成立之初我国建立的是政府全部托底的福利制度，所以在改革开放后，一方面国家福利供给的能力、效率和效益不断下降，另一方面社会对福利的需求不断多元化、优质化和个性化，使得我国开始探索多元主体参与、多种方式供给的社会福利社会化改革。

专栏 4-3

我国社会福利的社会化

计划经济时期，我国社会福利主要由三部分组成，一是城镇职工福利，由企事业单位提供；二是城镇"三无"群体社会福利，由各级政府提供；三是农村"五保"和孤儿福利，由农村集体提供，政府给予少量补贴。社会福利把大部分人网罗到"安全网"之中，但随着1984年全面启动城市经济体制改革后，许多私营经济和个体经济裸露在"安全网"之外，政府包办的补缺型社会福利制度也受到极大挑战。随着市场化的进一步推进，1993 年《关于建立社会主义市场经济体制若干问题的决定》提出建立"产权明晰、责权明确、政企分开、管理科学的现代企业制度"，"国家—单位"的社会福利模式暴露的问题越来越多。农村集体经济开始解体，家庭联产承包责任制开始推行，农村集体福利失去依托，农村"五保"对象得不到应有的保障，农村合作医疗制度也逐步衰落。

正是在这种背景下，我国社会福利制度不得不转向社会。首先是企业改革，厘清企业工资与职工福利的关系，单位福利设施和企业后勤服务逐渐社会化、产业化，福利分房制度也逐渐转变为住房公积金制度。社会福利事业逐步从封闭走向开放，从救济型走向福利型，从供养型走向康复型。[①] 2007 年民政部在对我国福利改革与发展进行规划时，提出"逐步拓展社会福利保障范围，推进社会福利制度由补缺型向适度普惠型转变"，这标志着我国福利制度转向了一个新方向。2007 年，国务院颁布《关于在全国建立农村最低生活保障制度的通知》，正式建立农村最低生活保障制度，还颁布了《关于开展城镇居民基本医疗保险试点的指导意见》；2009 年，民政部颁布《关于制定福利机构儿童最低养育标准的指导意见》；2010 年民政部下发《关于建立高龄津（补）贴制度先行地区的通报》，这一系列制度都是我国在建立普惠型社会福利制度体系上的有益探索。

与此同时，从国际经验来看，传统的福利服务主要是机构照料，其被认为不够人性化，缺乏隐私保护，且易造成社会隔离。因而，国外关于社会福利服务提供改革的趋向便是去机构化，即让福利对象从福利院等机构重返社区和家庭以接受福利供给。为此，我国在探索社会福利社会化的同时也推进社会福利社区化。

---

① 许小玲、傅琦：《"适度普惠"型社会福利的实现路径——基于社区层面的探讨》，《理论导刊》2012 年第 3 期，第 4-7 页。

社会福利事业社区化的内容主要包括社区提供的福利服务、社区内机构提供的福利和政府为社区具体实施的福利。尽管社会福利事业社区化能够满足社会福利需求多样化的要求，有利于居民参与，有利于社区福利服务提供效率的提升，同时也有利于社区资源的开发和整合，但社会福利事业社区化也可能产生诸如"社区福利观念功利化、责任主体模糊化、福利来源过度单一化、福利获得复杂化、福利服务诉求全面化、福利差距扩大化和福利矛盾尖锐化等"实践问题。因此，在推进社会福利事业下沉到社区基层过程中，不仅要注重社区功能与社会福利事业的契合性，而且要警惕社会福利事业社区化所附带和衍生的各类负面问题，只有这样社会福利事业社区化才具有可持续性。

专栏 4-4

社会福利社区化

通过社区发展社会福利的理念起源于 20 世纪 20 年代英国社会工作专业委员会对"一战"后精神病患者集中收容管理的调查报告。该报告认为，政府为维护社会治安采取的对精神病患者集中管理和保障的做法，对精神病患者是一种非人道、非治疗性的管制，报告公开后得到了社会各界的关注，最终政府决定采纳社会工作专业委员会的建议，解除对精神病患者的隔离，让他们回归社区和家庭，并在社区和家庭中创造适合他们康复和生活的环境。去机构化并赋予社会弱者生活权利和自我修复能力，是英国促进社会福利社区化的初衷。20 世纪 60 年代，英国明确提出"社区照顾"的社会福利政策，这一政策认为：无论是老年人、残障人还是妇女儿童等社会弱势群体都应该在社区中得到社会福利服务，而不是在集中的机构和设施中得到政府的福利保障，而社区也应该强化自治，并重视社区、家庭和居民资源的充分利用。20 世纪 90 年代，英国更是发布了《社区照顾法》和《国民保健服务法》，进一步推动社区照顾福利政策的完善和健全，通过将社会福利的规划、管理和资金资源统统下放到地方自治体和社区委员会，来强化地方社区在社会福利事业发展中的责任，这一改革实际上是将从中央到地方的纵向福利服务体制逐步转变为以社区为基础的横向体制，由一元福利服务供给体制走向纵横交错的多元体制。

　　社会福利去机构化是随着社会福利制度不断健全和社会生活水平不断提高而逐渐出现的一种福利制度转型的新诉求。我国传统的社会福利主要是通过机构福利来实现的，如对老年人福利主要是通过养老院来实现，对孤儿福利主要是通过孤儿院来实现，对残疾人福利主要是通过残障机构培训等来实现。实际上，不同的福利对象情况千差万别，这就需要根据福利对象的具体特点来选择福利方式，并不是所有的福利对象都需要进入机构，在机构以外的社区同样能够实现福利效果，提高福利质量。因此，我国未来的社会福利方向应该将福利依托重点下沉到社区，即福利对象的生活载体中，而不是放在单位机构中。下沉到社区的福利机制不但能够减少政府财政负担、提高福利效率，而且能够改善福利对象的生活制约、提升福利对象的福利质量。总之，未来我国社会福利转型的路径应该从"机构福利"转向"社区福利"。

　　正是基于社区提供社会福利和公共服务的优势，我国在社区建设中将提供公共服务作为其最核心的职能之一。我国城市社区建设就是由社区服务发展而来的，20世纪80年代中期，民政部门从社会福利社会化和强化街道、居民委员会功能的角度大力倡导、积极推动社区服务工作。1986年初，民政部从探索建立社会保障制度的高度，提出了社区服务和建立完善社区服务体系的任务，并第一次把社区的概念引入实际生活。1987年社区服务开始在全国普及，同年社区服务写进了国家法律。此后，社区服务开始在我国城区展开，并走进了千家万户。1989年10月，全国首次城市街道工作理论研讨会在北京举行，会议着重探讨了城市街道政权建设、经济工作和社区服务三个问题。1993年中共中央、国务院出台了《关于加快发展社区服务业的意见》，2000年颁布了《关于在全国推进城市社区建设的意见》，2011 年发布了《国务院办公厅关于印发〈社区服务体系建设规划（2011—2015 年)〉的通知》，国家"十三五"规划纲要中明确提出要"建立以居家养老为基础、社区为依托、机构为补充的多层次养老服务体系"，规划纲要中还提出了"推动城市社区 15 分钟健身圈""社区康复""社区日间照料中心""健全社区未成年人保护与服务体系""推进养老智慧社区建设""统筹建设社区阅读中心""增强社区服务功能"等社会福利事业社区化的措施。

2. 社会福利社区化的多重效果分析

将社区建设与社会福利事业发展相关联，其目的在于更好地实现社会福利事业发展的精准性、多样性、回应性，同时也通过对社区服务内容的丰富增强社区居民的归属感和认同感，推动社区自治和共治，提升社区建设的可持续性。具体而言，可以从社会层面、社区层面和个体层面来分析这种关联的效果。

（1）社会层面。

一是提高福利效率。由于社区建设与社会福利事业发展在政策性、内容性、机构性、参与性和财务性等方面具有较强的关联性，因而两者在财政投入、组织建设、内容发展、人力投入等方面都实现了双重效率，即社区建设的财政投入促进了社会福利事业的发展，同时社会福利事业发展的财政投入也促进了社区建设。通过将两者有效关联，优化两者在财政、内容等方面的分配，有利于减少两者建设的总体成本，实现效率双赢。

二是促进社会融合。以往的社区建设往往忽视了老年人、残疾人、儿童等特殊群体，在建设过程中间接造成了社区参与的隔离和分化。同时，以往的社会福利事业发展，往往注重机构建设，而忽视社区福利，机构福利固然重要，但社会中大部分人没有达到享受机构福利的标准，而只能在社区中享受，而且福利社区化更人性化，有利于特殊人群生活的去机构化和正常化，更有益于特殊人群的身心健康。总之，将两者关联起来有益于打破社会隔离，促进社会融合。

三是推动社会福利事业发展的制度改革。我国社会福利事业发展虽然已取得诸多成就，但是仍存在责任过分集中、社会力量调动参与不足、管理部门多、机构重叠、资金资源投入不足等制度难题（程露等，2010），在推动社会福利事业改革的路径中，与社区建设相关联可以达到事半功倍的效果。例如，当社会福利事业在社区平台发展时，更易于与社会组织、民间团体合作；当社会福利事业进社区后，相关的部门管理可以更好地实现资源和政策的整合，从而提高社会福利事业发展的综合性、精准性。目前，各地开展的社区基金会或社区基金建设，可以更有力地调动各方资源，为社会福利事业在社区发展提供更多资金和资源。

（2）社区层面。

一是增强社区归属感。社区既是国家治理的基本单位，也是社区居民日常生活的共同体。社区建设是社区居民共同关心的问题，社区社会福利事业发展也是社区居民共同关心的问题，如果将两者区分对待、割裂开来，则可能导致社区公共服务提供重叠、混乱，进而引发社区冲突和社区矛盾，影响社区秩序。如果将两者关联起来，则不仅能够促进社区公共服务的有序提供，而且在一定程度上能够因为良好的社区服务而提升社区居民的归属感。

二是提升社区参与度。社区冷漠一直是社区建设中一个令人头疼的问题，社区居民不积极参与社区建设，对小区事务漠不关心，单从社区建设的角度去调动社区居民参与的积极性是一件耗时耗力的事情。同样，社会福利事业发展也是一个需要广泛动员和广泛参与的事情，需要投入大量的人力物力来进行宣传和推动。如果将两者关联起来，可以将两者的资源整合起来，实现社会参与的交叉效应，促进社区社会资本的投入，进而促进互促双赢局面的形成。

（3）个体层面。

一是满足个体多元需求。社区公共服务建设是一个满足多元个体多元需求的过程，然而由于基层政府和基层社区资源有限，提供的服务范围和程度有限，限制了社区公共服务建设水平。同样，社会福利事业建设也是一个需要耗费大量人力物力财力的系统性工程，多元化的筹资渠道和创新性的供给方式成为未来发展的重要方向。将社区建设与社会福利事业发展关联起来，有益于实现两者的资源整合，能够在更大程度上满足社区居民个体的多元化需求。

二是福利服务更加精准。社区公共服务建设过程中限于人力物力财力，很难针对不同群体提供个性化的社区公共服务，大多数情况下只能采取一刀切的方法，进行无差异化供给。然而，社区中的老人、儿童、残疾人等群体，与普通的社区居民在社区公共服务需求方面差异较大，因而很难享受到有效的社区公共服务。如果将社区建设与社会福利事业发展关联起来，通过社区平台将社区公共服务进行分类和整合，这样就能为不同人群提供更为多样和精准的社区服务。

三是培育各类社区建设和社会福利事业发展人才。2020 年我国将全面建成小康社会，在这一既定战略目标的实现过程中，如何促进老年人、残疾人和困境儿童等特殊人群的全面小康，高度重视"小康不小康，关键看老乡""没有残疾人的小康就不是全面小康"等，成为我国在全面小康进程中补短板的重要方面。这也意味着我国社会福利事业将承载更多的发展重任，而在我国社会福利事业发展中，人才问题尤其突出。社区作为一个与居民密切接触的平台，每天都接触大量不同的人、不同的事，并且需要随机应变、及时处理诸多棘手的"疑难杂症"。例如，笔者在实地调研上海市徐汇区凌云街道社区时，与民政科负责人座谈中，她就指出："我觉得社区是最锻炼人的地方，能在社区做好福利事业工作的人，他的各方面能力肯定是一流的；我们社区就曾经有多位社会学专业方面的大学生毕业后选择在我这里工作，虽然层面低、待遇低，但工作个几年，都说比在其他地方工作的同学在社会经验和为人处事上更有经验，而且后来他们都发展得很好，有的成为养老产业的商界精英，有的成为优秀社会组织的负责人，有的也走上政府领导岗位，所以我觉得在社区做过社会福利事业的人，肯定更容易成为这方面的人才。"

3. 上海在社会福利社区化上的探索

上海在社区建设过程中，也一直将社会福利和公共服务作为重要内容，特别是 2004 年开展新一轮社区建设试点工作，重点就是从居民需求导向出发，增强社区公共服务设施的建设。这一时期提出了"社区党建全覆盖、社区建设实体化、社区管理网格化"的新思路，其中社区建设实体化的重点就是加强社区自身服务设施和能力的建设，按照这一思路，各个街镇按照标准化的要求建设社区事务受理服务中心、社区卫生服务中心和社区文化活动中心，世博会期间部分街道还探索建立了社区生活服务中心。有的社区打造 15 分钟便民服务圈，有的还在居民区层面设立社区服务站。

社会福利事业社区化将老龄、残疾、儿童、教育、医疗等福利性事业融入社区平台，通过社区进行消化和支撑。随着社区功能不断健全和发展，社区发挥的综合性作用越来越强，融入的社会福利工作也越来越多，其财政支出也越来越多。上海为此不断加大对社区建设的支持力度，社区事务支出逐年增加，占地方财政支出的比重逐年递增，从 2010 年到 2015 年分别是 475.47 亿元、579.29 亿元、627.44 亿元、712.92 亿元、801.39 亿元、900 亿元，其占地方财政支出比重从 2010 年到 2015 年分别为 14.4%、14.8%、15%、15.7%、16.3%、16.8%（见图 4–6 和图 4–7）。

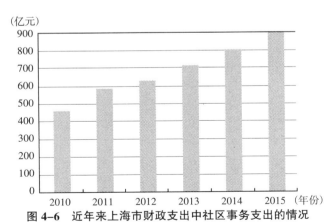

图 4–6　近年来上海市财政支出中社区事务支出的情况

资料来源：历年《上海统计年鉴》，中国统计出版社。

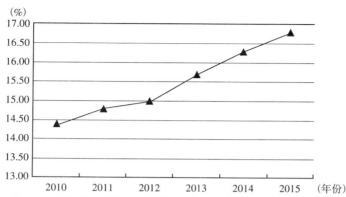

图 4-7　近年来上海市社区事务支出占财政支出比重的增长情况
资料来源：历年《上海统计年鉴》，中国统计出版社。

与此同时，从 2010 年到 2015 年社会保障和就业支出占地方财政支出比重在不断下降，分别是 11%、10.7%、10.6%、10.3%、10.1%、9.8%。以上数据统计说明，上海市的许多社会保障和就业工作都纳入到社区建设中，通过社会保障社区化来解决面临的社会福利问题。

二、社会福利事业社区化存在的问题

社会福利事业社区化虽然很重要，但在实践中还是存在一些问题，这些问题使得社会福利社区化供给本应该更加精准、更体现回应性和更发挥地域合作性的效果均未能体现。

1. 社区福利供给和需求的脱节与不匹配

社区福利服务供给与需求的均衡是社区建设与社会福利事业发展实现"好的"关联的表现，然而，在现实发展中，由于种种原因，社区福利的供给与需求还存在脱节、不匹配等问题。

一是老年人福利的社区供给与需求脱节。截至 2014 年，60 岁以上老年人口达到 2.1 亿，占总人口的比例为 15.5%，2.1 亿人口中有将近 4000 万人是失能、半失能的老人，这些数据充分表明中国已进入老龄化社会，且很多特大城市甚至进入深度老龄化社会，例如，上海 2015 年老年人占户籍人口比重首次超过 30%，成为深度老龄化的城市。从养老服务的方式来看，最新的《民政事业发展第十三个五年规划》中提出"全面建成以居家为基础、社区为依托、机构为补充、医养相结合的多层次养老服务体系"。可见，居家和社区养老将是我国养老服务的主流，不少老龄化程度较深的特大城市也更加注重居家和社区养老，如上海的"9073"养老服务体系（即确立"90%老人在家庭养老、7%依靠社区养老、3%依靠机构养老"的"9073"养老服务格局）和北京的"9064"养老模式（即 90% 的老年人在社会化服务协助下通过家庭照顾养老，6% 的老年人通过政府购买社区照顾服务养老，4% 的老年人入住养老服务机构集中养老）等。可见在社区推进"嵌入式"养老，是老年人福利事业发展的重点。

对于社区老年人福利需求和供给之间存在的脱节或不匹配的现象，我们以湖北武汉市的一项老年人社区福利需求与供给的问卷调查统计来加以说明。该问卷调查了武汉市 90 个社区 1080 位居民和该 90 个社区的居委会主任。从本次调查中对老年人福利的社区供给和需求来看（见表 4-5），在社区中为老年人提供的福利与老年人的需求不一定匹配，如老年人学校和老年人活动中心两项社区福利供给，有 54.7% 和 93% 的社区供给了这一服务，但只有 5.7% 和 67.5% 的居民选择了需要这一服务。与此同时，有高达 27.2% 的福利总需求属于未列入问卷中的福利项目，且涉及近 1/3（29.9%）的老年人，而从供给看，少量新开办的、问卷中没有列举的福利

表 4-5　老年人福利项目的供给与需求状况

服务项目	居民需求状况		社区供给状况	
	回答百分比（%）	样本百分比（%）	回答百分比（%）	样本百分比（%）
老年人日间照料室	6.3	7.0	30.3	69.8
老年人学校	5.1	5.7	23.7	54.7
老年人活动中心	61.3	67.5	40.5	93.0
其他	27.2	29.9	5.6	12.8
合计	100.0	110.1	100.0	230.3

资料来源：江立华：《中国城市社区福利》，社会科学文献出版社 2008 年版，第 87 页。

服务项目只占总供给的 5.6%，这一数据说明，有 1/3 左右的社区老年人福利需求没有得到相应的供给。

二是儿童福利的社区服务供给满意度不尽如人意。儿童福利有广义和狭义之分，广义的儿童福利针对一切儿童，包括促进其身心健康的各种服务，狭义的儿童福利主要是针对困境儿童提供的各类救助、保护等服务。从广义儿童福利来看，现阶段，满足我国儿童福利需求的最重要组织还是家庭，当然，社区也能通过提供社区教育设施、托儿所、儿童活动场所、幼儿知识辅导班等方式帮助家庭更好地满足儿童福利需求。但是从狭义儿童福利来看，儿童福利的社区供给功能则更加凸显，包括在困境儿童的社区发现机制、缓解家庭压力和预防家庭破裂的社区纠纷调解、对困境儿童的"社区照顾"、回归社区的儿童福利机构等。然而，在社区内针对所有儿童或者困境儿童的社区福利供给质量却仍然不高，在一项实地调查中，居民对社区为儿童提供的服务，感觉非常满意的只占 2.2%，感觉比较满意的也只有 12%，感觉一般的有 37.9%，而近半数的居民感到不满意和很不满意（见表 4-6）。

表 4-6　社区居民对社区儿童服务的满意度

满意度	非常满意	比较满意	一般	不满意	很不满意
频次	23	127	399	403	101
回答百分比（%）	2.2	12.0	37.9	38.3	9.6

资料来源：江立华：《中国城市社区福利》，社会科学文献出版社 2008 年版，第 94 页。

三是关于残障人士的社区福利供给与需求情况。我国目前有残疾人 8000 万左右，近年我国陆续发布了《国务院关于加快推进残疾人小康进程的意见》（国发〔2015〕7 号）和《"十三五"加快残疾人小康进程规划纲要》等文件，对残疾人福利事业发展提出了明确要求。由于残疾人一般活动较为困难、行动半径小，因此社区成为残疾人康复治疗、生活照料、启智教育、文化娱乐、就业培训的最佳平台之一。然而，从实际问卷调查来看，社区残疾人福利服务供给难以跟上需求。从表 4-7 中我们可以知道，诸多残疾人服务项目都是供给严重不足，当然，在文化娱乐上，却是供给超过需求，从残疾人福利保障的重点来看，文化娱乐应该是在其他服务需求得到满足的情况下才能更好发展，而现实的情况是，文化娱乐成为社区残疾人服务中过度供给的项目。

表 4–7 残疾人福利项目的供给与需求状况

服务项目	居民需求状况		社区供给状况	
	回答百分比（%）	样本百分比（%）	回答百分比（%）	样本百分比（%）
康复治疗	25.2	59.9	18.0	31.0
生活照料	28.8	68.3	5.8	9.9
启智教育	10.3	24.6	18.0	31.0
文化娱乐	13.0	30.9	23.7	40.8
就业培训	19.6	46.5	18.8	32.4
其他	3.1	7.4	15.6	26.8
合计	100.0	237.6	100.0	171.9

资料来源：江立华：《中国城市社区福利》，社会科学文献出版社 2008 年版，第 98 页。

2. 社会福利事业发展中过多业务下沉，导致社区负担过重

尽管社区是基层民主和自治的平台，然而，在中国特有的行政管理体制架构下，社区体现出行政色彩较浓的行政区—社区[①]的明显特点，且其作为我国社会管理服务的基础性平台，功能越来越重要，作用越来越明显。在"压力型体制"[②]作用下，出现了所谓"上面千条线、下面一根针"的情况，社区居委会几乎异化为一些行政机关的下设机构，这直接导致了社区居委会工作负担过重，承担了大量职责权限范围以外的工作，社区委员会的"超载"体现在工作时间超长、工作内容超额、工作范围超大。就社会福利事业发展而言，这一问题也可能存在。在上文的分析中，我们知

---

① 刘君德等：《中国大城市基层行政社区组织重构：以上海市为例的实证研究》，东南大学出版社 2013 年版。
② 荣敬本：《"压力型体制"研究的回顾》，《经济社会体制比较》2013 年第 6 期，第 1–3 页。

道社会福利事业在社区这一平台上进行落实、操作是社会福利事业社会化的一种必然要求，它更好地顺应了市场经济深化发展的趋势、顺应了百姓需求的多元化和个性化、顺应了简政放权的改革要求，也提升了社会福利事业发展的可及性和精准性。但是，任何事情都有限度，一旦超出合理限度，就会从正确走向错误。正如列宁（1972）所说，"只要多走一步，仿佛是向同一方向迈的一小步，真理便会变成错误"。特别是特大城市，中心城区物业本身就紧张，社区却需要按照"规划和计划"来进行机构的建设以及后续的管理、运营和人员财力的配备，造成社区建设负担过重，不堪重负。

例如，在推动社区养老过程中，由于养老福利问题日益成为社会各界关注的焦点，也是老百姓迫切需要解决的民生问题，所以关于养老福利事业的事情也较多，从老年护理、老年心理、老年康复、助餐助浴、老年文体活动、适老化改造、无障碍设施建设，到智慧养老、社区养老机构建设、养老数据统计和问卷调查等，这些老龄事业都需要社区进行协助、配合，甚至以社区为主体操作，尽管老年人往往希望居家或就近养老，包括上海提出的"9073"和北京提出的"9064"等居家养老和社区养老都占到95%以上，这也使得落实老年人福利事业与社区建设需要紧密关联，但是这也给社区居村委带来了诸多压力和挑战。

我们调研了一位长期从事老龄科学研究的博士，他以社区老年活动室建设为例，谈了目前在养老福利事业发展上社区过度"超载"的问题，他认为：社区老年活动室或活动中心的建设确实为老年人在社区提供了一个交流交往的平台，也取得了很好的社会效果，但是有些地方在推广这一做法的时候，往往是上级政府仅仅从完成硬件建设任务的角度，"一建了之"之后，相应的后续管理、运营、监管及费用等都未能同步配套，而是由社区居村委负责后续管理运营和资源、人力配套，给本就不堪重负的社区居村委徒增压力，由于社区居村委本来就缺乏人手、经费和相应的管理能力，使得花费不少财力、人力、物力建设的社区老年活动中心或活动室出现空置和闲置，甚至"形同虚设"现象。比如，有些老年活动室简化为单一的"棋牌室"功能，有的异化为"充斥"各种商业经营活动的场所，甚至消防安全、社会治安隐患丛生。由于社区过度承接了这种社会福利事业发展功能，使得原本为社区老年人提供公共活动的民生工程出现了变形，因此，从社区建设与社会福利事业发展关联角度而言，如何实现"好的关联"，可能需要上级政府在硬件建设、运营管理、资源配套等方面统筹考虑，充分考量社区居村委的实际运作情况和可承受能力，而不是"一建了之、一放了之、一下了之"，唯有如此，才能把好事办好。关于这一点，还有一个案例也值得思考，那就是某特大城市曾推进"科教文卫体法进社区"，同时养老助残、就业援助等功能，甚至殡葬都进社区，导致社区任务过多、负担过重。目前，仍有社区在消化当时过多进入社区的几大"员"，主要是安排下岗职工再就业，目前，社区对于"老人"还是按照"老办法"提供相应的工资福利待遇，但也只是消化存量，并不再"强行"安排或招纳助残员、就业援助员等。

近年来，社区工作行政化倾向日趋严重，致使社区工作效率降低，严重影响包括社会福利事业发展在内的民生服务和基层组织自治功能的发挥，为此，2015年7月，民政部、中央组织部专门印发了《关于进一步开展社区减负工作的通知》，针对社区行政事务多、检查评比多、会议台账多、不合理证明多等突出问题，明确了依法确定社区工作事项、规范社区考核评比活动、清理社区工作机构和牌子、精简社区会议和台账、严格社区印章管理使用、整合社区信息网络、增强社区服务能力的"减负七条"，为推进社区治理创新提供了新的动力和支撑。总之，社区建设应该更多从社区自身需求、社区自治要求、社区共治路径等方面去推进社会福利事业的发展，而不是简单地把社区作为社会福利事业发展的一个"行政化"的延伸平台。

3. 社区建设滞后导致社会福利社区化进程滞后

我国区域经济发展水平差异和不均衡性大导致我国各地在社区建设上也是参差不齐。社会福利事业的发展和社区建设关联的紧密程度，与两者的发展情况紧密相关。一般而言，社区建设卓有成效、社会福利事业发展高度被重视的地区，往往由于两者自身天然的制度关联性，其关联度也会较高，且关联效应和效果也非常显著。但是，在经济欠发达地区或区域，特别是中小城市，由于观念滞后、传统体制惯性大、城镇化程度不高、社区建设资源欠缺等，中小城市社区建设推进较为滞后。社区建设的滞后性导致了社会福利事业发展中与社区建设关联度不高、不强，也在一定程度上影响了社会福利事业的发展，使得传统社会福利供给体系难以与社区嫁接，阻碍了社会福利事业更好更快发展。同时，由于难以发挥关联的双赢互促的优势和效果，反过来也对社区建设造成影响，缺乏社区福利服务的社区建设犹如无源之水、无本之木，更是难以推进。我们曾前往江西省宜春市某县级市 ZS 市调研，发现当地由于经济发展水平有限，社区建设的推进力度也不强，导致社区在养老服务上存在服务支撑少、场地资源缺、人员配套难等问题，对日益增长的社区养老需求难以满足，严重阻碍了养老福利事业的发展。

当然，也有一些中小城市，为完成上级下达的相关文件精神和政策要求，集中打造了一些示范性的"门面工程"，虽然这些建设成果起到了一定的示范引领作用，也为部分老百姓提供了优质服务，但是，毕竟可复制可推广的效应不强，受益面较窄，所以总体上，在中西部地区，社区建设的滞后导致社会福利事业发展与之关联较弱，也在一定程度上影响了社会福利事业的发展。

此外，也有一些发达地区，由于在社区建设上墨守成规，未能跟上目前诸多新型的社区建设方式和模式，如"三社联动"、智慧社区建设、社区共治等，这也在一定程度上影响了社会福利事业与社区建设的关联，从而阻碍了社会福利事业的发展。

专栏 4-5

对上海市浦东新区 HT 镇的实地走访座谈纪要

在研究写作过程中，笔者专门前往上海市浦东新区 HT 镇进行了实地走访和座谈，在这期间也了解到一些社区建设创新不足导致社区福利事业发展效果不佳的案例。

HT 镇位于上海浦东新区，面积 60 平方公里，人口 13.4 万，截至 2016 年 9 月，户籍人口 68537 人，60 岁以上老年人 1.8 万人，各类别残疾人总数 1933 人，城乡低保户有 225 户，共 366 人。目前，镇域内社会福利事业包括：重残无业粮油帮困、定期定量救济；农村五保户救助；社会孤老定期定量粮油帮困救助；大病救助。2016 年新增了困难残疾人生活补贴和重度残疾人护理补贴两项残疾人补贴，以及老年照护评估。

随着老龄化社会不断发展，上海也加快了老年人福利事业发展，HT 镇在这一大背景下也不断增加老年人关爱活动。对全镇 65 周岁以上户籍老人按照不同年龄段不同标准发放慰问金，据统计，2016 年慰问对象近 1.12 万人，涉及金额达 525 万元。每年开展夏季送清凉、敬老节送温暖等系列探望慰问活动，慰问对象为 90 岁以上老人及五保户等。每年积极实施为困难老年人摘除白内障的复明工程，认真落实敬老月宣传活动，扎实做好高龄老人营养费等各项福利保障，稳妥推进老年人的居家养老服务。

该镇在社区建设方面的方式方法仍然较为传统和常规，例如，镇域内目前利用社会组织开展社区福利事业的做法还很少。在调研中，该镇社区服务中心的工作人员提到，"由于我们离市区还有一段距离，所以有一定专业性的社区社会组织还非常少，导致我们在一些老年人福利和儿童福利上只能是传统做法，就是政府自己去做，这样做，成本非常高，效果还不好"，对于这个问题，她举了一个 2016 年开设暑托班的案例。由于郊区外来人口较多，到了暑假，有些留守儿童就从老家来到城市，与父母短暂共同生活。同时，一直由父母带着孩子在这边做工的家庭，在放暑假后，也面临一个孩子短期照顾和监护的问题，特别是暑假，有些孩子喜欢游泳、喜欢到处玩，风险也较大。针对这一情况，浦东各街镇开展了由政府补贴，在社区开设暑托班，免费为外来就业者的孩子进行托护管理的福利服务。据 HT 镇工作人员介绍，他们镇当时是通过政府找场地、找人员（主要是镇内编制教师或体制内工作人员）、编排活动来组织实施，这样做虽然也为需要帮助的儿童提供了相应的托管服务，但是，周边另外一个镇 BC 镇由于聘请了一家专门做儿童教育的社会服务机构来负责此事，做的效果比他们镇要好很多，受到家长们的高度认可，孩子们也非常喜欢这个暑托班，而 HT 镇的暑托班由于是政府一手操办，既费力费财，还没能得到被服务者较好的评价。比较两者做法，BC 镇通过政府购买社会组织服务的方式，既节约了成本（据 HT 镇工作人员介绍，她了解了一下 BC 镇购买社会组织服务的费用和他们自己操作暑托班的费用，HT 镇费用是 BC 镇的两倍），也取得了很好的社会效果，HT 镇家长纷纷表示，明年如还有暑托班，希望把自己的孩子送到 BC 镇，虽然路途远了点。从这一实例比较中我们可以看出，由于社区建设中对社区社会组织的重视不足，对社区与社会组织的互动认识不够，导致在福利服务中出现效率不高、效果不好的问题。这也是下一步优化社区建设与社会福利事业发展关联的政策方向。

4. 社区福利供给的过度商业化和不规范化

将社会福利事业发展放到社区这一平台进行操作的应有之义是：让福利服务更贴近服务对象，更易于发现福利需求，进而在强调政府职责的前提下，通过分散化、个性化、多元化的服务以提高福利供给的效率。但是在实践中，由于社会福利事业在社区供给中呈现的分散化和多元化特点，带来了政府职责保障的分散化、供给方面监督管理的分散化，这也使得在提供多元化福利服务时，可能产生管理学上所谓的"目标置换"（Goal Displacement）效应，即对于工作如何完成的过度关切，让方法、技巧、程序等工具成为工作的唯一目的，反而忘了对整个目标的追求。对于社区建设与社会福利事业发展关联而言，就是在关联中"忘记了初心"，在强调效率的同时反而忘却了非营利的目标导向，本来是为了更好地服务老百姓，最后反而成为损害老百姓的做法，好事没能办好，反而好心办了"坏事"。

社区建设与社会福利事业关联中"目标置换"的最集中表现就是社区福利供给的过度商业化。在前述社区福利供给需求错位的分析中，残疾人社区福利服务中文化娱乐的供给远远大于需求，从某个侧面印证了本来定位为公共文化服务的社区文化娱乐服务，由于存在一定的营利性，而出现了过度供给的状况，而这一状况在现阶段就有违残疾人社会福利事业发展的初衷。此外，目前在上海炒得沸沸扬扬的"幸福9号"涉嫌传销保健品事件，尽管这一行为的性质目前还无定论，但其中存在的一些不规范行为还是需要加强警惕和监管的。

5. 社会福利社区化供给机制不灵活

从目前社会福利事业发展与社区建设关联看，还是以自上而下的行政主导式关联为主，在有效发挥社会力量和合理运用市场机制方面的创新性关联还不多，这也使得社区福利供给中项目单一、机制僵化、绩效不高。例如，目前社区普遍缺乏一些更专业的智力型服务，包括老年精神慰藉、弱智儿童服务、行为偏差者矫治服务、精神康复辅导等。此外，目前国家正在大力推广的"PPP模式"（政府与社会资本合作）如何在社区福利事业发展中发挥作用，以及在社区福利事业发展中如何发挥专业社会工作者的作用、如何发挥社区基金或社区基金会的作用等，都还存在诸多可以创新之处。

三、基层建制功能的服务化与社区福利事业发展

在社区福利和社区服务快速发展的趋势下，作为社区福利设施管理主体、社区服务责任主体的基层政区，也通过不断强化自身的公共服务职能和推进民主自治功能来更好地提升社区服务质量和福利水平。2017年2月，中共中央办公厅、国务院办公厅印发了《关于加强乡镇政府服务能力建设的意见》，对加快基层政区的政府职能转变等提出了新要求，即着力

强化公共服务职能。这一政策文件正是切中目前我国公共服务职能下沉，社区服务不断发展的趋势，并充分考虑到乡镇政府作为我国最接近社区的基层政权组织和独立行政单元，承担着我国法规政策落实到"最后一公里"的重要功能，从基层政区的角度来顺应这一趋势，加快这一趋势的重要体现。那么如何来落实这一文件精神，在强化基层政区建制服务化的工作中推动社区福利的发展和治理？

1. 拓展乡镇公共服务职能，丰富社区社会福利供给内容

《关于加强乡镇政府服务能力建设的意见》（以下简称《意见》）明确提出，要加快乡镇政府职能转变步伐，着力强化公共服务职能，对于上海的乡镇政府而言，在经济职能做减法的同时，社会治理、公共服务职能则自然需要做加法，甚至做乘法，这里的难点在于如何界定基本公共服务的范畴，特别是乡镇政府能够承载的基本公共服务。从《意见》来看，乡镇政府至少需要提供六个方面的基本公共服务，具体如表4-8所示。

表4-8 乡镇政府需要提供的基本公共服务

基本公共服务功能	因地制宜拓展公共服务功能	体现上海特色的公共服务功能
①巩固提高义务教育质量和水平，改善乡村教学环境，保障校园和师生安全，做好控辍保学和家庭经济困难学生教育帮扶等基本公共教育服务 ②推动以新型职业农民为主体的农村实用人才队伍建设，加强社区教育、职业技能培训、就业指导、创业扶持等劳动就业服务 ③做好基本养老保险、基本医疗保险、工伤、失业和生育保险等社会保险服务 ④落实社会救助、社会福利制度和优抚安置政策，为保障对象提供基本养老服务、残疾人基本公共服务，维护农民工、困境儿童等特殊人群和困难群体权益等基本社会服务 ⑤做好公共卫生、基本医疗、计划生育等基本医疗卫生服务 ⑥践行社会主义核心价值观，继承和弘扬中华优秀传统文化，加强对古村落、古树名木和历史文化村镇的保护和发展，健全公共文化设施网络，推动全民阅读、数字广播电视户户通、文化信息资源共享，组织开展群众文体活动等公共文化体育服务	乡镇政府还要提供符合当地实际和人民群众需求的农业农村经济发展、农民基本经济权益保护、环境卫生、环境保护、生态建设、食品安全、社会治安、矛盾纠纷化解、扶贫济困、未成年人保护、消防安全、农村危房改造、国防动员等其他公共服务	①社区人居环境综合整治，包括河道等水环境、生活污水、工业污水等的治理，生活垃圾、建筑垃圾、农业秸秆等垃圾焚烧等的治理 ②"198"区域内的企业搬迁和农田复垦、土地修复、生态修复等 ③现代农业、都市农业的发展，"农家乐"升级版、民宿服务业发展等 ④郊野公园的建设与管理运营

2. 强化乡镇服务中的技术创新，带动社区社会福利事业发展

《关于加强乡镇政府服务能力建设的意见》提出提高公共服务信息化水平，信息化作为技术创新的重要内容，在提升服务效率、改进服务方式等方面具有重要作用，特别是对于正在打造具有全球影响力科技创新中心的上海，更加有必要率先强化信息技术创新在乡镇服务能力方面的支撑作用，提升高效化服务、精准化服务的能力，来应对超大城市社区福利发展中多元化、优质化和个性化的服务需求。

互联网技术对于社区发展而言是一把双刃剑：一方面，它产生了大量跨空间的网络社区，这使得实体社区出现"去地域化"、"多中心化"、社区福利需求外部化等新情况，从某种意义上而言，这不利于社区内的互动互助，不利于形成地域归属感；另一方面，信息化网络技术为社区内信息的互通、居民的交流、政策的宣传等提供了极大的便利性。总体而言，网络信息技术的正面影响是主要的，但人们"面对面"的线下交流是网络世界无法取代的，人们更多的情感交流还是要回归到现实的空间当中来，但线上更便捷的交流为线下交流提供了更多的机会，社区之间"老死不相往来"的情况可能由于社区内的"微信群"而让大家先在网络世界熟悉起来，进而带动现实空间中的交流互动。对于社会福利事业发展而言，由于老年人、残疾人和儿童等特殊群体的行动力、交通出行能力相对较弱，而信息网络技术为他们提供了交流的便捷，也可以让他们在享受福利服务上更加便捷高效。例如，《上海市老龄事业发展"十三五"规划》中指出，建立全市统一的综合为老服务信息化平台，形成"两级平台"（市、区）、"三级网络"（市、区、街道或乡镇），支撑老年人群全覆盖、为老服务全方位、服务管理全过程、服务响应全天候的智慧养老体系。在市级层面，建成面向全体市民的为老服务网络门户，方便市民网上办事，发布为老服务信息。推进信息化平台与公安、卫生、人力资源社会保障等各有关部门、残联等社会组织、各区业务对接，建立涵盖服务需求、服务项目、服务队伍、服务设施和养老政策等的"综合为老服务数据库"，对全市的为老服务信息进行数据共享、决策分析和监督管理。在区级层面，统筹政府部门

及社会机构的各类养老服务信息资源，实现统一需求评估、服务分派、监管管理等功能，建立区级为老服务数据库。在街道（乡镇）层面，延伸信息网络，实现咨询、受理、社区层面资源调配、服务质量监管、需求调查等功能。同时，鼓励社会企业充分运用互联网、物联网技术，为老年人提供养老信息服务（见图4-8）。

图4-8　科技助老信息平台建设项目

从更为具体的政策路径来看，通过技术创新推动社区社会福利事业发展主要包括以下举措：一是适度增加社区信息化建设的资金投入。与经信委等委办局协调，加大对社区社会福利事业发展中信息化平台、数据库建设、APP开发等的资金支持，具体操作上则鼓励地方政府和社区通过招标采购、购买服务等方式，充分利用市场化资源，提高信息化建设的效率并降低成本。二是强化社区相关服务人员和接受福利服务人群的信息化培训。民政部门应经常性组织社区社会福利服务人员参加新技术应用的培训，及时了解最新的技术和操作方法，消除数字化鸿沟；与此同时，地方政府也应与社区社会组织合作，对老年人、残疾人等福利对象进行信息化知识的普及和培训，增加福利人群对信息技术的了解。三是在信息化技术支撑下，构建更为扁平化的社区社会福利供给体系。由于我国行政区划体制的多层多级性，社区作为我国最基层的管理服务组织，在推动社会福利事业与社区建设关联上难免由于行政层级过多而影响福利供给效率，信息化的应用为"简政放权、放管结合、优化服务"提供了更好的条件。因此，在社区社会福利事业发展中，应积极通过电子政务、数字政府等工作推动流程再造，在市、县（市、区）、街道（乡镇）、社区居村委等多个层次之间，减少社会福利事业发展中服务供给的层级，提高福利申请、福利发放、信息考核、资金流转等的效率。

3. 加强乡镇社区治理人才引入和培训，加强社区工作者队伍建设

在乡镇政府功能聚焦到社会治理和公共服务上后，一个需要解决的重要问题是伴随职能转变的相应领导结构、人员结构和能力结构的转变。镇从以往重视经济和产业发展转到注重社会职能和公共服务上后，相应的内部治理结构也需要同步转变，包括配置更多熟悉社区治理、熟悉社会工作、熟悉社会组织的领导和工作人员。笔者在近期的调研中，明显感觉到上海郊区基层政区在淡化经济职能并强化社会职能后，基层政区内部熟悉社区治理、通晓社会工作专业、能熟练运用社区知识的管理者和工作者非常短缺。例如，浦东新区 HT 镇在新区统筹招商和发展权后，相关的领导也逐渐转岗，一位曾经负责商业经济发展的领导转任某社区党委书记后，就明显感觉社区建设中相应的社会治理型人才非常紧缺。目前，新区已从区里抽调部分工作人员下派到社区，但管理力量还是缺乏。该镇在大型居住社区的管理中，也反映社区治理人才严重短缺，而郊区又由于交通问题、待遇问题，社区组织的培育和引入也面临现实问题，使得郊区社区在从以产业发展功能为主转向以党建、社会治理和公共服务职能为主的过程中还存在一个人员和能力如何跟上的过渡期。

缩小这一过渡期和阵痛期，需要乡镇政府进一步加强社会管理相关人员的招聘和培训。目前，上海正在加大社区工作者队伍的建设。社区工作者是 2014 年市委"一号课题"过后，上海建起的一种新型的社区工作职业化体系，它与社会工作者有所区别，后者是指通过了全国社会工作考试的持证社工，具有较强的专业社会工作能力，而前者门槛较低，是指从事

社区工作的相关人员。上海的社区工作者统一分为三岗十八级，薪酬动态调整，按照实际收入缴纳"五险一金"，目前这一群体的数量在上海已达到3万多名，平均年龄37岁，大专以上学历超过80%。这一社区工作的新生力量充实到社区建设中，应主要布局在郊区实现功能转换的社区，而在其招聘、考核、管理、晋升等方面都应赋予乡镇政府更多职能。当然，在薪酬体系上，这一职业序列还可以继续优化。

第五章 基层政区的规模适度与上海社区治理

基层政区作为一个制度系统，本书第四章在分析社区治理转变及其导致的基层政区建制发生转变后，相应对基层政区的规模也提出了挑战，而构建适度的空间规模不仅是提升社区治理效率的空间基础，也是基层政区得以更好发挥其职能的重要依托。

第一节 社区治理中的适度规模

精细化的社区治理与空间规模之间有着必然的关系，从逻辑上而言，依托一个更好的空间规模基础，对于社区治理而言可以起到事半功倍的效果。承接第四章关于基层建制调整以适应城市治理变化的分析，社区在城镇化、去经济化和强服务化的背景下，对基层政区建制做了相应调整，而这些新背景和新调整也使得社区治理的规模需要发生变化，而对于社区治理规模而言，街镇乡社区和村居社区的人口、面积是影响社区治理规模最为核心的基础，甚至从行政社区角度而言，它们本来就是合一的。为展开对上海社区适度规模的探讨，以及所直接关联的基层政区规模分析，我们有必要对社区治理与适度规模的关联做一个分析，其一是为了承上启下，说明规模调整的动力很大来自于基层建制本身的调整，其二也是为了更好地理顺社区治理、适度规模、基层政区改革三者之间的关系。

一、空间治理的适度规模概念和内涵探讨

社区作为地域生活共同体，空间性是其重要属性，但是这种空间性在规模上并无特别的要求。因为不同属性、不同类型的社区有其自然形成的空间规模。并且，社区这一概念的开放性和高弹性，也使得大到整个地球、洲际联盟等都可以作为一个社区，小到一个门洞的楼组，甚至3~5人的兴趣小组也可以作为一个社区，因此就社区本身的空间规模而言，并无特别的规律可循。但是从社区治理而言，由于加入了治理这一关键词，使得对于社区有了一个相应的客观和主观的效果判断，例如，为了实现城镇社区治理的资源最优化，需要找到一个最优的城镇规模，包括一个城市，因为城市在空间规模上具有外部性、集聚效应和规模经济效应，也有规模过大时产生大量"城市病"的规模不经济性。

2007年世界各国的总体城市化率超过50%，使得城市成为全球主要的空间载体，而城市之所以产生、发展、壮大甚至消亡都是基于空间的集聚效应、规模经济效应等，在空间适度规模的研究中，城市社区的空间适度规模是学者们一直探讨的重要问题，并且在城市治理中，如果能因地制宜地找到最佳人口或面积则可以根据这一规模来指导公共服务资源的布局优化和社会治理力量的配置优化，避免资源和力量在管理单元中的配置不足或过度拥挤，用最小的投入实现最大化的治理产出（包括城市公共安全事故的发生率、居民对服务的满意率等），以实现城市治理绩效的提升，甚至最优化。因此，对于规模的探讨虽然"大有大的管法、小有小的管法"，但如能确立大致的适度规模范围在实践中仍是具有重要意义的。

据考证，最早定量探究最优城市规模问题的是古希腊的柏拉图（Plato），他将市中心人口容量大小作为标准，得出最优市民数量是5040人。随着19世纪工业革命的发展，工业化城市的大城市病开始凸显，围绕批判"大城市病"的研究开始展开。例如，19世纪早中期，针对工业革命以来出现的拥挤、污染等城市问题，法国思想家傅立叶提出了以"法郎吉"

（Phalanges）为单位的理想社会，每个法郎吉包括 1500~2000 人，组成一个公社。1852 年，英国空想社会主义思想家罗伯特·欧文也提出"新协和村"（Village of Harmony）的概念，将其理想规模定义在 500~1500 人，配置公用厨房、幼儿园、作坊，并在美国印第安纳州进行了实践。1898 年，现代城市规划理论奠基人——霍华德重新界定了最优城市规模的标准。他在其"田园城市"模式中指出，中心城市最优人口规模为 5.8 万人，而外围六个"田园城市"人口的最优规模为 3.2 万人。总体而言，以前学者对城市规模的研究多是从政治角度出发，而现代学者的研究则多是从城市组织的效能角度出发。随着城市经济学研究的制度化和规范化，最优城市规模研究也取得了一系列新的进展。Button（1984）在《城市经济学》一书中汇总了 20 世纪 70 年代以前不同学者从城市行政管理角度得出的城市最优规模。从表 5-1 中可以看出，最优城市规模表现为一个区间值，不同学者、不同协会以及不同年份的研究结论也有较大的差异。

表 5-1　城市最佳行政管理人口的估算

作者或研究机构	文献出版年份	最优人口规模（千人）	
		下限	上限
贝克（Baker）	1910		90
巴尼特住房调查委员会（BHSC）	1938	100	250
洛马克斯（Lomax）	1943	100	150
克拉克（Clark）	1945	100	200
邓肯（Duncan）	1956	500	1000
赫希（Hirsch）	1959	50	100
大伦敦地方政府皇家委员会（CHGL）	1960	100	250
斯韦美兹（Svimez）	1967	30	250
英国地方政府皇家委员会（MHLG）	1969	250	1000

资料来源：巴顿：《城市经济学》（中文版），商务印书馆 1984 年版，第 89 页。

二、影响社区治理空间规模的因素

影响社区治理空间规模的要素很多，在对其全面系统分析的同时把握重点可以为后续讨论提供依据和参考。

1. 社区治理规模的影响要素梳理

刘君德（2013）曾将这些要素总结为十个方面，上海市民政局在此基础上也总结了十大要素。这些分析较为全面系统地指出了影响社区规模的重要因素，但每个体系中相关要素还是有一些重复，如"社区设施的最佳规模效益"与"社区服务的最佳范围""社区商业、市场、银行、物业管理与维修服务的设置规模"之间就有一定的交叉重复；"最佳管理幅度"与"层级对幅度的影响"也有重复（见表5-2）。

表5-2 影响社区治理规模的十大要素

刘君德	上海市民政局的调整
社区设施的最佳规模效益	人口因素
行政事务受理中心的服务半径	地理空间要素
社区服务的最佳范围	经济因素
居民办事、活动可接受的步行距离	政治与政区功能因素
历史、现状和居民的认同度	交通因素
人口密度的地区差异	公共安全因素
社区功能性质的差异	社会服务半径
特殊类型社区对规模确定和界限划分的影响	机构设置与编制因素
公共安全、环境治理等管理与服务部门的设置规模	最佳管理幅度
社区商业、市场、银行、物业管理与维修服务的设置规模	层级对幅度的影响

从基层政区和社区治理而言，笔者认为这些要素中核心的有三个：治理主体的功能定位、管理和服务的最佳服务规模和半径、居民办事和活动可接受的步行距离。因为，定位决定了功能，功能决定了规模的基本要求，不同的社区功能决定了其在规模上的不同要求，这是从总体上对规模

等级所做的框架性规定；专项的管理和服务有其特定的、统一的、规范的人口规模覆盖标准，决定社区规模的就是社区的管理和服务机构所辐射的适度人口规模，规模过大则管理和服务缺失，规模过小则管理和服务虽然更加精细，但成本过高，存在一定的浪费；社区发展的本质是让居民生活更美好，因此，来自居民的感受度和满意度也是测量社区治理规模大小的重要指标，从理论而言，步行 15 分钟能找到服务点是一般居民都可以接受的心理距离，当然对于老年人、小孩和残疾人而言这一标准可能以 5 分钟为宜。

2. 社区功能对规模的基础性影响

不同的功能定位对规模的要求也不一样，所谓的最优规模或者适度规模的范围也不一样。例如，从研究的基层行政社区而言，正如本章所讨论的，目前基层行政社区的建制类型、功能和职能正在发生转变，特别是从经济中心功能向社会管理和公共服务的功能转型，而这两个不同的建制功能定位，也决定了基层行政社区在适度规模上有不同的要求。随着基层政区职能重心转向社会治理，相应的基层政区的不适应性也由此产生，特别是对于基层政区的空间规模而言，"以产为本"的政区规模倾向于偏大的政区规模，而"以人为本"的政区规模则倾向于偏小的政区规模，对于基层行政辖区从"大"到"小"的转变，可以从治理绩效与政区规模的函数关系中加以分析。如图 5-1 所示，关于政区规模与人均财政支出（治理成本）的 U 形模型构建，张光（2005，2006）等学者已从理论上和运用我国东中西代表性省区的实证数据论证，由于"职责同构[①]"等因素，对于我国的县级政区规模而言，存在人均财政支出和政区规模（人口为主）的 U 形函数关系，而笔者将以 GDP 为导向的治理收益作为函数（随着政区面积的扩大，GDP 理论上至少是线性增长，从产业集聚和资源整合的角度，不少政区扩张还呈现出所谓"1＋1＞2"的指数增长函数）与这一函数进

---

① 朱光磊、张志红：《"职责同构"批判》，《北京大学学报》（哲学社会科学版）2005 年第 42 卷第 1 期，第 101-112 页。

行叠加，发现以 GDP 为导向的治理收益函数与以公共服务和社会管理为导向的治理成本函数之间的差最大时，为政区的最优规模，而当（B1 - B2）>（A1 - A2）时，则政区规模将较之不考虑 GDP 的情形下的规模偏大，即 B3 > A3。

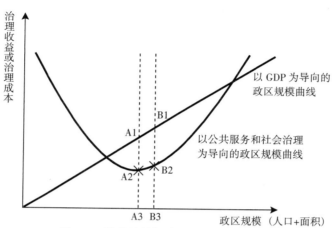

图 5-1 治理绩效与政区规模的函数关系

尽管以上分析是以县级政区作为对象，但内在的规律与街道乡镇还是一致的，这说明了在社区的治理规模上也由于社区功能定位的不同而产生对规模要求的不同。

3. 管理和服务机构对规模的影响

以上海基层政区的社会管理和公共服务机构设置中服务人群的标准为例，参考上海市民政局《本市基层政区适度规模与基本管理单元专题调研报告》，从社区管理与服务角度展开对人口规模的研究。在社会管理领域，主要以公安、工商、环卫、城管、司法等管理主体的力量配置与对应管理的人口数量为参照。在公共服务领域，主要以卫生、消防、文化体育、社区事务受理等基层服务主体的力量配置与有效服务人口的数量为参照。按照"六普"数据计算，一般情况下，街道行政编制配置 60 名左右，服务常住人口平均 10 万人，公务员服务常住人口的比率约为 1：1600；建制镇行政编制 55 名左右，服务常住人口平均 12 万人，公务员服务常住人口的比率约为 1：2200。公安、工商、环卫、城管、医疗救护、消防、司法、社区事务受理中心、社区卫生服务中心等机构与街镇的对应关系有三种情况：一是医疗救护和消防站不与街镇对应设置；二是部分大的街镇对应多个派出所、少数工商所对应多个街镇；三是社区服务类机构基本与街镇一对一设置。表 5-3 列出了基层政区现有行政管理机构的管理幅度与规模、公共服务机构的服务半径与配置情况，目前下沉至街镇的各类机构平均管理服务人口均在 10 万~13 万。

表 5-3　现有行政管理和公共服务配置情况及管理幅度、服务半径

管理服务力量	现状	管理幅度、服务半径
行政编制	目前平均每个街道 58 名，实有 50 名。平均每个镇 57 名，实有 46 名	每个街镇服务人口在 10 万~12 万
派出所	全市共 372 个派出所，除特殊单位、特殊区域派出所外，与街镇对应。一般每 10 万人设一处	每个派出所服务人口 10 万人左右
110 接处警	按照公安内部要求，对于一级警情的处置，一般力求市中心城区 5 分钟、郊区 10 分钟到达现场	
工商	全市共设有 181 个工商所。多数工商所与街镇对应设置，少数工商所对应一个以上街镇	每个工商所服务约 13 万人
城管	区城管大队下设城管中队，与街镇对应设置	
环卫所	与街镇对应。每 10 万人设置一处环卫分所	服务人口 10 万人左右
医疗救护	与街镇不对应，医疗救护站点的设置，理论上或理想的急救到达时间市中心城区为 8 分钟，郊区为 15 分钟	
社区事务受理服务中心	与街镇对应，全市共有社区事务受理服务中心 211 家，分中心 12 家	服务人口 10 万人左右
社区卫生服务中心	与街镇对应，全市共有社区卫生服务中心 301 所。对人口导入区，每新增 5 万~10 万人口，增设一所社区卫生服务中心或分中心	服务人口 10 万人左右
社区文化活动中心	与街镇对应，全市共有社区文化活动中心 203 家。常住人口超过 10 万人的街镇可增设分中心	服务人口 10 万人左右
消防站	与街镇不对应。一般以下达指令后 5 分钟可以到达辖区边缘为原则布局。普通消防站不宜大于 7 公里半径，近郊区的普通消防站不应大于 15 公里的服务半径	服务半径 7~15 公里
司法所	与街镇对应	

资料来源：上海市民政局：《本市基层政区适度规模与基本管理单元专题调研报告》，2015 年局内专项课题。

4. 15 分钟生活服务圈对规模影响

如果说以上两个要素主要是影响社区的人口规模大小，那么 15 分钟生活服务圈这一要素可能更多是从空间规模上对社区治理规模形成约束力。

15 分钟生活服务圈作为本书研究的重要约束条件，应该先对为什么确定 15 分钟生活服务圈及其相关空间规律做一探讨。

在确定最优服务空间的一般性规律中，各地政府常常以 15 分钟生活服务圈作为达到便民利民而进行服务资源配置的依据，根据这一标准，我们可以认为 15 分钟生活服务圈所覆盖的空间范围作为最优服务空间范围具有一定的普遍实践性。本书先对 15 分钟约束时间内社会服务的距离做一简要分析。从相关学术文献搜索中，暂未能检索到设定 15 分钟作为接受服务最合适时间的直接理论依据，但我们可以间接地从哈夫模型等商业选址理论中的"二八法则"得到一定的解释，即客户中的 80% 是从出发地花 20 分钟左右到达商场进行购物的客户，这表明人们在进行一般性商业消费时，愿意在路途上花费的时间为 20 分钟。以此类推，对于政府的常规性社会服务而言，居民在路途和等待服务的时间（在服务中心拿号等待服务的时间）上也有可接受的心理经验值，即 15~20 分钟。在这里，我们主要还是以步行方式到达服务地点并等待服务的总时间共 15 分钟作为设置服务圈范围的依据。影响这一空间范围的变量可能有：空间内道路系统的复杂程度（中心城区里弄多，交叉路口多，15 分钟的步行距离和直线距离较短）、空间内人群的年龄结构（一般人常速 15 分钟行走 1000 米左右，老年人则步行速度较慢）、空间内的服务人口（人口多，服务等待时间较长）等。

虽然 15 分钟生活服务圈的空间范围影响因素较多，但是中心城区、近郊区以及远郊区三类不同地域基本可以将各种影响因素的综合结果体现出来。因此，我们结合常识（一个普通人在跑道上常规速度 15 分钟大概走 1000~1500 米），并分别选择上海浦东新区潍坊路街道作为中心城区代表，上海闵行区梅陇镇作为近郊区代表，上海奉贤区四团镇作为远郊区代表进行实地测量，来分析 15 分钟服务圈的空间距离。三个地点的实测相关信息如表 5–4 所示。

表 5–4　三个地区的 15 分钟服务圈实测情况

区域类型	具体地区	实走距离（米）	直线距离（米）
中心城区	浦东新区潍坊路街道	1000 左右	716

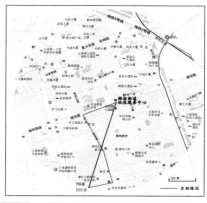

近郊区	闵行区梅陇镇	1200 左右	924 左右

续表

区域类型	具体地区	实走距离（米）	直线距离（米）
远郊区	奉贤区四团镇	1380 左右	1000 左右

从表 5-4 中我们可以看出，三个地域的行走实测距离平均值为 1193 米，直线距离平均值为 880 米。因此，在分析 15 分钟生活服务圈时，可以直线距离 800~1000 米作为其空间距离约束，以 800~1000 米为半径的 15 分钟生活服务圈，其最有效面积（即正圆形，如果是六边形或其他性质，面积将更小，图形越是偏离圆形，即长宽比越大，越狭长，要达到 15 分钟生活服务圈的面积则越小）规模在 2.01~3.14 平方公里。

三、实践中的社区治理适度规模

在实践中，各大城市在基层社区人口和面积上也差异明显，大的基层社区在人口规模上可以达到 30 万~40 万人（东京都 36.6 万人），小的则是 1 万多人（伦敦市 1.25 万人），相差近 30 倍；在面积上也是差异明显，渥太华平均基层社区面积达到 222 平方公里，而伦敦仅有 2.52 平方公里，相差近百倍。从上海的情况看，街道和乡镇的政区规模还是差异明显，在面积上相差 7 倍左右，而人口的规模还是较为接近的，但是在人口构成中，乡镇户籍人口仅为常住人口的一半左右（见表5-5）。

表5-5　中外大都市基层社区人口和面积规模比较

大都市名称	人口规模（万人）	面积规模（平方公里）	基层社区数量（个）	基层社区平均人口规模	基层社区平均面积（平方公里）
纽约	817.16	786	59 个社区	13.85 万人	13.32
伦敦	782.52	1572	624（选区）	1.25 万人	2.52
莫斯科	1051.43	1091	123 个社区（districts）	8.55 万人	8.87
多伦多	389	1600	44（社区/选区）	8.84 万人	36
渥太华	92	4662	21（社区/选区）	4 万~5 万人	222
巴黎市城区	230	105	20	11.5 万人	5.25
东京都	841.8	621	23	36.6 万人	27
新加坡	539.9	682	5 个一级政区	市镇 4 万~10 万户 邻区 0.3 万~0.9 万户 邻里 1000~2000 户	
上海①	常住人口2419.7，户籍人口1439.50	807（街道）	105（街道）	户籍人口规模 7.93 万 常住人口规模 11.35 万	6.5
		4908（乡镇）	109（乡镇）	户籍人口规模 6.15 万 常住人口规模 12.05 万	44.21

资料来源：刘君德：《中国大城市基层行政社区组织重构》，东南大学出版社 2013 年版，第 124 页。

　　从我国四个直辖市的比较看：一是上海基层社区的平均规模还是较大，无论是街道社区还是乡镇社区，人口规模都远远高于其他直辖市，是北京和天津的 2~3 倍，甚至街道社区规模是重庆的 6 倍。二是上海的人口密度及街镇平均人口数量较多，无论是街道还是乡镇的平均人口规模，上海均高于其他城市。三是上海的区级管理幅度（即平均每区县管辖的街道乡镇数量）相对较小，重庆为 26.6，北京为 20.3，天津为 15.3，上海为 12.2。这表明，即使本市在一些城市化地区新建街道，每个区平均管理的街道乡镇数量仍低于其他直辖市。四是上海的街镇公务员与常住人口的比

---

① 上海市民政局：《上海市行政区划简册》，2016 年。

例相对较低。即每名公务员服务的常住人口数量，上海高于北京、天津（见表5-6）。

表5-6　北京、天津、重庆与上海有关情况比较

城市	北京	天津	上海	重庆
常住人口（万人）	2170.5	1293.87	2419.7	2884.62
总面积（平方公里）	16410	11946	6340	82402
常住人口密度（人/平方公里）	1195	1083	3631	350
区、县数	16个区	15个区1个县	16个区	26个区12个县
街道数（个）	143	111	105	188
乡镇数（个）	182	134	109	824
街道平均常住人口（万人）	7.34	6.28	11.35	5.96
乡镇平均常住人口（万人）	5.01	4.45	12.05	2.14
最大规模基层政区人口（万人）	35.94	15.43	43.02	20.47
街镇每个公务员编制服务常住人口数（人）	1200	1300	2000	

资料来源：上海市民政局：《本市基层政区适度规模与基本管理单元专题调研报告》，2015年局内专项课题。

第二节　上海街镇、村居社区的规模现状与问题

通过对上海街镇和村居社区在人口和面积上的现状特点分析，指出在基层建制转换后社区规模现状存在的问题。

一、上海街镇和村居社区的人口和空间规模现状

1. 上海基层政区的调整与规模变化

20世纪50年代末，原由江苏省管辖的嘉定、宝山等10个县划归上海

后，全市街道办事处为 139 个，乡镇为 208 个。当时郊区人口总量较小，每个乡镇平均规模不足万人。20 世纪 90 年代末，全市街道总数 98 个，乡镇总数 202 个。近十多年来，近郊和新城地区新建街道 22 个，中心城区面积较小的街道撤并 22 个，目前街道总数仍为 98 个。郊区乡镇经历了一系列调整，总体方向是合并乡镇。经过多次调整，乡镇区划发生了明显变化：总量上，镇从 202 个减少到 108 个，减少近一半。面积上，每个镇辖区平均面积从 27.2 平方公里上升到 53.4 平方公里，增长近一倍。人口上，每个镇平均户籍人口从 20 世纪 90 年代末的 2.7 万上升到目前的 5.7 万，增长一倍多，平均常住人口 12.2 万，城郊接合部地区一些镇外来人口与当地户籍人口倒挂现象明显。上海郊区乡镇级政区幅度的历史演变如图 5-2 所示。

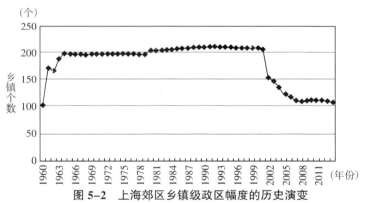

图 5-2　上海郊区乡镇级政区幅度的历史演变

资料来源：上海市统计局：《上海统计年鉴》（历年）。

乡镇规模在 1958 年以后呈现先缩小后扩大的趋势，特别是从 2000 年到 2005 年，镇的数量大幅下降，而在总面积一定的情况下，其平均面积则不断扩大，目前面积与"一大二公"的人民公社时期相当。

2. 上海社区空间区划的人口规模

在街镇乡层面，2016 年街镇乡的全市平均人口规模是 11.35 万人，从各区的情况看，这一级社区的人口规模大小不一，离散程度较高，2016 年街镇社区人口规模最大的闵行区是最小的崇明区的 4.69 倍（见表 5-7）。

表 5-7   上海各区的社区人口规模相关情况分析

区县名	街镇乡平均常住人口规模（万人）		村居平均常住人口规模（人）	
	2016 年	2010 年	2016 年	2010 年
黄浦区	7.19	4.30	3930	3868
徐汇区	8.53	8.35	3635	3446
长宁区	7.71	6.91	4167	3733
静安区	7.75	4.93	3930	3341
普陀区	12.37	14.32	4704	5100
虹口区	9.50	10.65	3584	3656
杨浦区	9.98	10.94	3901	3877
闵行区	19.85	20.26	4617	4052
宝山区	17.62	15.88	4452	3303
嘉定区	16.14	14.72	4847	5224
浦东新区	15.03	13.28	4245	4157
金山区	8.67	7.33	3887	3613
松江区	10.23	10.56	5506	5185
青浦区	10.00	9.02	3702	3426
奉贤区	12.12	13.55	4164	3305
崇明区	4.23	3.91	2211	2041
全市平均	11.35	10.97	4154	4256

资料来源：上海市民政局；《上海行政区划简册》（2011 年和 2017 年）。

从街道社区的人口规模看，本市街道平均户籍人口 7.9 万，常住人口 9.5 万，户籍人口最少的是杨浦新江湾城街道 1.55 万人，最多的是虹口提篮桥街道 14.5 万人。镇平均常住人口 12.2 万，常住人口最多的是宝山大场镇 41.4 万，最少的是崇明绿华镇 0.8 万。常住人口超过 20 万的镇 21 个，其中超过 30 万的 5 个，分别为大场镇、三林镇、梅陇镇、川沙新镇及北蔡镇。从城市空间区位来看，街道社区由中心城区到近郊区再到远郊区呈现先升后降的趋势。市中心老城区（黄浦区、静安区）平均人口规模 6.5 万人，中心城区（徐汇区、长宁区、普陀区、虹口区、杨浦区）9 万人，近郊区（闵行区、宝山区、嘉定区、浦东新区）平均人口规模 13 万人，远郊区（金山区、青浦区、松江区、奉贤区、崇明区）平均人口规模 9 万人（见图 5–3）。

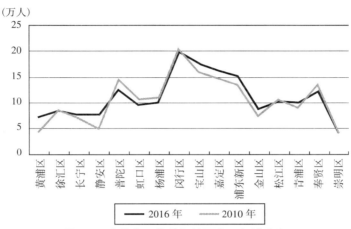

图 5–3　上海各区街镇级社区人口规模分布

资料来源：上海市民政局：《上海行政区划简册》（2011 年和 2017 年）。

　　按照街镇社区常住人口规模大小进行分类，大致可以分为小于 10 万人，10 万人到平均规模 11.35 万人以及 11.35 万人以上三类，小于 10 万人的区有 8 个，包括黄浦区、徐汇区、长宁区、静安区、虹口区、杨浦区、金山区、崇明区；介于 10 万人到平均规模 11.35 万人之间的有 2 个，包括松江区和奉贤区；大于平均规模的有 6 个，包括普陀区、闵行区、宝山区、嘉定区、浦东新区、青浦区。在这三类中，都有中心城区、近郊区或远郊区，因此，从街镇乡级的社区人口平均规模的分析看，总体判断是变异系数较高，规律不明显。当然，从纵向比较来看，这种差异还是在缩小，2010 年各区县的街镇级社区人口规模分布曲线震荡更大，如 2010 年街镇社区人口规模最大的闵行区是最小的崇明县的 5.18 倍，比 2016 年这一差异高出 10.45%。

　　在村居社区的人口规模层面，这一层级社区的全市平均人口规模在 4154 人，从各区情况看，尽管区县之间的人口密度、发展水平、地域情况各异，但是从区、街道两个层面来计算村居人口规模时，离散程度还是很低；从纵向变化来看，2010 年全市村居社区人口平均规模 4256 人，变化不大，且从波动情况看，2016 年比 2010 年更为平缓（见图 5-4）。

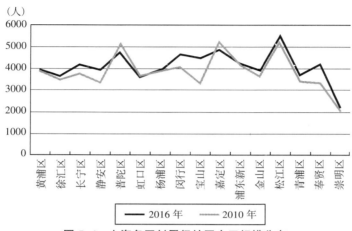

图 5-4　上海各区村居级社区人口规模分布

资料来源：上海市民政局：《上海行政区划简册》（2011 年和 2017 年）。

　　由于村居社区人口规模的分布受到相关的村居设置政策的影响，现行国家制定的《中华人民共和国城市居民委员会组织法》，是从方便居民自治出发，规定一个居委会规模在 100~700 户，如果按照每户平均 3 人计算，则人口规模最高在 2100 人；1986 年制定的《上海市城市居民委员会工作条例》对市区和郊区的居委会人口规模做了区别：“第五条　居委会的区域范围应根据地理条件、居民居住状况等情况进行划分。市区一般为五百户至八百户，郊县城镇为四百户至六百户。”根据这一规定，按照上海平均每户人口在 2.7 人左右计算，则市区的居委会社区平均人口规模在 2200 人以下，而郊区则在 1700 人左右，由于这一条例出台时间较早，1986 年后上海人口密度和人口数量都迅速增长，社区人口规模也不断增加，现实的发展已大大突破当时的政策规定。不过 2017 年 7 月 1 日施行的新的《上海市居民委员会工作条例》，对居委会社区设置时的人口规模没有定量规定，只是从定性的原则性角度规定“居民委员会根据居民居住状况、人口规模、公共服务资源配置等因素，按照便于居民自治和服务、管理的原则设置"。但是，根据 2015 年"1+6"文件中的政策精神，认为新建居委会以 1500 户为宜，不宜超过 2000 户。按照这一政策文件，居委会人口规模在 3900~5400 人，这与目前现实中村居社区平均人口规模的数量相当。当然，需要指出的是，尽管村居社区人口规模的形成受到政策影响，但这一政策也是村居委员会从现有机构设置、工作人员、工作条件以及上海人口分布特点出发，在社区治理实践中普遍形成的，因为从各区、各街镇（我们选取了兼具中心城区—近郊—远郊农村等多空间属性特点的浦东新区作为街镇层面村居人口规模分布的个案，从图 5-5 中可以看到村居规模的稳定性还是较高，在 4000 人左右波动）的居村社区人口规模看，都稳定在 4000 人左右这样一个规模。因此，我们有理由认为村居级社区在 4000 人左右时，其治理效率应该是最好的，即村居级社区治理中的适度人口规模锁定在 4000 人左右，是有效率也是普遍适宜的。

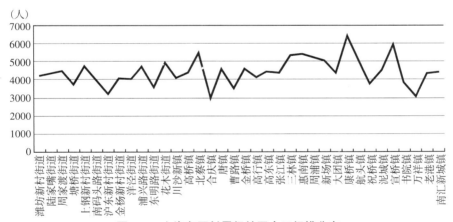

图 5-5　上海各区村居级社区人口规模分布

资料来源：上海市民政局：《上海行政区划简册》（2017 年）。

3. 上海社区空间区划的面积

2016 年，上海全市面积为 6340.50 平方公里，最大的市辖区浦东新区面积超过全市 1/6，达到 1210.41 平方公里，最小的区为黄浦区，面积 2.05 平方公里。在静安和闸北区合并以及崇明县改区后，上海市辖区平均面积达到 396.3 平方公里，市中心 7 个区（静安区、黄浦区、虹口区、长宁区、徐汇区、普陀区、杨浦区）平均面积 41.3 平方公里，近郊 3 个区（宝山区、闵行区、嘉定区）平均面积 378 平方公里，远郊 5 个区（金山区、松江区、青浦区、奉贤区、崇明区）平均面积 803.4 平方公里（见表 5-8）。

表 5-8　上海各区社区平均面积规模分析

区名	街镇乡社区平均面积规模（平方公里）		村居社区平均面积规模（平方公里）		人口密度（人/平方公里）
	2010 年	2016 年	2010 年	2016 年	2016 年
黄浦	2.05	2.05	0.11	0.11	35086
徐汇	4.21	4.21	0.18	0.18	20183
长宁	3.83	3.83	0.21	0.20	20744
静安	1.52	2.66	0.10	0.14	29081
普陀	6.09	5.55	0.22	0.21	22280
虹口	2.94	2.94	0.10	0.11	32472
杨浦	5.06	5.05	0.20	0.20	19778
闵行	30.9	28.66	0.72	0.67	6927
宝山	22.58	22.58	0.66	0.63	7200
嘉定	46.42	46.42	1.71	1.39	3485
浦东	31.85	38.18	1.08	1.08	3937
金山	58.61	58.61	2.90	2.74	1479
松江	40.38	35.56	2.35	1.91	2878
青浦	60.92	60.79	2.61	2.25	1644
奉贤	85.92	72.04	2.41	2.48	1682
崇明	65.86	65.86	3.50	4.10	642
平均	31.85	29.63	1.17	0.23	3702

资料来源：上海市民政局：《上海行政区划简册》（2011 年和 2017 年）。

从上海市 2016 年街镇社区的平均面积来看，从小到大排列，可以看出 5 平方公里和 50 平方公里是区分市中心区和远郊区的分界线值。由此可知，中心城区与远郊区在街镇一级政区的面积规模上存在 10 倍左右的差异系数。从街道社区的面积差异看，街道平均面积为 6.5 平方公里，面积最小的是静安石门二路街道，面积为 1.1 平方公里，最大的是青浦香花桥街道，面积为 54.8 平方公里。镇平均面积为 54.7 平方公里，面积超过 100 平方公里的镇 11 个，最大的是浦东祝桥镇 154.6 平方公里，最小的是宝山庙行镇 5.9 平方公里。从街道社区与城乡空间区位的关系看，街道社区由中心老城区（黄浦区、静安区、浦东新区滨江区域）向周边中心城区（徐汇、长宁、普陀、闸北、虹口、杨浦六区），再向近郊区（闵行、宝山、嘉定），直到远郊区（金山、松江、青浦）依次呈现不断扩大的趋势，具体面积数值由 2 平方公里左右向 4 平方公里左右、8 平方公里左右 25 平方公里左右递增。

从纵向比较看，除了浦东新区在 2011 年进行"撤三建二"设立新的川沙新镇和祝桥镇以及静安区和闸北区合并导致街镇社区面积平均规模有所扩大外，其他区的街镇社区面积要么维持不变，要么缩小。针对社区治理空间规模偏大的现状，2015 年各区纷纷在街镇社区层面按照适度规模的改革要求，通过"析出街道"方式缩减街镇社区的面积，如普陀区从长征镇范围内"析出"万里街道，闵行区从浦江镇"析出"浦锦街道，松江区从九亭镇"析出"九里亭街道、方松街道"析出"广富林街道，奉贤区的南桥镇析出西渡街道和奉浦街道。由于管理幅度的增大（全市街镇乡社区数量从 2010 年的 210 个增加到 2016 年的 214 个），在市辖区面积不变的情况下，则平均街镇社区面积也相应缩减，全市街镇乡社区平均面积从 2010 年的 31.85 平方公里降到 2016 年的 29.63 平方公里（见图 5-6）。

此外，各区街镇平均面积还与人口密度呈现较为明显的负相关关系，这在理论上也证明街镇管理上还是存在一个合理人口规模，即如果人口密度较高，管理面积要相应减少以减少管理的人口规模，相反，如果人口密度较低，一个街镇管理的面积也可以相应扩大，以达到实现管理的人口规模效应。在具体相关系数上，它们呈现置信水平达到 92% 以上的指数相关（见图 5-7 和图 5-8）。

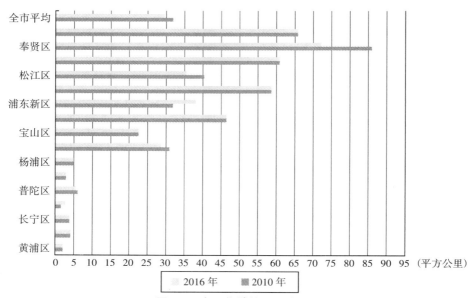

图 5--6　各区街镇社区平均面积

资料来源：上海市民政局：《上海行政区划简册》（2011 年和 2017 年）。

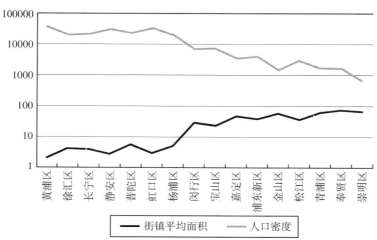

图 5--7　各区街镇平均面积与人口密度分布

资料来源：上海市民政局：《上海行政区划简册》（2017 年）。

（平方公里）

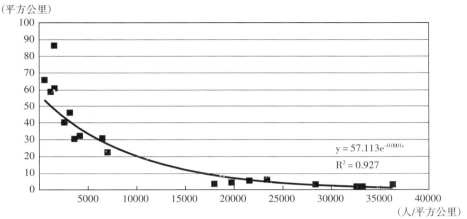

图5-8　街镇平均面积与人口密度的相关性分析

资料来源：上海市民政局：《上海行政区划简册》（2017年）。

在村居平均面积上，中心城区普遍在0.3平方公里以下，而近郊区则在1~2平方公里，远郊区达到3平方公里左右。在与人口密度的相关性上也有负相关关系（见图5-9和图5-10）。

（平方公里）

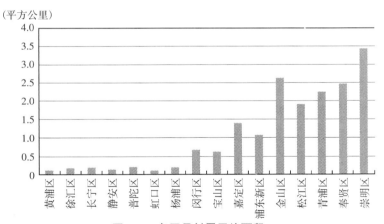

图5-9　各区县村居平均面积

资料来源：上海市民政局：《上海行政区划简册》（2017年）。

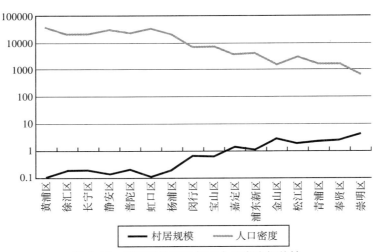

图 5-10　村居平均面积与区人口密度相关性
资料来源：上海市民政局：《上海行政区划简册》（2017 年）。

　　从 15 分钟生活服务圈的面积看，如果步行速度是 800~1000 米，则服务圈的最有效面积（即正圆形，如果是六边形或其他性质，面积将更小，图形越是偏离圆形，即长宽比越大，越狭长，要达到 15 分钟生活服务圈的面积则越小）规模在 2.01~3.14 平方公里，在街道层面基本符合这一面积规模的有静安区（2.66 平方公里）、黄浦区（2.05 平方公里）、虹口区（2.94 平方公里）和长宁区（3.83 平方公里），其中上海的袖珍区——静安区是唯一比这一面积还要小的市辖区，而在远郊区，街镇一般大大偏离这一规模标准，反而是在村居层面有些区是基本符合这一面积的，包括奉贤区（2.48 平方公里）、青浦区（2.25 平方公里）、金山区（2.63 平方公里）、崇明区（3.44 平方公里）。这在一定程度上说明，在远郊区，村委会是在 15 分钟生活服务圈距离范围约束下的基本行政单元。

二、上海基层政区规模的不适应性分析

　　1. 城镇化进程中街道社区治理规模的不适应
　　农村社区的分散性使得政区在规模上往往较大，而以产为本的政区功

能也会造成规模的偏大，在实现城镇化过程后，城市社区往往客观上需要更为偏小的规模范围和更多的行政资源配置（见表5-9）；与此同时，社区在承载更多社会福利和公共服务上则要求社区规模还要进一步适当缩小，以有利于更为便捷和可及地为居民提供各类公共服务。因此，原有职能下趋于偏大的社区规模，在城镇化进程和新的功能要求下，不仅需要规模上适度回调，而且还需要进一步调整为偏小的社区规模。正是这种从"偏大"到"偏小"的规模转变要求，使得社区规模出现了诸多不适应。

表5-9　上海市街镇规模和资源配置的差异

	街道	镇
平均人口规模	平均户籍人口7.9万，常住人口9.5万	镇平均常住人口12.2万
平均面积	街道平均面积6.5平方公里	镇平均面积54.7平方公里
平均行政管理资源配置	街道机关行政编制总数5740名，平均每个街道58名、实有50名。事业编制总数5392名，平均每个街道55名、实有48名。每个街道对应设置1个派出所、城管中队、房管办及司法所，多数派出所警力65~90名，城管中队一般20~30名，房管办5~7名，司法所3~4名	镇行政编制总数6086名，平均每个镇56名、实有48名。事业编制总数9384名，平均每个镇87名、实有82名。一般每个镇对应设置1个派出所、城管中队、房管办及司法所，少数撤并而成的大镇有2~3个派出所，多数派出所警力40~60名，城管中队15~30名，房管办4~5名，司法所4名左右

注：行政资源配置数据为2011年数据。
资料来源：上海市民政局：《本市基层政区适度规模与基本管理单元专题调研报告》，2015年局内专项课题。

对于在城镇化进程中析出或新设的街道，为了在不打破或者还来不及调整政区体系格局的情况下缓解社区规模偏大的问题，一些新设街道则通过阶段性地实施"街管社区"来缓解这种规模的不适应，这种实践既是一种"自发的创新"，也是这种规模不适应在现实中的反映。例如，花木镇在改为街道后，由于空间面积较大，其在浦东新区12个街道中，是唯一施行设立中间层（花木街道面积20.9平方公里，常住人口21.6万人，下辖44个居委会，在实际运作中，街道与居委会之间设有牡丹、由由、培花、钦洋、联洋、东城六个社区），实行"街管社区"的街道办事处。这一做法虽然阶段性解决了规模的不适应，但对于在街道办事处与居委会之间的社区，由于缺乏制度性的认可且偏离街道办事处管理体制的常规做法（例如，整个浦东 12 个街道，只有花木街道目前实行街管社区体制），实践中往往又存在功能定位不清、运行机制不稳定、资源配置随机性大、工作人员流动性大等问题。

2．城市化进程中镇级社区规模的不适应

为强化产业统筹，郊区各镇在全国性乡镇撤并的趋势中，也纷纷加大乡镇撤并力度，以做大镇级社区规模，然而，这一片面性、跟风性的规模做大却在社会管理和公共服务上出现了问题。

一是社会管理力量薄弱。随着乡镇撤并大规模地推开，新设立的镇在人口规模和管辖地域上都是原镇的数倍，但由于建制镇在行政资源配置上又相对统一，使得新设立的镇级公务员、事业编制人员仍然按镇的建制进行配置，面对数倍的人口和面积，工作力量明显不足。例如：嘉定区江桥镇目前有常住人口 29.3 万人，每名公务员服务常住人口数达 5953 人，远远高于一般镇的 2180 人。一些镇由于管理力量不足，直接影响管理成效，违章搭建、乱设摊、黑车载客等现象较多，"黑作坊"、"黑诊所"、聚众赌博、欺行霸市等情况在个别镇较长时间存续，形成管理"薄弱点"。相关部门资料显示，常住人口 20 万以上的大镇，万人刑案立案数大多超过 50 件，其中个别镇高达 82 件，而一般镇则多在 30 件以下；大镇的 110 接警数也大大超过一般镇。近两年市容环境卫生社会公众满意度测评中，大镇排名明显靠后，且绝大多数处于后 50 名[1]。

二是公共服务可及性和便捷性不够。一方面，快速城市化地区群众对公共服务的要求日益提高，公共服务的可及性跟不上城市化发展水平。例如，一些大型居住社区配套服务设施的开办、运营分期到位，社区事务受理机构、养老设施、文体设施等配套项目尚不能满足先期入住居民的需求。另一方面，部分地域面积过大的建制镇，公共服务半径不断扩大，难以较好地满足群众的需求。如由多个乡镇合并而成的大镇，公共服务设施

---

① 上海市民政局：《本市基层政区适度规模与基本管理单元专题调研报告》，2015 年局内专项课题。

相对集中在镇政府所在区域，被撤并原集镇的相关服务设施有的挪作他用，有的服务功能萎缩。有的镇虽然在偏远集镇设立了相关"分中心"及延伸服务站点，但功能不全、服务不便捷。

三是权责不匹配。一方面，大镇承担了更多城市建设和管理任务，行使的却是一般乡镇行政管理权限，特别是具有较强产业功能的大镇，其行政管理权限与功能定位更不适应。另一方面，大居所在镇财力增长速度跟不上大量人口快速导入所形成的管理服务需求。再加上导入人口中的老龄人口和困难群体多，社会保障和救助的负担较重。据测算，10万人口的社区，区、镇政府每年用于教育、卫生、社区管理等方面的运行费用为2.4亿元左右，即平均每个居民每年需2400元，在财力吃紧的情况下，管理服务水平必然受影响。

从以上分析可以看出，随着城市化和大居建设不断推进，人口数量和空间分布快速变化，都对上海基层政区合理设置及资源优化配置提出了紧迫要求。

3. 社区规模的差异化导致管理资源布局难以均衡

由于街镇规模相差悬殊，而作为同一层级的建制单元，在管理资源配置上未能与这种差异进行匹配，造成街镇在公共管理和服务上形成巨大的非均衡性。例如，在公共财政人均支出（常住人口）方面，最高的静安区各街道接近2.9万元，而宝山不足0.5万元。在公共安全方面，警力资源配置没有考虑街镇的规模差异，造成一定的安全隐患，如嘉定区江桥镇派出所管辖区域达到42.8平方公里，人口超过20万，但警力（包括交警）只有98名，是中心城区的1/20。庙行镇户籍人口2.6万人，外来人口2.7万人，但警力只有54人。九亭镇平均每天的110报警电话约130个，几乎每十分钟就有一个，全部都是违法犯罪类案件。上海的警力占全市总人口的22‰，郊区是11‰（香港的警力是43‰）。在浦东新区37个街镇的公务员配置中，除三个大镇（南汇新城镇、祝桥镇、川沙新镇）外，其他所有街镇的公务员编制都是55个左右，而这些街镇在管理范围和事务上的差别较大。此外，街镇的考核内容和指标也未能因地制宜、分类考核。

4. "以社区规模扩大适应发展" 凸显体制创新的缺失

上海作为直辖市，在政区体制上面临"直辖市下不辖市，市辖区下不辖区"的体制约束，因此，在管理层级上，对于城区而言是市—市辖区—街道（镇）"两级政府、三级管理"的架构，而在郊区为市—市辖区（县）—街道、乡镇的"三级政府、三级管理"和"两级政府、三级管理"的架构。在基层行政单元上只有街道和镇乡两类建制类型，而对于处在快速城镇化进程中的重点镇、中心镇、特大镇等，没有更好的建制予以匹配。尽管通过"一城九镇""1966"等规划概念对这些镇加以区别，但毕竟缺乏相应的体制保障，使得这些镇一般是通过扩大规模来显示其中心性、重点性，使得郊区城镇也出现"摊大饼"的可能。此外，由于被体制拉平，中心镇、重点镇的规划建设发展也囿于传统镇管理架构在发展经验、规划理念、管理人才等方面的缺失而使得城镇规划建设水平难以提升，特别是在国家日益强调以人为本、城乡统筹、凸显生态、注重质量的新型城镇化的背景下，这样的郊区城镇发展状态不仅难以达到要求，甚至与上海国际化大都市的发展定位不相匹配。

5. 产城融合背景下开发区与街镇社区关系面临新调整

在推进创新驱动，转型发展的新阶段，"服务经济、创新经济"成为开发区转型的重要目标，而相对于出口加工和生产制造而言，产城融合显得更为重要，并且成为开发区转型的重要路径之一。这也使得开发区与街镇的互动关系客观上需要更加紧密，然而，目前开发区在不断"同质化""飞地型"扩展的同时，与周边街镇的联动反而日趋弱化。这不但阻碍了开发区的转型升级，也造成周边街镇发展和管理的问题。

6. 有些街镇社区的规模形态和服务中心偏离地域中心，减弱了公共服务设施的规模效应

我们将全市街镇的行政办公中心作为基点，按照泰森多边形理论（即按照各离散点的分布，算出形成最佳规模和形态的分析方法）生成Voronoi图，与将街镇的几何中心做基点生成的理想 Voronoi 分析图做比较，可以发现差异还是很明显，这说明不少街镇存在行政中心偏离的情况，而这对

于社会管理和公共服务而言，由于规模的不规整和中心的偏离带来了管理的效率下降。

第三节　政区适度规模调整下的社区治理

如何从政区规模的适度调整出发，来更好地推进社区治理？以下从指导思想、基本原则和主要思路方面进行了框架性路径分析。

一、指导思想与基本原则

1. 指导思想

充分尊重上海现有街镇规模和管理体制的历史沿革，从有利于推进以人为核心的新型城镇化发展、有利于推进行政管理体制的简政放权改革、有利于推进全市六大重点区域和大型居住社区建设、有利于民生改善和基层社会稳定、有利于健全基层党组织领导下的基层群众自治机制出发，聚焦郊区特大镇适度规模的调整、聚焦社会管理和公共服务水平的提升、聚焦建制镇最优理想规模的探讨，系统设计、统筹城乡、稳步推进、因地制宜、突出重点，成熟一个调整一个，构建适宜上海建设社会主义国际化大都市的基层政区规模体系及其调整机制，积极释放基层政区的制度改革"红利"和新型城镇化的最大发展潜力，更好地为"四个中心"建设和"创新驱动、转型发展"服务。

2. 基本原则

优化上海基层政区规模设置需要处理好以下五组关系：

一是处理好"静"与"动"的关系。顺应城镇规模发展的"动"需要设置与"规模"、功能相匹配的管理机构，这也是城镇管理发展的一条重要规律，即从乡村管理向城镇管理的转变，从小城镇管理向小城市管理的转变，并兼顾特色市镇的形成发展。然而，由于对乡镇进行管理的建制类型不多且建制调整机制不畅，形成了上层建筑与经济基础的矛盾，正是基于此，规模调整往往成为解决城镇分化、发展问题的常用途径。

二是处理好"大"与"小"的关系。基层政区的适度规模要兼顾大与小的关系，平衡大与小的矛盾。我们的观点：因地制宜，宜大则大，宜小则小，分类管理。总的原则是：要有利于经济发展，有利于改善民生，方便社会管理，不突破现有层级（郊区的三级政府、三级管理）。

三是处理好"扁"与"尖"的关系。任何街镇规模的调整都将对整个政区系统带来制度不均衡，按照层次与幅度理论，我们还需站在政区纵向系统"扁"和"尖"的角度，来判断"大"和"小"的合理性和科学性。"管理幅度"是基层"适度规模"的重要指标，必须将"幅度"与"层级"结合起来，对"规模"进行综合评判，即必须遵循"层级—幅度"规律。因此，基层政区（建制镇）的规模需要在顶层总体设计的框架下整体把握。

四是处理好"一"与"多"的关系。街镇，尤其是镇规模的差异化、复杂化使得街道和建制镇这两种仅有的建制类型和级别，难以满足建制镇快速发展分化后对制度工具的多样化需求。如何解决好政策工具相对单一与现实基层政区丰富发展之间的矛盾，是基层政区规模调整所必须突破的难题。

五是处理好"权"与"责"的关系。街镇无论是规模大还是规模小，都应从综合配套改革的角度，构建符合街镇作为基层管理单元职责的权责利体系，形成"责随权走""谁用权，谁担责"的良性激励机制，并且一旦确定权力调整的事权，则应同步转机构、转人员、转经费。

3. 规律探讨

根据以上对上海基层政区的现状分析，我们可以从人口、面积和幅度三个指标来分析理想规模和边界。首先，我们可以明确的是目前上海在村居层面的人口规模较为稳定，在 4000~5000 人，这一规律说明村居这一层级目前的机构和人员配置在管理这一规模人口时是最为适宜的。因此，我们可以假定在基层政区的改革中村居为固定的一个层级和相应规模。其次，在这一前提下，根据克里斯泰勒中心地的行政原则，一个中心地管理7个次级中心地是行政效率最高的空间形态，因此，在村居层面之上的层级管理7个村居理论上效率较高，也由此可确定管理的人口规模大概是 $7 \times 4500 = 3.15$（万人）。最后，根据15分钟生活服务圈的距离范围约束，要构建15分钟生活服务圈（即便民利民的服务距离），大概面积在3平方公里，在3平方公里内分布3.15万人，说明在人口密度为1万人/平方公里的条件下，由7个村居构成的一个社区服务圈是最为理想的模式。根据这一规律，我们分析不同人口密度情况下的基层政区配置。

当人口密度超过1万人/平方公里时，显然如果仍要维持15分钟生活服务圈，即面积不变，则人口总量要增加，由于村居的规模不变，则村居数量也要增加，这可能造成服务资源的拥挤，但如果提高服务资源的数量和质量，也可能在路途方面便民利民的同时，减少居民服务时的等待时间。如果要维持人口数量不变，显然面积将缩小，即周围居民不用15分钟就可达到服务点，这当然对老百姓是更为有利的，也体现出精细化管理，并且人口密度越大可能交通条件也越差，15分钟的步行距离也将缩小，由此这使得面积的缩小也是合情合理的，从上海中心城区的街道规模看，还是符合这一规律的。当然，这里还必须指出的一点是，当人口密度过大，如仍机械地将人口规模作为标准，则服务圈的半径将非常小（如达到3万人，面积将仅仅为1平方公里左右），可能使得服务资源的利用效率有所下降，这也是静安区和黄浦区在人均财政支出上远远高于其他区的一个原因。

当人口密度小于1万人/平方公里时，如果维持15分钟生活服务圈的面积规模不变，则服务人口将大为减少，显然不利于服务资源的有效利用；然而，维持人口规模和幅度规模，则15分钟的距离将有所拉长，这对于身处郊区，特别是远郊的居民而言，有一定的承受能力，但也应设定路途最长时间的限定值（如半小时），并且按照这一限定值来进行一个服务圈包含村居个数的计算。此外，在远郊，由于村委会有集体资产（甚至村办工厂），而且村民在接受基本服务时也习惯不出村，并且在远郊确实很多村的规模正好是 3 平方公里的 15 分钟生活服务圈范围，因此，也可考虑在村委会层面（包括被撤销乡镇的所在地）配置服务圈。

二、具体改革路径

1. 不同空间区位下的行政社区规模改革方案

（1）中心城区基层政区改革：小区小街制。为符合 1 万人/平方公里人口密度下服务人口规模 3 万人，社区所辖村居七个的最为理想的 15 分钟生活服务圈体系的原则，由于中心城区往往人口密度较高（3 万人/平方公里），可适当缩小服务圈的面积，同时兼顾效率，按照 7~10 个居委会成立一个社区服务中心的模式进行重新组合配置。按照这一路径，现有街道可能要拆分为 2~3 个社区服务中心。然而，实行这一改革大大增加了市辖区的管理幅度，因此，在政区层级上下联动的要求下，未来也应将市辖区划小。

（2）近郊区基层政区改革：围绕集镇建成区构建服务圈。"十二五"上海在空间发展上将重点聚焦郊区，因此，如何在城市化快速推进背景下通过基层政区改革强化社会服务体系建设，是近郊基层政区改革的重点。在这一区域，可以采取"完善镇管社区、鼓励跨界服务、推行开发区管乡镇以及适时推进镇村改街居"的改革方案。从我们调研的情况看，如以步行 15 分钟作为配置公共服务资源的标准，基本都在集镇范围内。在一个集镇范围内配置相应必要服务资源，基本就可以就近满足周边大多数居民的需求；出了集镇范围，由于大多是工厂分布区，而工厂特别是大型工厂，会在其周围配置一些相应的餐饮、医疗室、零售商店等资源。

（3）远郊区基层政区改革：发挥村委会的重要功能。远郊区的基层政区改革，如果以 15 分钟生活服务圈为依据，村委会所构成的人口和面积基本符合便民利民的时间规律，因此可以让村委会作为基本公共服务和管理提供的主要载体，或配置相应的公共医疗、文化、体育等设施。

（4）配套改革。以上改革方案中，都必须注重相应的配套改革。在区级部门社会管理职能下移过程中，应颁布相应的政府文件，采取委托或授权等方式将相应的社会管理权限和经费使用权限下移到社区，防止"压力型体制"使改革效果打折。在推进社区自治过程中，应明确居委会实行"养事不养人"的弹性工作机制，防止居委会的"过度行政化"倾向。在社区的治理体系构建中，应充分将社区内的驻区机构通过党委等形式纳入社区建设的大体系。对于位于社区边界的居民，可允许其服从就近原则、跨界接受相关社会服务。

2. 强化区镇联动以缓解规模"大与小"的矛盾

要想既能在产业发展任务仍然较重的区域保留开发区社区发展中对大尺度规模的要求，又能在社会治理和公共服务上保留对小尺度的要求，一个很好的路径就是推动开发区与街镇的联动，以破解这种"大"与"小"的矛盾。

从理论而言推进区镇联动有三种方式，开发区直管街镇、开发区与街镇松散性联动、街镇管开发区。那么对于新区而言，这三种方式的利弊又如何，详情如表5-10所示。第一种方式，目前在苏南地区的开发区普遍采用，并且取得了较好的效果；第二种方式，在浦东以往的历程中常被采用，在"行政区经济"淡化的条件下，这是一种最佳选择；第三种方式，出现在开发区域已被充分开发（通过品牌输出，区域重点转移到异地），城市化程度非常高，逐渐被纳入中心城区的延伸部分时，可采用。对于浦东的开发区而言，开发任务仍较重且各分园较为临近的开发区可实行第一种方式，即张江开发区管委会管理张江镇、唐镇、合庆镇、康桥镇、周浦镇；而金桥出口加工区、上海综合保税区则可选择第一种和第二种方式结合，在金桥"本部"、外高桥"本部"管理周边相应的街镇，而飞地区域则仍实行区镇的利益型联动；陆家嘴金融贸易区选择第二种方式，在目前成立金融城管委会的背景下，管委会与周边街道各自发挥专业功能和社会管理的优势；三林世博地区则采用第三种方式；迪士尼国际旅游度假区，可在目前"撤三建二"的基础上，探索第三种方式；南汇新城可按照第一种方式，与申港街道合署办公，缩小新区管理幅度；临港主产业区也采取第一种方式，直接管辖周边镇。

表 5–10　开发区与周边街镇联动三种方式的利弊分析

联动方式	利	弊
开发区直管街镇的行政型联动	有利于减轻新区管理幅度过宽的负担，实现扁平化管理； 有利于加快产城融合； 有利于节约开发区拓展的空间成本	开发区承担社会事务，分散开发精力； 开发区缺乏相应的社会管理经验，降低社会管理和服务效率
开发区与街镇松散性的利益型联动	有利于开发区心无旁骛搞开发； 有利于发挥街镇的社会管理优势； 以利益作为联动的纽带，不打破管理界限，符合未来市场经济的发展趋势	易于形成区镇之间"抢项目、抢资源"的恶性竞争； 区政府的管理幅度过宽； 不利于产城融合
街镇直管开发区的行政型联动	有利于减轻新区管理幅度过宽的负担，实现扁平化管理； 有利于加快产城融合； 有利于社会的精细化管理和服务	开发区级别、贡献较高时，易于造成"尾大不掉"； 不利于开发区在发展初期和中期的开发建设

3. 对于规模边界形态的优化调整

层次和幅度理论是行政区划的基本理论，它表明在基础管理单元一定的前提下，如果实行扁平化管理，则幅度将增大，而如果层级增加，管理幅度将缩小。在基层政区体系中，高一级次的行政区在管理下辖行政区时，必然有一个最佳管理幅度，如现实幅度大大超过或小于最佳幅度，则易于引起管理效率的下降或损失。在空间地理学上，根据克里斯泰勒的中心地理论中按照行政管理原则（即 K=7）形成的空间组织体系，一个行政中心区一般包含七个次级行政中心区，即高等级服务中心周围一般平均分布六个次级服务中心，而次级服务中心下则又由六个基础服务中心地组成。

在确立理想边界和体系的基础上，我们将现状边界与理想边界进行分析，两者间边界如基本吻合，则可不动边界。如不吻合，则可以有三类调整方式：一是调整边界，二是在现有设施的断裂点之间增设服务设施，三是迁址现有服务设施。在第一类调整方式中，主要是在整合三类服务圈的理想边界基础上，找出与现状边界之间的差距并进行调整。在第二类调整方式中，大致计算服务圈的规模，在服务圈未能重合和服务圈规模大大超过 15 分钟生活服务圈的情况下，作出调整。在第三类调整方式中，主要是找出有明显选址偏差的服务设施布局情况，在可操作的前提下，提出设施的迁址方案。

第六章　基层政区的层级优化与上海社区治理

　　社区治理转变及其导致的基层政区建制发生转型后，使得原有层级结构可能难以适应新的变化，例如，随着管理单元事务的复杂化和管理要求的精细化精准化，上级管理层级可能难以应对既定管理幅度下区域的有效管理。因此，可能需要虚设，甚至实设"中间层"，以缓解由于管理要求和事务变化导致的辖区管理压力；此外，在基层政区规模做出相应调整后，其层级结构也会相应发生变化。例如，在同一辖区内，如次级管理单元规模缩减，则必然涉及管理单元数量的增加，对于上级管理层级而言，则是管理幅度增大了，与前述建制转型导致管理幅度隐形增大类似，管理幅度的实际增大更是加大了区域管理的压力，当这种压力达到一个极限时，必须通过增设层级，或析出新的上一级管理单元来解决管理幅度达到极限的问题。

第一节　社区治理中的层级优化

一、社区治理的层次与幅度理论

　　层次与幅度的概念最初源于行政管理领域。管理层级就是指组织纵向划分的管理层级的数目，管理幅度是一级行政机关或一个行政首长直接领导和指挥的下级单位或人员的数量①。从社区治理角度来看，社区治理的管理层次是指纵向结构的等级数量，有多少管理等级，就有多少管理层次。社区治理的管辖幅度则是指一个社区所直接治理的次级社区个数。层次结构合理、管理幅度适中，是确保高效管理的关键。目前，我国的大多大城市实行了以"两级政府、三级管理、四级网络"为特征的管理体制改革，在层级、幅度等方面还存在着许多不尽合理的问题和较大争议，是社区治理中需要首先着手解决的。

层级与幅度相互制约，在工作量既定的前提下，两者成反比。管理层次多、管辖幅度小的行政区划体系，其纵向结构形态呈现尖形；管理层次少、管辖幅度大的行政区划体系，其纵向结构形态呈现扁形②。尖形结构与扁形结构可以被认为是层级与幅度搭配的两种极端情况。前者的特点是层层控制、高度集权，有利于实行集中化管理，保持政令畅通，但专制集权化色彩强烈，还存在层级过多、效率低下、信息失真等弊端，不利于上情下达和下情上传，不利于调动下级的积极性；后者的特点是层次少、幅度大，虽然有利于调动下级的积极性，但是管理相对松散，难以保证上级政府的权威，还存在幅度过大、工作负担偏重、指挥不力等弱点。源于经典管理理论中的"管理幅度"理论认为，一个管理者由于精力、知识、能力、经验的限制，所能管理的下属人数是有限的。随着下属人数的增加，可能存在的相互人际关系数将呈指数增加，信息量和管理难度也是如此，当下属人数增加到一定程度，就超越了管理者所能有效管理的范围，而且越往高层，一个管理者所能有效管理的下属越少。通常，基层管理者能有效管理的下属为 15~20 人，中层管理者能有效管理的下属不超过 10 人，高层管理者能有效管理的下属不超过 7 人。英国人类学家、牛津大学教授罗宾·顿巴尔从人的生物学原理出发，研究得出"一个人在特定时间最多

---

① 刘君德：《中国行政区划的理论与实践》，华东师范大学出版社 1996 年版，第 33 页。
② 浦善新等：《中国行政区划概论》，知识出版社 1995 年版，第 46—47 页。

能与 150 人保持稳定好友关系",从侧面佐证了当幅度增到很大时,如管理方式不变,对于管理者而言将增加管理难度。

在现实工作中,行政社区的治理结构形态往往兼有上述的双重特征。根据层级和幅度的不同组合,行政区划纵向结构形态可以划分为多种类型,例如,两级管理中的"上尖下扁形"和"上扁下尖形",三级管理中的"上尖中扁下尖形"和"上扁中尖下扁形"等。图 6-1 列举出了不同的行政区划纵向结构形态[①]。

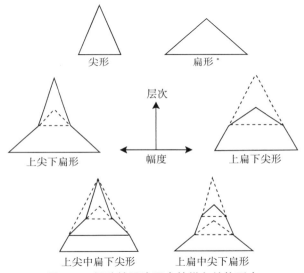

图 6-1 行政社区治理中的纵向结构形态

如果单纯地通过撤并或析分解决上海街镇社区发展中的"动"与"静"的矛盾,从上述"大"与"小"的分析看,很难找到精确的最佳或最适规模,容易出现过大或过小的问题,并且在撤并或析分后,由于政区层级是一个系统,必然会对整个层级幅度体系造成影响,如乡镇合并后对上级政区(市辖区或市辖县)而言就是减小了幅度,在层级不变的情况下,市辖

---

① 马祖琦著,刘君德指导:《大都市政区:理论探讨·经验借鉴·实证分析——兼论上海直辖市政区改革》,华东师范大学博士学位论文,2004 年。

区与乡镇之间就相对趋向"尖"形；而如果居村一级不变化，则对于撤并后的乡镇而言增大了幅度，在层级不变的情况下，乡镇与居村之间就相对趋向"扁"形。反过来，如果上级政区和下级管理单元发生变化也将对街镇的政区空间产生影响。例如，浦东南汇的合并，在街镇不变的情况下，对于大浦东而言就是更加"扁平"，而当这种"扁平"超过一定限度，即幅度非常之宽时，在管理上也可能带来效率衰减。

由此，在分析街镇规模变动时，我们还需站在政区系统"扁"和"尖"的角度，来判断"大"和"小"的合理性和科学性。在这里，我们需要引入政区理论中的层次幅度理论。对于上海直辖市而言，由于"直辖市下不辖市、市辖区下不辖区"，所以在政区纵向层级上必须遵循市区"两级政府、三级管理"，郊区"三级政府、三级管理"的法律规定，因此，在进行街镇规模变动调整后，如需对变动后区级政府和村居层面形成制度不均衡局面进行调适，仍必须在以上框架内操作，这也在一定程度上对街镇规模的灵活调整形成了刚性的制度约束。这一点也是上海未来在新型城镇化背景下必须加快创新探索新型基层政区制度模式的必然要求。

在考虑层次幅度理论对街镇规模的影响中，影响最大的是作为特大型市辖区浦东新区辖区内的街镇规模问题。浦东新区，下辖 24 个镇，12 个街道（见表 6–1）。

表 6–1　浦东新区基层政区体系概况

建制结构	街道	一般镇	大镇（副局级）
	12 个	21 个	3 个
	居委会		村委会
	910 个		365 个
规模分布	街道平均规模	一般镇平均规模	大镇规模
	7.11 平方公里	41.89 平方公里	136.1 平方公里
	14.01 万人	15.90 万人	22.12 万人

资料来源：上海市民政局：《上海行政区划简册》（2017 年）。

对于街镇规模变动的影响而言，既有产业发展、城镇化进程、城市精细化管理和精深化服务、基层民主发育以及行政管理体制改革要求，更有特大区域扁平化管理下层次幅度不适应的要求。针对这一问题，浦东新区也加大了对街镇管理体制的改革探索，包括"大镇体制""管政合一""强镇优街"和"镇管社区"等。然而，从未来发展趋势看，浦东目前的街镇体制仍未处于制度均衡状态。例如，在扁平化体制下，尽管随着电子政务和信息技术升级，可以缓解超宽幅度下管理上的政令下达和民情上传，然而浦东新区以 1 对 36 个街镇以及"4+3"开发区这样的超宽管理幅度和多样管理类型（2030 年后浦东人口更是可能达千万），这种异于常规的管理架构在客观上还是存在行政效能提升的问题，特别是在浦东进入必须加快镇域经济发展，大力推进新型城镇化的新阶段，以上问题的存在必然在新阶段更加凸显。解决这一问题从理论上无非有三个方案：一是增设层级以减小幅度，这无疑不能顺应扁平化体制改革的大趋势（党的十八大报告提出加快省直管县改革，其目的就在于缩减中国过多的行政层级）；二是进行新一轮的街镇撤并，以减小幅度，这一途径浦东也在试点，但其过高的改革成本使得其近期难以在大范围内实施；三是在新区层面增设对街镇的管理资源，包括目前的区委地区办以及曾经设立过的城工委和农工委，但这一方式囿于编制问题，难以解决全部问题（如原新区规土局建筑规划管理处负责所有街镇范围的建筑规划审批，但其处室仅有 6 名编制，难以全面及时对 600 多平方公里内的建筑规划进行精细化的管理）。因此，新区未来必须多管齐下设计适宜大区域扁平化管理的体制机制，以实现高效管理、长效管理和科学管理。

二、城市社区治理中的层级改革：撤销街道

从全国目前城市社区治理中的层级改革看，由于国家 2009 年已撤销《街道办事处条例》，因此，各地对街道办事处体制做了相应的改革，通过撤销街道来缩减层级，实现社区治理的扁平化。从探索的实践看，有三个

模式较为典型，包括"区直管社区"的铜陵模式、"取消街道、一社多居"的贵阳模式和"撤销街道、服务下沉、管理上收"的南京白下区实践。

1. "区直管社区"的铜陵模式

2011 年 8 月底，作为"全国社区管理和服务创新实验区"的安徽铜陵市主城区 10 个街道办全部撤销，61 个社区居委会被整合为 23 个较大的社区，实行"区直管社区"体制。其模式特点：一是在市辖区不动的情况下，将街道办事处取消，并将原居委会进行撤并，形成较大的社区居委会（平均 2.7 个小居委会整合为新的大社区居委会），且工作经费由 3 万元左右增加到 30 万~65 万元不等。二是整合后的新社区，设置社区党工委、社区居委会、社区服务中心，前者主要承担社区范围内总揽全局、协调各方的职责，社区服务中心负责对居民的事项实行"一厅式"审批和"一站式"集中办理。居委会则还原自治功能，组织居民开展各类活动。三是调整市辖区与社区的职能关系，街道原有的经济发展、城管执法等主体职能收归区级职能部门，而社会管理、服务事务等职能全部下放到了社区，居民在社区就可直接办理民政社保、计划生育、综合治理等事务。四是强化社区自治，政府建设项目和社区大小事务均需召开居民听证会。五是在干部分流上，原街道工作人员可进区级政府，区级政府也可选派干部到社区。改革中仍存在的问题：撤销街道改革的进步更多体现在观念层面和行政技术层面，是行政权力内部的一次优化，离实现真正的社区自治还有相当距离；社区的工作量和资金需求大幅增加，社区不设财务，开支由区统一核算，经费使用时手续较烦琐；撤并后的新社区太大，如不分设居民服务点，对于居民区不集中的区域，距离因素导致居民办理相关事务不甚方便；社区与区和市的权责关系还需调整，如未理清，在压力型体制下，社区的负担将很重。

2. "取消街道、一社多居"的贵阳模式

贵阳市在城市化快速推进背景下，为应对人口快速增加、新经济和新社会组织迅速发展对城市管理体制带来的挑战（街道主要抓经济，弱化了基层管理和公共服务；而居委会在被行政化后，对社会服务也"有心无力"，区级层面的职能和财力无法落实到基层），于 2010 年 2 月在小河区和金阳新区进行了取消街道办事处的体制改革。改革的特点有：一是取消街道，精简管理层级，实现领导体制扁平化；二是改革"一社一居"，实行"一社多居"，在一个社区管理服务范围内设置 3~4 个居委会，每个社区地域面积 2~3 平方公里，人口数量 2 万~4 万人，与原街道相比，相当于一个街道拆分为两个社区，并将相应的管理服务资源放在社区；三是在社区层面构建"一委一会一中心"治理结构，实行"社区居民提议、社区党委决策、社区服务中心执行、成效接受群众评议"运行机制；四是推行"居政分离"，居委会实行"养事不养人""费随事转"，居委会工作人员不按人头发放工资和经费。

3. "撤销街道、服务下沉、管理上收"的南京白下区实践

2003 年，南京白下区针对街道办事处权能失衡、功能错位、束缚社区自治等问题，进行了撤销街道办事处的体制改革，其总体思路是：理顺一个关系（政府、社会与市场），坚持两个依法（政府依法行政，社区依法自治），实现两个归位（街道涉及的行政执法和管理归位于区级政府职能部门，政府管理的社会服务职能归位于社区和社工站）。其具体做法：一是撤街道办事处，成立淮海路地区党工委，下设"两办一部"；二是建立社区事务受理中心，将原政府相关职能部门集中在这一平台，并逐步将这些职能上升到区级部门；三是推进社区工作的社会化，建立"一站"(社工站)、"一中心"（社区服务中心，提供便民利民服务）；四是充分授予居委会财务权、监督权，并积极改变其作为政府"下属机构"的做法，还原自治功能。

三、郊区农村社区治理中的层级改革：镇管社区

在城市郊区和农村的城镇化进程中，随着产业园区开发、大型居住社区建设、大学城建设等产业和居住的郊区化，大量人口也同时快速导入郊区和农村，治理容量和复杂性的大幅增加使得原有乡镇—村居的社区治理

格局难以适应，在诸多调适的措施中，在镇与村居之间搭建一个"中间层"，实行镇管社区模式是大城市特别是上海应对郊区快速城镇化的一个重要探索。

1. "镇管社区"的发端

"镇管社区"命题的提出和探索是浦东积极适应快速城市化特点、顺应大区域管理要求、回应大规模人口导入和集中居住的服务需求而进行的社区层级治理模式和制度创新。它是浦东城市化进程中的必然产物，其基本内涵是指在保持镇这一行政建制不变的前提下，以党的领导为核心，以社区共治为方向，以基层自治为基础，在镇与居（村）之间搭建覆盖各居住区的综合性管理平台、网络化服务平台和协商式共治平台，从而形成公共管理服务有效下沉、社区自治共治逐步发育的一种社区管理模式。1993~1995 年，浦东原严桥镇在全市率先提出了"镇管社区"的概念。

2. 镇管社区的类型

自 20 世纪 90 年代中期提出"镇管社区"概念以来，经过近 20 年的探索，浦东在快速城市化进程中逐步形成了以东明、川沙、三林为典型代表的"3+1""镇管社区"管理模式。东明模式主要是将城市化成熟区域"切块"新设街道对社区进行管理。川沙模式是将乡镇撤并后的大镇划分为多个社区委员会（社区由若干村居委员会组成）进行自治和共治管理。三林模式主要是在城市化区域设立社区层面，对村仍采取由镇党委、政府直接管理的方式。直接管理模式主要是在镇层面设立社区建设等条线机构对镇域范围内的居委会进行社区管理。

从近年来上海全市的镇管社区探索来看，围绕社区这一"中间层"，由于有不同的设置方式，又衍生出四种模式。

第一种模式是浦东的三林模式，社区中间层由"两委一中心"组成，即社区党委、社区委员会和社区中心，分别负责社区的党务、政务和服务。

第二种模式是奉贤区南桥镇的模式，即在镇与居委会之间的中间层是设立"街道办事处"或"社区办事处"。办事处并非镇政府的事业单位，只是一个片区化管理社区居委会的"上传下达"机构或者是只有部分财权和事权的"半派出机构"，这些办事处主要是依托乡镇撤并前原镇政府来设置。随着"1+6"文件对大镇"析出"街道改革的推进，目前南桥镇已析出奉浦街道和西渡街道，成立了专门建制的街道办事处。

第三种模式是闵行区的社区管理工作机构模式，即在镇与居委会之间的中间层设立"社区管理工作机构"。该机构根据职能的不同又分为两种子模式，包括莘庄镇的全职能模式和马桥镇的半职能模式，前者的"社区管理工作机构"负责党建、行政、综合等多项业务，几乎所有与镇党委政府相关的社区管理职能在这一层级都有设置，村居在社区方面的工作都需要通过这一平台，再与镇进行交互；而半职能模式则是指除了党建、物业等业务外，其他行政事务和社区管理事务仍是由镇各条线直接与村居进行对接。

第四种模式是闵行的七宝镇模式，即镇下设的中间层"社区管理工作机构"不仅管辖居委会，还负责村委会，是村居一体化的中间管理层。

3. 对镇管社区模式的若干思考

镇管社区在应对超大城市郊区和农村快速城镇化进程中人口大量导入、村民转为居民、社区管理事务日趋复杂等问题上，确实起到了很好的缓解矛盾、破解难题的作用。然而，由于这一"中间层"定位不清、职责模糊、标准不一，使得这一自下而上的体制创新往往由于制度化不稳定不固化，而出现领导工作积极性不高、工作人员流动大、管理效果打折扣等问题，甚至从管理扁平化的角度而言，也有如增加了管理层级、膨胀了行政机构等问题。因此，从制度创新的角度而言，中国的改革是需要自下而上与自上而下相结合的路径的，这样才能把好事办好，只有让制度更为成熟更为定型的制度体系才能让改革成果更好地惠及百姓。因此，对于郊区"中间层"的改革还需继续深化，从长远来看，街道化是一个中长期目标，特别是对于那些在"上海2035"中定位为城市副中心、新城、中心镇的建制镇。近两年，已经有浦江镇、南桥镇等析出了街道办事处，这一做法虽然对于未来治理格局的稳定具有益处，但是其治理成本也是不言而喻的，一个街道办事处至少需要55个公务员编制，"6+2"的机构设置，若干事业编制加社区工作者队伍等，都需要一一配置；而若维持现状，"中间层"在制度支持、资源供给、权责关系、促进共治、推动自治等方面仍面临障碍，这将严重影响郊区社区治理水平的提升。

第二节　上海城区"街—新型社区—居"的改革新探索

"创新社会治理，加强基层建设"一号课题，发布《关于完善居民区治理体系加强基层建设的实施意见》，提出"完善居民区公共服务设施，使其成为居民活动公共空间、自治活动主要场所、团结凝聚群众重要阵地"。基于一号课题和15分钟生活服务圈规划，上海各区，尤其是街道面积相对较大的杨浦、闵行、虹口等区，通过布局社区综合服务设施，以优化基层空间设置角度为起点，为城市精细化治理提供基础空间架构。从目前上海城区的实践经验看，杨浦区的睦邻中心和虹口区的双网格片区的探索具有一定代表性和独特性，本节重点对这两种模式进行了分析。

一、杨浦区睦邻中心——街居间的新社区空间

2010年起，杨浦区以睦邻中心建设升级为抓手，打造覆盖社区全人群的"一站式"社区服务综合体。随着社会治理创新的不断深入，杨浦区进一步提升社区治理的精细度，打造柔性管理的熟人社区，推动睦邻中心向睦邻家园发展，探索建立基于新型睦邻空间的新型社区治理体系。

1. 面向居民的新治理层级

自延吉街道第一睦邻中心试点后，2020年杨浦在辖区12个街道内共计建成58个睦邻中心。各街道分布如表6-2所示。

表 6-2　杨浦各街道睦邻中心数量

街道	居委会数	面积 (平方千米)	户籍人口	常住人口	睦邻中心数
五角场街道	31	7.54	100078	122195	5
定海路街道	17	6.26	84330	91967	4
大桥街道	29	4.42	126681	125466	4
平凉路街道	23	3.21	93231	63856	3
江浦路街道	25	2.31	74353	74796	5
延吉新村街道	17	1.96	72808	86442	4
新江湾城街道	8	8.74	15466	32518	5
四平路街道	23	2.63	73271	81196	4
控江路街道	25	2.12	83645	100113	4
长白新村街道	17	3.05	55182	69210	7
殷行街道	50	9.51	145075	180837	6
五角场街道	42	8.81	105954	169149	7

资料来源：各街镇门户网站及社区 APP。

　　最初，睦邻中心就被赋予政府功能转型载体的定位。出于精细化治理对投入产出比的要求，睦邻中心并没有完全抛开既有空间格局，而是基于街—居结构，以街道为边界，以辐射 5~6 个居委会为标准进行布点。单个睦邻中心在选址上也十分慎重，按照每步行 15 分钟可达一个中心，力图做到最优化，减少重复投入。

　　基于零缝隙的精细化治理要求，杨浦区通过 58 个睦邻中心以点带面，实现对全体辖区居民的全覆盖，相当于在街道与居委之间创建出一个新的"治理"层级。经睦邻中心构建的新治理层，依托实体化的综合服务设施，将杨浦区划分成 58 个半径 1000 米左右、面积 1.04 平方公里的基本治理单元。从规模上，实现了 15 分钟生活服务圈的规划设想。从数量上，增加了综合服务设施的"可见性"，在激发居民参与方面，迈出了很好的一步。部分街道睦邻中心面积及空间来源情况如表 6-3 所示。

表 6-3　部分街道睦邻中心面积及空间来源情况

睦邻中心	建筑面积（平方米）	空间来源
延吉社区睦邻中心	1300	租赁小区内资源用房
延吉社区第二睦邻中心	1000	租赁小区内资源用房
延吉社区第三睦邻中心	1000	租赁小区内资源用房
延吉社区第四睦邻中心	960	租赁小区内资源用房
控江路街道社区睦邻中心	1500	街道对原社区生活服务中心全面升级改造建成
大桥街道周家牌路社区睦邻中心	1400	转型改造周家牌路小学搬走后的群租场地
殷行街道开鲁路睦邻中心	700	原来招商中心的办公用房
江浦路街道辽源西路睦邻中心	1500	租用门面房。该房屋原用于商业展销，生意冷清，但用作公共服务则正好合适

资料来源：各街镇门户网站及社区 APP。

　　睦邻中心以实体化运作，为保证项目丰富性，提升辐射周边能力，睦邻中心在硬件设置方面力求全区相对均衡，每个中心建筑面积约在 1000 平方米。全区 54 个睦邻中心建成后，总建筑面积达到 37600 平方米。例如延吉街道的四个睦邻中心，建筑面积共计 3900 平方米，服务于辖区内 3.55 万户社区居民，户均使用面积 1.1 平方米。

　　2. 问需于民的新功能配置

　　不同于以承担行政事务为主的街道和居委会，杨浦区给社区睦邻中心的功能定位是作为"百姓家门口的会所"和"精细化治理的抓手"，不仅为居民提供就近、便捷、综合的服务，还以促进居民交流和社区发展为价值导向，推进自治共治。功能定位中的治理特性，决定了"问需于民"的重要性。一般来说，睦邻中心都首先通过需求调查搜集民意，再根据社区居民的现实需求和潜在需求，以及不同人群的差异性需求，设置丰富的具有社区特色的服务项目。部分睦邻中心的内部功能及服务如表 6-4 所示。

表6-4 部分睦邻中心的内部功能及服务

睦邻中心	内设功能设施/定位	提供社区服务
延吉社区睦邻中心	延吉四村居委会、生活服务工作站、卫生服务点、老来客会馆、红色港湾俱乐部、星空剧场、艺趣苑、馨香书苑、健身房、亲子园、用餐中心	社区事务管理、为老服务、青少年服务、家庭服务等一系列公益性社区服务
延吉社区第二睦邻中心（延吉社区社会服务中心）	延吉街道社区学校老年分校、延吉社区第二老年日间服务中心、延吉街道医疗卫生服务站、新华医院急救中心共建基地等为民服务设施	与延吉养老院毗邻，主要提供养老、医疗等方面的社区服务
延吉社区第三睦邻中心	青少年之家、多功能活动室、多媒体放映室、计算机教室、健身房、亲子活动室、志愿中心、慈善超市、96890社区生活服务中心和居委会	提供青少年服务、青年白领服务、公益服务、自治服务等
延吉社区第四睦邻中心	内设常青藤旗舰馆、成长空间站、E视窗、益动生活馆、乐活舞台、正能量剧场、清新驿站、老伙伴资源中心、青藤坊以及社会组织管理办公室和居委会	提供青少年服务、为老服务、社会组织服务等社区服务
控江路社区睦邻中心	多代融合、便捷生活、创新展示以及公益孵化办公室	政府购买社会组织服务、社会组织提供的慈善、助老、婚恋、帮困、隔代教育、新上海人融入、青少年关爱等
定海路街道"和润苑"睦邻中心	阳光宝贝屋、幸福家庭、创意坊、科普阅读室、运动小站、妇女之家、多功能会议厅七大功能区	社区居民的需求服务：孕育、早教、入学指导、就业指导、老年关怀等"生命全周期"服务。社区互动交流功能：宣传展示、咨询服务、培训教育、生活体验等
文化花园睦邻中心	小广场、妇女之家、社区教室、养心茶室、阅读室、多功能教室	文娱服务、休闲服务、社区融合服务等
辽源西路睦邻中心	自治平台作用	建立为老服务队、文明养宠沙龙、环境整治、护绿、平安、编织、摄影、健身等居民需求的活动团队

资料来源：各街镇门户网站及社区APP。

实践中，随着治理理念的深入，睦邻中心功能不断拓展。从最初的生活文化服务，逐渐走向一站式提供融合、共享及孵化等深层次服务。比如2010年第一批试点的延吉社区睦邻中心，内设机构以自治机构和社区居民需求服务机构为主，主要关注按群体划分的社区居民在社会福利和生活服务方面的需求，街道在安排辖区内四个睦邻中心的功能时，刻意进行分工，注重睦邻中心间功能的协调与互补。相比之下，2014 年以后新建立的文化花园和辽源西路睦邻中心带有明显的"市民社会"标签，睦邻中心服务功能的综合性也有所强化，新增了社区互动交流的板块，在单个睦邻中心内，注重提供面向全人群的多样化服务，强化代际融合意识，使老幼妇能乐在同一屋檐下。

3. 转变职能的新空间载体

在当前发展阶段，睦邻中心是政社关系纠缠不定的一个缩影，毕竟初期的社会治理创新与政府职能转变本来就是难解难分的过程，社会领域的强大也不是一日之功。社区治理的理想状态是政府退居幕后，多元主体搭台唱戏，但现实是纷繁的居民需求和日益复杂的社区状况下，政府独角戏难继续，社会大舞台未撑起。

不可否认的现状是，政府仍是各类社区力量中最显著和最强有力的一员。杨浦区对睦邻中心的建设提出了整齐划一的要求，在《关于全面推进社区睦邻中心建设的实施方案》中提出，每个中心应设置不少于 10 个基本服务项目，打造"1510 睦邻服务圈"，以及全区睦邻中心要统一标识品牌、规范运营模式、物业管理探索、引导社会资金参与、设立自治联盟等。

以街道为主力，政府主导体现在从资源整合到中心筹建运作的全过程。睦邻中心筹建前，由于杨浦区大部分是建成社区，场地来源成为睦邻中心建设过程中的第一只拦路虎。各街道通过收回、调整、租赁等多种渠道推进睦邻中心建设，老旧成熟小区努力挖掘场地资源，新建小区加强配建。比如延吉街道，为建设睦邻中心，街道组织有关部门对社区内资源开展了细致深入的调查摸底，全面了解和掌握小区内商用房以及闲置房面积、使用业态、产权和使用权归属等情况以及小区内公建配套资源的总体情况等。在此基础上，街道通过争取区有关职能部门的支持，借势借力联手联动，成功协调区有关部门通过租赁的方式整合延吉四村、延吉七村、敦化等小区内的资源用房 10000 多平方米，为睦邻中心等社区公共服务设施提供场地。睦邻中心运营后，街道会对其运营效果进行评估，不符合规范的按要求整改，未来还将设置退出机制。

尽管背靠政府资源和行政机制，但不容忽视的问题是睦邻中心的空间属性与街居体制下的"行政性"社区完全不同。在以往的空间格局下，各类垂直设置的"街字头"中心，主要构造了政府和国家力量介入社区的路径。社区文化中心、老年活动室等公共空间或由居委会管理或由政府直接运营，提供的是"自上而下"的管理，与群众有距离感；而为治理代言的睦邻中心，则是构建社会力量介入社区路径的一个契机。因此当前睦邻中心还被委以"治理学校"的重任，通过搭建社区综合服务平台、居民互动交流平台、居民议事自治平台和社会组织孵化平台等，伴随多元意识的发育和市民社会的成长。部分街道开展的社会组织孵化工作如表6-5所示。

表6-5 部分街道开展的社会组织孵化工作

睦邻中心	孵化平台	内容及成果
延吉街道	投资300多万元建立社会服务中心	依托上海知行社工师事务所这个专业社会组织，对新入驻的公益组织进行孵化，两年来中心共引进和孵化了12家社会组织
控江路街道	睦邻中心二楼200平方米的办公室	社会组织孵化，已经有43批次的社会组织获得政府购买公益项目
辽源西路街道	睦邻家园自治委员会	引导孵化出的第4支居民自治精品团队。自2016年4月1日建成开放以来，受到居民的热烈称赞，参与棋牌、乒乓、拳操、茶道、编织、时装秀、英语、书法、戏曲等各项活动人数已达7万余人，其中老人45%、未成年人30%、中青年10%、青少年15%，总计开展各项活动800余场

资料来源：各街镇门户网站及社区APP。

4. 多元协同的新运作机制

睦邻中心管理工作主要包括日常运营管理和服务项目管理两大类，杨浦区各街道多采取多元共建的方式，优化睦邻中心的管理机制。具体来说有以下几种模式：

第一，街道+社会组织模式。在这种模式下，街道"掌舵"，社会力量"划桨"。街道负责把握整体发展方向，并通过政府购买服务等方式为睦邻中心提供资金及资源支持。睦邻中心的日常管理工作则打包交由专业社会组织以社会化的方式运营。比如，延吉新村街道委托的是知行社工师事务所（社会组织）对睦邻中心进行整体管理；再如延吉四村睦邻中心通过引进新途健康促进社和社区卫生服务中心，率先推出了家庭健康顾问工作，为社区居民提供日常健康咨询和保健服务、健康教育、医保政策宣传指导等。

第二，居委会＋社会组织/社工模式。在这种模式中，居委会负责日常管理、社会组织负责项目管理。比如，五角场街道睦邻中心采用"1＋1＋X"运营模式，即居委会进行日常管理，社会组织参与特色项目管理，推进小区党建楼组建设模式，通过党建引领、居民自治、项目配送模式，最终形成培养"草根领袖"孵化基地，打造党建引领下的社区"百脑汇"自治议事堂。再如，眉州路睦邻中心采用"老＋小＋专"并结合专业社工进行指导的日常管理运营模式，即社区老党员老书记和年纪较小的社工以及管理人员一起管理。一方面借助老书记老党员对社区情况的熟知度，确保工作思路和活动方案"接地气"，另一方面发挥年轻社工和管理人员的创意，把新思路、新思维、新方法注入睦邻中心管理中。同时，通过专业社工的日常管理指导，提升睦邻中心服务的规范与专业性。

第三，居民＋模式。部分社区睦邻中心组建了如由居民参与的顾问委员会、自治理事会、社区服务推进会等居民议事、民主的自治平台。有的睦邻中心在运作过程中，居民区党总支、居委会、社会组织联手组建了由社工、居委干部和社区居民代表组成的"睦邻中心顾问委员会"，每月定期召开联席会议，由社会组织向委员会成员通报当月睦邻中心活动开展情况、存在问题。比如，延吉新村街道的"睦邻家园居民自治理事会"，由居委会、居民代表、社会组织负责人、社工代表组成，由社会组织托管和运营。"居民＋"的模式通过激发居民的"主人翁"意识，融入更多的柔性管理内涵，促进居民群众主动参与各类公益活动、理性管理社区公共事务，形成良性社区自治循环体系。

二、虹口区市民驿站——双网格的新片区层级

上海市"1+6"文件的出台启动了创新社会治理的大幕，在改革要求下，虹口区主要面临三大问题：社区公共设施资源配置不足、机关瘦身后基层尚未强身、区域化党建引领共治缺乏承载载体。如何安放和配置这些资源和人员，对以街居为基础的现有基层社区空间格局提出挑战。基于前瞻性和合理性考虑，虹口区启动网格化管理服务片区建设，着力把片区打造成街道体制改革后人员承载的平台、综合管理执法扁平化力量整合的平台、区域化党建开展活动的平台、解决群众急难愁问题的平台、提供公共设施支撑的平台。

1. 四级架构：区（街）居条线+片区

随着经济和社会的发展，虹口区现有的社区公共管理服务设施与日益增长的群众需求之间存在差距，尚不能适应建设15分钟生活服务圈的社会发展规划。

为达到精细化治理对空间基础的要求，给社区发展留足空间，解决养老服务公共设施与养老需求缺口较大、社区公共体育设施和文化设施资源配置相对薄弱、社区公共资源开放程度较低等一系列问题，虹口决策在全区23.4平方公里的范围内，在8个街道与212个居委之间（见表6-6），布局综合管理服务片区新社区治理层级，构建出"区—街—片—居"四级社区综合管理服务体系。虹口区网格化综合管理服务片区布局架构如图6-2所示。

按照《虹口区社区发展第十三个五年规划》中提出的约束性指标，虹口区布局建设38个社区综合管理服务片区，总面积约4.5万平方米，先期投资近2亿元，力图实现全区范围内公共管理和公共服务的全覆盖。

为了有效布局网格化综合管理服务片区，实现资源配置最优化，虹口区坚持因地制宜，把规划的主动权交给街道，由各街道通过社区代表会议、居民会议等民主协商的方式问需于民，确立布点建设数，作为区统筹

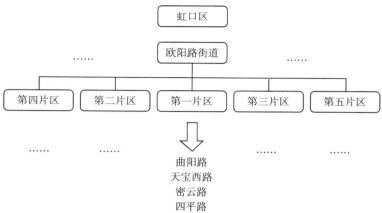

图 6-2 虹口区网格化综合管理服务片区布局架构

表 6-6 各街道网格化片区配置情况

街道	居委会数量 （个）	面积 （平方公里）	户籍人口（人）	常住人口（人）	网格化片区数 （个）
凉城新村街道	27	3.24	69299	94511	4
广中路街道	22	2.90	90551	108765	5
嘉兴路街道	28	2.61	110622	103923	5
江湾镇街道	32	4.22	92112	127823	6
欧阳路街道	18	1.67	61598	74023	5
曲阳路街道	24	3.04	83786	72367	5
四川北路街道	29	2.29	106686	76354	4
提篮桥街道	32	3.43	145243	102088	3

资料来源：各街镇门户网站及社区 APP。

平衡的主要依据。根据各街道地域不同、人口结构不同、社区公共设施基础不同，各街道布局片区单元 4~6 个，其中面积最大的江湾镇街道片区单元数也最多，而欧阳路街道在其仅 1.67 平方公里的辖区面积内，设置了 5 个片区单元，单个片区的平均覆盖率最高。

在各区自主布点的基础上，虹口区以欧阳路街道和曲阳路街道为先行先试单位，统一推进片区规范化建设，探索网格化综合管理服务片区的标准化建设。在总结提升实践经验的基础上制定《虹口区网格化综合管理服务片区建设标准》，作为片区规范化建设的依据，推动社区为民服务载体转型。

虹口是中心城区，自然也面临跟杨浦区睦邻中心同样的场地来源难题。为破解土地资源约束的瓶颈，虹口分类施策为片区建设谋空间，一是在街道招商引资职能剥离后的经济性用房中划出 1.7 万平方米的空间；二是通过"四违一乱"整治，在出租房退租部分中腾出 1.7 万平方米的空间；三是通过撬动社会资源，有偿使用共享 1.1 万平方米的空间。

在空间类别上，虹口区依据面积大小将片区分为两类：一是场地面积大于 800 平方米的较大建筑单体，实现管理服务资源功能在片区集聚；二是场地面积小于 800 平方米难以实现功能集聚的，通过网格化管理和综合服务功能设施分设来实现功能互补，确保打造 15 分钟社区综合管理服务圈和区域化党建活力圈有片区载体支撑。

2. 一网打尽：精细化管理+社区治理

"凉城路 285 号，一间间明亮崭新的屋子里，老人在享受按摩理疗，妈妈在听孩子青春期教育讲座……另一边，网格化管理中心的工作人员正注意着眼前的大屏幕，准备随时接受市民的投诉建议"。这是一幅典型的网格化片区日常图，通过整合各类社区管理要素和服务资源，管理点和服务点被放在了一个篮子里，"一门式"向社区居民开放。在这个网格里，什么都可以找到，这就是网格化片区的目的。

对于片区功能的定位，虹口区有标配。经过深入调研和集思广益，将综合管理服务片区的标配功能定位在三大板块。第一大板块是做实网格化管理，使片区成为街道网格化管理中心的延伸。第二大板块是为老综合服务，在片区中为附近的老年人提供助餐、助医、助健、日间照护等服务。第三大板块是区域化党建引领共治，包含区域化党员活动中心、群团工作室、共治议事厅、社会组织服务中心等设施。以这些必备项为基础，各街道还可以创造条件积极向其他社区服务领域和服务群体延伸拓展服务事项。大部分街道以为老服务为基础，进一步将片区的服务功能向综合服务拓展，囊括了助餐服务、文化休闲服务、卫生服务等。这三大区定标配板块加上街道综合服务板块，网罗了社区内基本的管理和治理要素，推动社区朝向精细化发展。

第一，精细化管理。按照《上海市城市网格化管理办法》的设想，各区应当按照统一的工作标准，由区（县）人民政府设立的专门机构委派网格监督员对责任网格内的部件和事件进行巡查，将发现的问题通过特定的城市管理信息系统传送至相关行政管理与公共服务部门予以处置，并对处置情况实施监督和考评（见表6-7）。

表6-7　片区设立前的网格化管理环节

办理环节	执行部门	执行人员	业务内容
巡查	街道网格化分中心	网络监督员	对责任网络进行日常现场巡查
发现/核实	街道网格化分中心	网络监督员	对巡查中发现的部件、事件问题，轻微问题当场处理，严重问题通过拍照或摄像方式及时报送街道网格化分中心。对市民投诉举报问题，安排网格监督员现场核实
立案	街道网格化分中心	网络监督员	经核实属于城市网格化管理的部件或事件范围的，予以立案
派单	街道网格化分中心	网络监督员	根据案件内容和职责分工，在规定的时限内将案件分派给相关行政管理部门或公共服务单位
处置/反馈	相关行政管理部门/公共服务单位		收到区城街道网格化分中心分派的案件信息后，在规定的时限内完成案件处置工作，并将案件处置结果反馈至街道网格化分中心；未在规定的时限内完成案件处置工作的，应当及时告知街道网格化分中心并说明理由
核查/结案	街道网格化分中心	网络监督员	街道网格化分中心收到反馈的案件处置结果后，应当安排网络监督员对案件处置结果进行现场核查。经核查，案件处置结果符合处置要求的，街道网格化分中心应当予以结案；不符合处置要求的，应当将案件退回并要求重新处置

资料来源：各街镇门户网站及社区APP。

网格化片区建立之前，网格化管理已经取得显著成效，但从流程上来说，自上而下的派单方式占主导，以街道网格化分中心为主力，遥控部件和事件的发现到结案全过程的这种安排，难以将精细化管理推向深入。创新社会治理"1+6"文件出台后，以《关于深化拓展城市网格化管理积极探索和推进城市综合管理的若干意见》更新了《上海市城市网格化管理办法》的理念流程，提出"围绕重心下移、纵向到底的要求，建立健全城市综合管理信息系统街镇分平台，有条件的在社区、乡村设立工作终端，实现城市综合管理问题在街镇基层从发现受理到处置解决的微循环、自循环功能"。

网格化片区建立后，转变了网格化工作的主导权，主要由网格化片区负责本片区的网格化日常巡逻、案件发现等。片区空间中常设居委和各条线下派力量，使得这种转变成为可能。网格化片区的改变在于将管理服务关口前移，让条线资源不必通过街道派单而直接为片区所用。由于网格化片区的有效运作，社区问题得以被第一时间发现、就地解决。片区设立后的网格化管理环节如表6-8所示。

表6-8　片区设立后的网格化管理环节

办理环节	执行部门	执行人员	业务内容
巡查	网格化片区	网络监督员	对责任网络进行日常现场巡查
发现/处置/备案/结案（一般问题）	网格化片区	网络监督员	解决发现的问题，并将问题处理情况报分街道网格化分中心备案
发现/上报（困难问题）	网格化片区	网络监督员	当问题实在解决不了时，求助网络分中心，由街道统筹调配资源

资料来源：各街镇门户网站及社区APP。

综合管理服务片区作为网格化管理的据点，带来的不只是管理服务方式的转型和流程的简化，还有对条线工作的优化。"以前我们只了解自己条线的事，现在逐渐清楚了其他条线的职责流程。和群众接触多了，也更理解他们，片区里的成员有事互相帮助，形成合力，为群众快速解决问题"，从条线下沉到社区的工作人员如此说。难的是彻底解决问题，因此条线力量与片区工作力量的统筹协调是真正提升社区管理服务的关键所在。以网格化片区为基点，各街道下一步要做的，是提高条线人员下沉社区的积极性，提高"条条合作"的工作效率，以更好地强化源头治理，将服务的触角真正延伸到最基层。

第二，精细化服务。一是为老服务。片区结合虹口区的社区养老规划，将综合为老服务中心收入囊中。"82915"是虹口区提出的社区养老模式，即8个综合为老服务中心、29个为老服务站点、15分钟服务圈。虹口区的这38个网格化综合管理服务片区，其中8个最大的片区同时被打造为枢纽式的社区综合为老服务中心，其他片区作为养老服务的延伸点，形成15分钟的服务圈。例如，凉城新村街道网格化第一片区提供的各项功能中，为老年人提供的服务最多，包括日间照料、助餐、助洁、心理服务、文体娱乐、康复活动、健康咨询等，其中最受大多数老人欢迎的是康复室，部分片区内引进了体感游戏设备，由康复师指导老人体验体感保龄球等。二是综合服务。各片区内除了为老服务中心，老百姓需要的其他类别的生活服务设施也一应俱全。大部分街道都设立有群团工作室亲子服务、社会组织服务中心、青春健康俱乐部和就业服务站等服务设施。欧阳路街道第一片区还于2017年推出亲子类青春健康俱乐部的活动计划，居民前往居委会报名即可参加。将为老服务场所与综合服务场所放在一处的效果明显。例如，一些喜欢学习或者参加文娱活动的老人，可以在综合服务室里上各种课程，包括健康饮食、园艺、书法等。同时，老人们的孙子孙女则可以在阅览室里专门辟出的儿童区域，阅读上百种儿童绘本。在为老服务的同时，促进了社区融合。

3. 两网融合：信息化网络+实体

片区是网格化信息管理平台的实体化。按照社区治理精细化的要求和15分钟生活圈的规划，在社区内老百姓家门口全面布局"一门式"的综合服务实体化平台设施，是未来社区治理的空间基础和发展趋势。以实体化运作的片区综合管理服务设施，做实城市网格化管理，是很有前瞻性的正确选择。

信息平台的实体化，从多方面推动管理服务进一步落实在基层空间。一是有了专场专用于片区网格的视频监控与问题响应。以欧阳路街道为例，网格化片区内设专门的网格化管理工作站，其信息系统与欧阳路街道网格化分中心相连，实时视频监视图像覆盖着由曲阳路、天宝西路、密云路和四平路围成的网格区域。二是有了专供片区管理人员工作/休息的场

所。方便网络监督员之间、监督员与各条线之间以及网络工作人员与社区
居民之间的联络沟通与联勤联动，并在此基础上快速为群众解决问题。比
如，片区站长是欧阳路街道干部，另外 3 个相邻的居民区书记也是副站
长，社区民警、城管中队、市容所、市场监管所、房地办和物业公司都有
相应的联系人在其中。每天一人轮流值班，每周一次全体例会，还有一个
每天活跃的微信群。三是有了资源/专项资金用于片区突发性疑难问题的
解决。部分街道为每个片区设立了专项资金，直接用于为居民排忧解难。
资金数额虽不大，却能为居民送上"及时雨"，申请流程也比较简单，直
接由片区负责人批拨，省去了层层请示批复的麻烦。

　　片区促进了社区服务供给的信息化。城市网格化管理体系在上海创新
社会治理后，被赋予了基础信息平台的地位。《关于深化拓展城市网格化管
理积极探索和推进城市综合管理的若干意见》明确提出，要用五年时间，
基本建成以城市网格化管理信息系统为核心，与"12345"市民服务热线
相衔接，与"12319"城建服务热线相融合，并与其他相关行业管理信息
系统互联互通的城市综合管理信息平台。《关于进一步创新社会治理加强
基层建设的意见》鼓励各区县根据工作实际，逐步将其他适宜的社会管理
和公共服务事项纳入网格化综合管理。片区各功能成为虹口区各街道在街
道网格化信息平台中添加的"自选动作"。建立包括环境建设、平安建设、
民生建设、文明建设、党的建设在内的五大数据库，构建起社区服务配置
的研判系统，帮助街道科学合理进行社区治理决策。

　　片区促进了两网融合，线上线下互补，精准化管理与精细化治理互
益。片区网与网格信息网两网融合后，社区内的大数据得以同时为居民和
社区服务。例如，凉城新村街道借助片区网格化信息工作，为每一位居住
在凉城的居民建立了健康档案，只要输入"糖尿病"或"高血压"等关键
词，就能查到片区内所有患有该疾病的老人的信息。此外，为老人送餐
者、居家养老服务员的信息也全部覆盖。在大数据支撑下，片区内的人群
基本信息数据库与片区内的管理服务基本数据库得以高效配置对接，需求
和服务才真正实现精准匹配。

此外，片区把管理和服务放在一处，意外地推动片区成为民意、民需、民情采集的窗口。网格中心是居民需求的收集反馈中心，可充分利用网格化系统优势，及时掌握片区居民常态化和突发性需求。居民来片区享受服务时，随时可以到网格化管理中心来反映问题，而未来设在片区大厅的一门式受理区域，将成为老人获取信息及申请服务的窗口。

4. 三社联动：多元化参与+社区

除了作为管理和服务的空间载体外，虹口区还将片区定位为区域化党建资源共享平台、群团服务平台、社区共治平台和居民自治平台。在这个定位下，社区、社会组织和专业社会力量将在片区中以多元参与的方式共同探索社区未来发展之道。

运作方式和人员构成方面，为了提高片区运行实效，撬动社会资源，不少片区引入了社会化机制，委托包括"爱照护""福寿康"等一批具有良好公信力的社会组织参与运作，通过契约化管理，构建能进能出的竞争机制，确保片区服务资源、服务质量让群众满意。

以四川北路街道网格化综合服务第三片区为例，目前片区将具体事务委托给上海新途社区健康促进社进行操作和运营。再如，凉城新村街道，除了早教和青春健康的社会组织之外，街道还引入"福寿康"负责老年日间照料、"兄弟姐妹情"关注丧偶老人、"牵手俱乐部"专业服务失独老人。此外，街道还联动高校、社区居民、专业人士等志愿者力量参与为老服务，完善服务体系，促进社区—社会组织—专业社工三社联动。

以片区为起点，以党建为抓手，社区（居民）、社会组织和社工的联动还将延伸到片区服务的居民区单元，促进社区治理从居民参与到多元融合，实现纵深发展。

三、浦东新区"大街区"层级体制的改革设想

浦东作为全市最大的市辖区，其城乡区域兼有、管理幅度超宽、城镇化速度快等特点，使得其在基层社区治理层级上一直面临挑战，特别是对

于超大型区域的层级体制，而浦东新区目前在 36 个街镇社区中 1/3 为街道社区，这 12 个街道组成的浦东城市化最为成熟区域的社区治理体系也需要优化。

1. 浦东街道社区治理的体制演变概况

1949~1955 年，浦东新区沿江部分由于码头林立、航运功能突出，也使得码头工人和小商小贩在此聚居，因此，在这一区域设立了杨思区、洋泾区、东昌区和高桥区，作为当时市辖小区的四个建制进行管理，在 1956 年三个小区合并为东郊区。1958 年，随着江苏 10 县整体划入上海，这一区域由东郊区与东昌区合并成立浦东县，县人民委员会设在浦东南路。辖高桥、洋泾、杨思 3 镇 11 个公社、6 个街道办事处。1961 年撤销浦东县，原东郊区地划归川沙县，原东昌区地分别划归杨浦、黄浦、南市三区。浦东新区 1993 年成立，将杨浦、黄浦和南市三区在浦东跨江而治的区域划入新设立的浦东新区管委会。随着 2000 年浦东新区的建政，沿江区域也成为浦东新区政府的城市化区域。

浦东新区成立后，由于 533 平方公里的新浦东面积过大，并且城乡差异明显，为进一步优化治理的幅度和功能匹配，20 世纪 90 年代中期，浦东在新区—街道、乡镇之间设立了"农工委和城工委"，其中，城区工作委员会作为浦东新区的派出机构，管理沿江部分的街道社区，街道社区治理层级为"新区政府—城工委—街道—居村"。2005 年，浦东新区陆续成立六大功能区域，沿江街道社区则形成了"新区—功能区域（陆家嘴、三林）—街道—居村"的管理层级架构。2009 年，浦东新区考虑到功能区域在治理扁平化方向上的不适应，特别是有些功能区域出现了"做实""行政层级化"的趋势，这对开发区的开发建设以及机构膨胀等造成了一定的负面影响，由此，浦东新区六大功能区域被撤销，浦东新区也进入"7+1"生产力布局的新格局，街道社区的治理层级体系也演变为"浦东新区—街道社区—村居"的三级架构。

2006 年，浦东新区率先取消了街道的招商引资职能，并且在 2012 年提出"强镇优街"的推进思路，街道办事处在社会治理和公共服务方面的职能不断强化，然而，街道社区在发展中仍面临一定的问题：一是区——街道的管理幅度过宽。浦东新区作为超大型区域，管理 12 个街道，24 个镇以及 6 个重点开发区管委会，超宽的管理幅度给浦东的精细化管理带来了难度，而尤其需要精细化管理的城区，则也显得幅度过大。从全市范围看，新静安区由于两区合并，其街道社区数量为 13 个，超过了浦东，但是，其区政府下辖只有一个镇，因此，虽然街道数量超过浦东，但区政府统筹街道社区发展的精力还是非常充沛的，而浦东新区除了需要管理 12 个街道外，还有 24 个镇以及其他国家级开发区管委会，可见这种超宽的管理幅度对于街道与新区之间的沟通交流将造成一定的影响。二是历史遗留问题。浦东新区临黄浦江区域的街道以往都是归属浦西管辖，包括原南市区、黄浦区、杨浦区等，跨江而治的社区格局使得目前还有一些历史遗留问题，例如，黄浦区兴林老年公寓就位于浦东新区南码头路 52 号，属于南码头街道地域；黄浦区精神卫生分中心仍位于浦东新区张家浜路 39 弄，属于塘桥街道地域。三是开发区与街道的整合。浦东新区的这些街道内还有我国唯一的国家级金融贸易开发区——陆家嘴金融城以及世博地区管理委员会，大量的商业楼宇、办公空间使得陆家嘴地区流量人口比重很大，并且陆家嘴金融城和世博地区管委会都有相对明确的管辖范围，这也使得浦东街道社区的治理需要区街统筹。浦东新区街道社区概况如表 6–9 所示。

表 6–9　浦东新区街道社区概况

名称	面积（平方公里）	居委会数量（个）	常住人口（人）	户籍人口（人）
潍坊新村街道	3.74	27	113829	89052
陆家嘴街道	6.89	31	134060	109814
周家渡街道	5.52	32	143726	104905
塘桥街道	3.86	23	85233	58357
上钢新村街道	7.54	23	109818	92034
南码头路街道	4.25	27	105094	76976

续表

名称	面积 （平方公里）	居委会数量 （个）	常住人口 （人）	户籍人口 （人）
沪东新村街道	5.39	33	104783	68445
金杨新村街道	8.02	48	195953	131407
洋泾街道	7.38	38	152198	108297
浦兴路街道	6.25	40	188309	120649
东明路街道	5.95	37	131680	68590
花木街道	20.90	44	215799	127953

资料来源：上海市民政局：《上海市行政区划简册》（2017 年版，第 5 页）。

2. 浦东新区街道的类型划分

浦东目前 12 个街道社区大致可以分为三类，第一类是沿黄浦江一带的连片式成熟城区型街道，也是数量最多的街道，包括潍坊新村、陆家嘴、周家渡、塘桥、上钢新村、南码头路、沪东新村、金杨新村、洋泾、浦兴路街道；第二类是由镇切块所设街道，这类街道周边由相应的镇包围，镇政府驻地也在街道内，如东明路街道，就由三林镇的城市化中心地块切块而设，并且三林镇政府也在街道辖区内；第三类是镇整建制改设型街道，这类街道往往是新近改设的，并且规模较大，而城市化程度不够高，如花木街道就由花木镇 2006 年撤镇改街而设立，其面积和人口分别达到 20.9 平方公里和 211067 人，是第一类街道平均面积规模的 3.6 倍和平均人口规模的 1.5 倍，且仍管辖三个村委会。需要指出的是，在 2012 年之前，浦东新区还有一类街道，即新城开发区域型街道，当时这类街道由于规划人口较多，所以面积较大，但由于仍处于人气聚集阶段，所以人口数量非常少，如位于临港新城的申港街道，辖区 22 平方公里，是浦东面积最大的街道，但常住人口仅有 1262 人，这种人口密度极低的街道不符合街道社区本身的定位，为此，在 2012 年 9 月，这类街道也被撤销了。

3. 改革初步设想

从大浦东未来的治理架构而言，如何解决层次与幅度之间的矛盾，在

"直辖市下不辖市、市辖区下不辖区"的制度短缺前提下，我们认为可以设计如图 6-3 所示的基本框架，推进大浦东的社区精细化治理。对于街道社区则采用其中对应的大街区制。

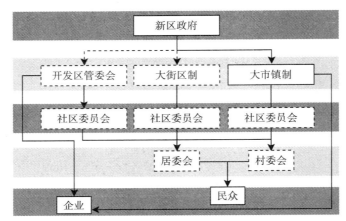

图 6-3　浦东基层政区改革总体目标方案

　　浦东推进"大街区"街道体制的改革原则应服从三个有利于，即有利于提高基层公共服务效率、有利于与新区政府的管理协调、有利于培育居民民主自治能力。从这三方面出发，街道体制需要在数量、规模和建制上进行改革，其中设定符合基层公共服务便民利民及其规模效应的政区规模是核心，改革必须以这一点作为归宿点。按照这一原则，我们先测定基层社会服务规模的理想值，并围绕这一理想值进行街居的撤并和缩减。根据目前各地提出的 15 分钟社会服务圈的原则，在中心城区按照一个健康人的步行速度测算距离在 1200~1500 米，覆盖 5~7 平方公里，浦东第一类和第二类街道的面积正好与之相当。目前，浦东的社区建设也放在街道层面，并且在建制上已将第一类街道更名为社区管理委员会（街道）的通名（符合推进居民自治的建制改革要求），因此，从改革成本的角度而言，不动现有街道规模是必要的。那么如何解决区政府的街道管理幅度问题呢？在现行"区—街—居"的架构中，街道一级从 15 分钟服务圈的原则出发维持不变，而区级政府暂时也是既定层级（未来也可考虑沿黄浦江街道从浦东划出，重新归入浦西，或者是另设一新的市辖区进行管辖），居委会作为一个长期自然形成的基层单元，如无大项目影响，最好也要维持稳定。基于以上考虑，要缩减区政府管理街道的幅度，必须从层级上进行考虑，或考虑重新设立原浦东存在过的城区管委会，或考虑几个街道组合设立一级虚体（如行政公署、街区管委会，分别管辖3~5个街道），无论哪一个方案都相当于增设了层级，偏离了扁平化的改革方向，因此无论哪一个方案，都需要对居委会层面进行改革，可借鉴贵州和铜陵经验，进行"居社分设"，将居委会的行政职能和服务资源上移至社区，而居委会则实行"养事不养人""费随事转""政府购买专业社工服务"等管理服务机制。此外，在资源条件允许且居民需求升级（特别是老龄化）的情况下，从更加适应精细化管理的要求出发，15分钟服务圈的面积可覆盖在2~3平方公里，届时每个街道则拆分为2~3个社区，每个街区则管理9~15个社区；与此同时，积极借鉴国外双层体制经验，探索医疗、教育、养老、治安等社会服务按照其专业性特点设置服务区规模和边界，而并非要与基层社区重叠，提倡跨界服务和消费。对于第三类街道，则可暂时维持既定体制。

最终浦东沿黄浦江街道社区形成两大街区的层级结构，如表6-10所示：

表6-10 浦东大街区制的改革思路

大街区名	管理范围	行政级别	层级结构
陆家嘴	陆家嘴、潍坊新村等浦东滨江10个街道	副局级	过渡期为：大街区—社区（街道）—居委会 终极目标：大街区—小社区（按照2~3平方公里规模拆分街道）
三林	三林镇、北蔡镇、东明路街道、世博地区管理办公室	副局级	过渡期为：大街区—社区（街道）、镇公所、世博地区管理办公室（经济审批职能在市和新区） 终极目标：大街区—小社区（按照2~3平方公里规模拆分街道）、世博地区管理办公室

第三节　上海郊区"基本管理单元"的改革探索

　　从镇管社区到基本管理单元是上海市在社区治理创新中推出的一项重要改革举措，这一创新不仅是镇管社区原有改革理念的深化，也是一次再创新，其创新体现在两方面：一是从改革路径上体现为从自下而上转变为上下结合，加大了改革资源的供给和制度建设的完善；二是在改革范围上体现为局部试点转变为全面推进，加大了改革的系统性和覆盖面。因此，这也是上海通过基层政区的层级改革创新以推进社区治理的重要探索。

一、基本管理单元的提出及其空间坐标

1. 基本管理单元的建设背景

　　做实基本管理单元，是上海市委 2014 年一号课题"创新社会治理，加强基层建设"和二号课题"推进城乡一体化"两项课题研究成果在应用转化和具体落实中所推出的政策抓手。2015 年上海市政府正式启动这一工作，在市民政局、市编办、市发改委、市财政局等部门的努力下，通过制定出台政策、调配专属资源、组织发动宣传等一系列工作推动，截至 2016 年底，全市首批 67 个基本管理单元的建设已进入全面验收阶段，第二批基本管理单元的申报工作也正在紧锣密鼓地推进。基本管理单元的设置，其目的在于补好上海基层治理空间组织体系的短板，进一步提高基层公共管理的有效性、基本公共服务的可及性和基层民众参与的便利性，它是上海在探索特大型城市特点和规律的社会治理新路中总结提升的重要制度创新。基本管理单元是指为了实现对公共事务的有效治理，在一定空间或范围通过治理尺度再造配置各类资源，如行政资源、市场资源以及社会资源等，推动新的管理层级、管理载体构建的一种柔性治理模式。它的理

论意义则在于构建规模适度、层级合理、条块协同的基层空间治理体系，是我国特大城市应对特有的空间尺度大且分异强、要素容量高且流动快、市民需求多且要求高等治理挑战的必要制度，基层空间治理体系是有效提升政府基本公共服务供给效率、有序开展社区共治和基层民主自治、有力强化政府治理城市顽疾问题的重要技术性政策工具。

从目前基本管理单元建设推进的实践看，虽然上海市民政局、上海市编办、上海市发改委、上海市财政局在 2015 年已出台《关于做实本市郊区基本管理单元的意见（试行）》（沪民区划〔2015〕19 号，以下简称 19 号文），已基本完成第一批基本管理单元的建设并启动第二批基本管理单元的申报，但是这一工作仍存在继续提升的空间。这些需要优化的问题包括：一是硬件建设过程中还存在甄选标准、政策支持、建设周期、验收机制等方面的问题，这些问题的解决将有利于更好推进后续基本管理单元的建设；二是从建设—运营—管理的周期来看，在硬件建设基本完成后，基本管理单元的数量可能达到近百个，这与目前 107 个建制镇的数量相当，对于这一大规模嵌入基层空间治理体系中的新设管理组织，其日常运作机制、条块协同关系、组织名称、未来组织定位和走向等都还需要全面统筹考虑，这也是上海探索符合特大型城市特点和规律的社会治理体系必须思考的；三是对于特大型市辖区的浦东新区而言，其管理层级—幅度关系一直未能找到均衡点，优化浦东的区域管理格局，不仅是上海基层治理创新的重要挑战，也是促进浦东更好承载国家战略的必然举措。

2.基本管理单元的基本概念

19 号文中对基本管理单元做出了概念界定和解释，即"基本管理单元是在本市郊区城市化区域集中连片、边界范围相对清晰、人口达到一定规模、管理服务相对自成系统的城市人口聚集区，是承载和配置城市基本公共服务、基层社会管理的非行政层级基本单元"。从这一概念表述中，可以知道基本管理单元在空间区位上位于城市的郊区，在空间形态上需要是集中连片的城市化区域且边界相对清晰，在空间规模上需要的门槛条件是 2 平方公里和 2 万实有人口（19 号文中对此有相应规定），在空间关系上则是与镇域其他区域而言相对独立、是管理和服务相对自成系统，在空间的政区定位上则不属于正式的行政区划，而是承载和配置城市基本公共服务、基层社会管理的非行政层级基本单元。

从基本管理单元的管理和服务资源配置看，目前主要是解决"3+3+2"的标准力量配备问题，即第一个"3"是指社区服务相关的"社区事务受理中心""社区卫生服务中心""社区文化活动中心"，第二个"3"是指社区管理相关的"公安派出所（警务站）""城市管理所（网格中心）""市场监督管理所"，"2"则是指社区党委和社区委员会。考虑到各地实际，各基本管理单元也可以因地制宜、力所能及地设置社区中心、社区生活服务中心、养老服务中心等"X"项目。

3. 基本管理单元在社区治理体系中的空间坐标

基本管理单元作为一个新的基层空间组织，要分析其对现有基层治理的空间影响，有必要将其与其他空间组织的对应关系进行比较和分析，更好地认识基本管理单元的基本内涵及其尺度特征。从空间关联而言，可以比较的对象包括街道办事处、乡镇等法定标准的基层政区，"镇管社区"、网格化管理、撤制镇等非建制型的空间组织，村委会、社区委员会、业委会、楼组片区、社会组织等以推进居民自治为方向的自治型组织以及城市副中心、新市镇、特色小镇、大型居住社区等规划建设型空间组织。

（1）基本管理单元与基层政区（乡镇、街道）的空间对应关系。乡镇是我国现行宪法和地方组织法明确规定的行政区域划分单元，并且是设立人民代表大会和人民政府的完整一级政府，因此，乡、民族乡、镇是我国法定的、完整的、基层的一级行政区域，属于严格意义的行政区划，建制乡和建制镇是为管理我国基层乡村空间和城市郊区而设立的一种行政建制。从政区类型看，建制乡属于地域型政区，而建制镇则是对农村地区城镇化程度较深的区域进行管理的城镇型政区。从政区层级看，乡镇建制是我国严格意义上最基层的行政区划，它们的上级政区为市辖区、县（县级市），下辖的法定行政管理组织则为村委会和居委会。街道办事处则是我国地方组织法中明确的"市辖区、不设区的市的人民政府，经上一级人民政府批准，可以设立若干街道办事处，作为它的派出机关"，1954 年全国人大常务委员会通过的《街道办事处组织条例》，由于难以适应经济社会发展，于 2009 年 6 月 27 日第十一届全国人民代表大会常务委员会第九次会议决定废止。由于街道办事处是政府派出机构，因此该机构不召开人民代表大会，不属于一级人民政府，但是从行政组织序列看，街道办事处是城市区域非常重要的，也是普遍设立的，具有法定意义的一级行政管理机构，因此，乡镇、街道都属于我国现行基层政区的范畴。从上海的乡镇、街道政区分布而言，截至 2017 年 12 月，上海共有街道办事处 105 个，建制镇 107 个，建制乡 2 个，总计 214 个。根据以上理解，基本管理单元作为郊区相对独立的集中城市化区域，其在上述基层政区体系中，有两种对应关系：一是对于辖区面积较小、人口总量较少的乡镇而言，基本管理单元与建制镇（乡）行政区域基本一致，如全市最小的镇宝山区的庙行镇（5.96 平方公里，常住人口 11 万）和青浦区重固镇（25 平方公里、常住人口 4 万）等；二是对于较大空间和人口规模的建制镇而言，基本管理单元是镇域范围内若干连续空间分布的村居组合而成的区域。在理论上，对于快速城镇化且规模超小的乡镇（按照 1984 年民政部《关于调整建镇标准的报告》，我国乡镇设置标准为聚落居住人口在 2000 人以上就可以设置乡镇）而言，基本管理单元也可能跨越乡镇范畴，但自 20 世纪末到 21 世纪初，全国范围内的大规模乡镇撤并，已大大扩展了乡镇政区规模，在上海，这样的乡镇也基本不存在了。

（2）基本管理单元与基层自治组织的空间对应关系。在 19 号文件（1982 年 3 月，中共中央发布了《关于我国社会主义时期宗教问题的基本观点和基本政策》，简称 19 号文件）中，对基本管理单元的基本功能，除了社区服务和管理外，还提出了"社会力量协调共治，实现资源共享和社会效益最大化"的功能定位，因此，也需要从社区共治、自治以及社会力量参与社区建设的角度，对现有社区自治共治体系做相应的分析。从法律上而言，居委会和村委会是"城市和农村按居民居住地区设立的居民委员会或者村民委员会是基层群众性自治组织"。由于在目前实践中，居委会和村委会往往与基层政权有着较为密切的关联，"行政吸纳社会"的状况还较为普遍，因此，从政府纵向管理组织体系上而言，村委会和居委会也可以从广义的行政区划概念理解，纳入基层政区的范畴。截至 2015 年 12 月，上海共有居委会 4154 个，村委会 1593 个，总计 5747 个。当然，需要指出的是，在 19 号文件中，也对基本管理单元的基本功能做了明确阐述，其中也包括"社会力量协调共治，实现资源共享和社会效益最大化"，这一功能定位，促进了基本管理单元与村委会、居委会自治属性的呼应，对于搭建郊区社区共治和自治平台（从上海城市社区建设的实践看，上海一直根据自身城市特点将街道作为社区建设的对应层级，并推进社区共治，这一社区建设模式确实在统筹资源、放大效应、形成示范等方面具有优势，然而，也有专家提出从实质性推进社区自治而言，还应将共治和自治层级下沉。民政部提出的目前城市社区的范围，"一般是指经过社区体制改革后作了规模调整的居民委员会辖区。"从郊区推进社区共治和自治而言，在镇一级层面确实过大，不利于从地域社会生活共同体的角度推进社区建设，而在村居层面又有可能存在规模较小、资源较少且目前已形成行政性自治的惯性）又提供了一条路径，特别是基本管理单元的新设立，可以更为积极地在社会组织参与社会治理、激发公众参与社区公共事务方面做更多探索和实践。从行政区域的对应来看，基本管理单元应是涵盖若干连续布局的村居，当然，对于一些超级村庄而言，基本管理单元也可能存在与单个行政村一一对应的关系（如江苏的华西村，面积 35 平方公里，人口 3 万余人；上海浦东新区三林镇的天花庵村常住人口达到 2.1 万人，超过基本管理单元的人口规模门槛，当然其面积 1.5 平方公里，未超过 2 平方公里的门槛；闵行区七宝镇沪星村面积 3.87 平方公里，常住人口超过 1.8 万人）。自治家园是在居村委会层面设置的基层群众性自治组织，是上海展示社区居民自治的示范阵地，它与基本管理单元的空间对应关系，主要是基本管理单元在推进社区自治上的下设工作内容。小区业委会是指由小区物业管理区域内业主代表组成，代表业主利益，向社会各方反映业主意愿和要求，并监督物业管理公司管理运作的民间自治组织。因此，业委会自治的空间范围主要与物业公司管理的区域，即以一个完整开发的住宅小区为空间范围，这一范围有可能比居委会空间小，也有可能较居委会空间大。楼组自治是以小区若干栋楼宇或某栋楼为空间范围（更多是纵向空间）推进居民自治，主要是以楼道等公共空间的营造为对象的自治微单元。从业委会成立的路径来看，对于大型小区而言，可以先成立楼委会，再集中而成业委会。

（3）基本管理单元与镇管社区等非建制组织的空间对应关系。"镇管社区"是上海在应对郊区快速城镇化的挑战中，从加强社区建设的角度，在"镇—居—村"管理体制基础上进行治理创新而设置的社区管理体制，其特点在于通过在镇政府横向或纵向增设社区管理机构，实现对郊区城市化进程中区域类型变化与管理幅度变化的有效治理。镇管社区与基本管理单元的对应关系，主要体现在镇管社区中在纵向（镇和村居之间）增设社区管理机构的类型，由于镇管社区在划分社区规模上，考虑的要素与基本管理单元基本相同，因此，基本管理单元与镇管社区中的社区往往在范围上基本相同，甚至在调研中，不少实行镇管社区的镇干部认为，基本管理单元是镇管社区的升级版。撤制镇是指在20世纪末到21世纪初，全国范围内开展的一轮大规模乡镇撤并中，被撤并的建制镇和建制乡的区域。自1998年开始，为缓解乡村治理中乡镇财政负债过多（据不完全统计，当时全国乡镇平均负债400万元）、乡镇机构臃肿和人员冗余以及城市郊区乡镇数量多导致产业和城镇建设分散的问题，同时为2005年全面取消农业税做准备，乡镇撤并工作在全国展开。上海也在这一时期，乡镇数量从200多个缩减到100多个，出现了大量的被撤并的建制乡镇。这些乡镇作为农村的区域中心，往往有一定规模的城市建成区和城镇人口，但是由于乡镇政府的撤销，这些区域的管理和服务资源老化、更新不足、供给短缺，造成当地百姓在生产生活上的不便利。从撤制镇与基本管理单元的对应关系看，由于撤制镇范围不仅包括了城镇功能集中的集镇区域，往往还包括周边农村区域，而基本管理单元主要是指连续的城镇建成区，因此，撤制镇的集镇区域（也可以说是非建制镇）是与基本管理单元相匹配的，在首批基本管理单元中不少就是以撤制镇为建设对象。当然，需要指出的是，也有不少理应纳入撤制镇但由于种种原因未能纳入基本管理单元建设的撤制镇，而这些非建制镇区目前在基本公共服务和社会管理上存在较多短板，未能在这些区域率先建设基本管理单元，与基本管理单元工作的初衷有所不符，这一点，也是今后基本管理单元建设工作中需要加以重视的方面。

网格化管理是指依托统一的城镇管理以及数字化的平台，将城市管理辖区按照一定的标准划分成为单元网格。通过加强对单元网格的部件和事件巡查，建立一种监督和处置互相分离的形式。网格化管理之前主要是针对城市化地区进行设置，近年来，不少地区不断推动网格化管理在郊区和农村的全覆盖。目前，浦东郊区各镇已基本设立网格化管理中心，作为镇的事业编制单元，在新区网格化管理的统一部署下，划定镇域范围内的网格（一般是村居设立网格工作站，镇与村居之间再设立若干巡查责任网格），并配备相应的资源。网格区域的划分与基本管理单元有对应关系，有些镇在撤制镇设置单独的巡查责任网格，在这样的划分格局下，基本管理单元与巡查责任网格形成一一对应关系，如浦东新区高桥镇的凌桥区域，该区域曾经为凌桥镇的城镇化区域（凌桥镇原镇面积 20.77 平方公里，目前申报基本管理单元的面积为 17.3 平方公里）。

（4）基本管理单元与大型居住社区等规划建设单元的空间对应关系。在上海城镇体系规划中，与郊区基层空间相关的规划建设单元有新市镇（如 1999 年总规修编确立的 60 个新市镇和 600 个左右中心村）、大型居住社区（近年来上海在郊区大量建设的保障房和商品房基地，总共 45 个）、特色小镇（近年来促进郊区产业转型升级的经济建设单元，上海市金山区枫泾镇、松江区车墩镇、青浦区朱家角镇三个镇入选首批全国特色小镇）等，从空间对应关系看，新市镇和特色小镇的规模还是较大且经济属性较强，基本管理单元与它们的空间对应关系直接性不强，但是由于这些区域往往是规划发展的重点，未来城市化进程必然较快较好，随着产业和人口的集聚，特别是产城融合对产业创新发展重要性不断凸显，这些区域对基本管理单元的配置要求也将不断凸显。对于大型居住社区而言，一方面其规模较为适中，另一方面空间属性也是社会空间，因此与基本管理单元的范围以及设立初衷更为匹配，首轮基本管理单元中不少就与大居的规划范围相一致，如航头镇鹤沙航城大型居住社区就是一个完整的基本管理单元。

二、基本管理单元建设的实践及问题

1. 首批基本管理单元的特点分析

（1）各项指标占到全市和所在区的 15% 左右和 20% 左右。首批拟定的全市 67 个基本管理单元，共涉及上海市的浦东新区、闵行区、宝山区、嘉定区、金山区、松江区、青浦区和奉贤区八个区，占地 1098.77 平方公里，包含常住人口 339.4 万人，户籍人口 129.75 万人，分别占到全市总面积和八个区总面积的 17.3% 和 22.6%，占到全市常住总人口（2415 万人）和八个区常住总人口（1653 万人）的 14.1% 和 20.5%，占到全市户籍总人口（1434 万人）和八个区户籍总人口（766.07 万人）的 9.1% 和 16.9%（见表 6-11）。从这一系列数据可以看到，基本管理单元的建设对全市以及郊区的影响是不可忽视的，如果从基本管理单元的数量与建制镇数量的对比看，已达到平均 3 个建制镇就有 2 个基本管理单元，如果加上目前正在推进的第二批 20 余个基本管理单元的相关数据，这一影响更是非常大的。因此，作为一级管理单元，虽然是非行政层级的，但其对上海郊区基层空间治理的影响还是非常深刻和广泛的。

表 6-11　上海首批基本管理单元的建设情况

区名	总个数/涉及镇数量	实有人口（万人）	户籍人口（万人）	面积（平方公里）
浦东新区	35/12	175.86	72.56	525.35
闵行区	6/5	25.08	—	24.33
宝山区	4/3	41.7	15.09	25
嘉定区	6/5	35.3	9.9	93.71
金山区	2/2	5.6	4.5	67.96

续表

区名	总个数/涉及镇数量	实有人口（万人）	户籍人口（万人）	面积（平方公里）
松江区	4/4	14.98	3.1	34.77
青浦区	8/6	28.8	18.8	246.25
奉贤区	2/2	12.1	5.8	81.4
总数	67/39	339.4	129.75	1098.77

（2）郊区各区县的基本管理单元分布不均衡。从目前八个区在基本管理单元数量、涉及人口和面积的比较看，各区之间的不均衡性还是很高。一是浦东新区作为全国第二大市辖区（面积仅次于天津滨海新区），特大区域所形成的大区大镇格局也使得浦东新区成为基本管理单元建设的最大区域。基本管理单元的数量也占到全市的 1/2 以上，达到 52.2%，实有人口占到全市的 51.8%，面积占到 47.8%。从每个镇平均建设的基本管理单元数量看，全市平均数是 1.72 个，而浦东新区的平均数量是 2.0 个。二是远郊区的申报建设数量仍然较少，特别是金山区和奉贤区，数量仅有 2 个，是各区中最少的。尽管远郊区可能人口数量和密度较低，但是，从公共管理和公共服务的均等化而言，还是应该相应增加数量，特别是远郊的镇域面积偏大，老百姓的公共服务可及性相对较差，更应该通过基本管理单元来予以强化。从政策扶持角度而言，基本管理单元建设还专门在市发改委设立了针对远郊区的奉贤、金山和崇明的专项建设财政资金。三是首批基本管理单元的建设还未能覆盖整个上海郊区，崇明区首批基本管理单元空缺。据了解，目前申报的第二批基本管理单元，崇明区也已申报。

（3）平均人口和面积规模还是较为适度。平均人口规模 5.1 万人，平均面积 16.4 平方公里，人口平均规模接近适度规模。这一人口和面积的平均规模较之 19 号文中提出的 2 万人和 2 平方公里的门槛规模，有较大幅度的提高，分别是门槛规模的 2.55 倍和 8.2 倍，而从城镇化地区的基本单元适度管理规模看，人口规模为 5 万人还是较为适宜。从我国最早出现的城镇型治理方式的人口规模划定看，1909 年晚清政府颁布的《城镇乡地方自治章程》规定：凡府厅州县官府所在地为城，其余市镇村屯集等地人口满 5 万以上者为镇，不满 5 万者为乡。著名小城镇专家袁中金教授曾在其博士论文《中国小城镇发展战略研究》（2006）中，通过综合分析其掌握的全国 1800 多个中心镇的第一手调查资料得出：从我国小城镇的人口发展规模看，3 万人为吸纳外来人口的重要人口规模临界值，5 万人则为城镇进入良性运转的规模临界值。可见 5 万人这个规模阈值，是郊区基本城镇单元能有效治理、可持续发展、有规模效应的适度规模。

从面积的规模看，空间对基层治理和公共服务的约束主要体现在交通时间上，即治理或服务点与周边分布居民的交通距离。在商业设施的布局中已有多项理论论证了如果人们以步行方式为时间的心理感受度，一般而言 15~20 分钟为适宜的时间尺度，即到达某个站点，人们一般是希望走路时间不超过 20 分钟，最好是 15 分钟内。从这个时间规律出发，衍生到步行距离来看，常人 15 分钟步行的距离大概是 1000 米。因此，可以说某一服务站点既便捷又经济的服务范围为以站点为圆心，以 1000 米为半径的同心圆，而这一同心圆的面积为 3.14 平方公里。因此，在为社区居民提供公共服务和社会管理时，如果以步行的距离为依据来布局社区事务受理中心等治理机构，以能覆盖到 3~4 平方公里为理想配置空间，再结合 5 万人的人口规模，则发现最理想的人口和空间管理规模为人口密度为 1.3 万人左右的区域。然而对于郊区城镇而言，由于要素密度较低，城镇化程度还不够高，且郊区为保持良好的生态环境避免"城市病"的发生，往往在空间使用上并不追求与城区类似的超高密度，所以，以步行距离来配置空间服务点，则有可能大幅增加治理成本，因此选择自行车或助动车为交通工具（其平均速度为步行的 3~4 倍），并按照 15 分钟的心理时间规律，15 分钟自行车的骑行平均距离为 3000 米。同理，其覆盖空间范围为 28.2 平方公里左右，考虑到空间范围太大，人口规模则会迅速上升，因此适度的空间规模应较之纯粹的以 15 分钟自行车骑行范围再小一些，综合平衡来看，目前基本管理单元的平均面积规模还是适度的。

（4）基本资源配置工作进展顺利。从实践工作中的反映来看，目前在

"3＋3＋2"的管理服务资源配置中，建成达标率已达到90%以上。全市相关委办局也通过实地调研的方式对这些基本管理单元的建设情况进行了验收。

2. 工作推进中还需进一步优化的问题

从目前工作的推进看，还存在一些具体操作和未来发展方面的问题，主要包括以下几点：

（1）工作重心的调整问题。随着首批基本管理单元建设中对"3＋3＋2"基本框架的验收，可以说基本管理单元的"四梁八柱"已形成，特别是硬件建设告一段落。接下来，要重点考虑的是基本管理单元的日常运管机制，好的体制机制能使这些投入的资源发挥出更大的效益。目前，可能需要做优化的工作有：基本管理单元的"两委"职能范围、职级层次等的定位问题；基本管理单元建设中条线执法管理资源的到位情况；如何促进基本管理单元推进社会力量协调共治，创新社会组织参与社区治理方式；如何发挥基本管理单元在促进居民参与社区事务方面的功能作用；对于新建的基本管理单元，如何加快其与原基层治理组织体系的"磨合"；如何强化基本管理单元运用互联网、大数据等信息技术手段，提升智能化管理水平；如何有效发挥基本管理单元在"五违四必"等基层重点治理领域的作用；等等。此外，基本管理单元建设在下一步工作中也需要从申报建设验收为主向常态管理、分类管理为主转变。随着第二批基本管理单元的申报、建设和验收，下一步基本管理单元工作的重点要转向对基本管理单元运转过程中的常态化管理和分类管理，包括基本管理单元的设立、撤销和规模调整等的管理，基本管理单元建设和运管中共性问题的反映和解决机制，基本管理单元运作中保持扁平化避免增加层级的风险防范机制，编制不同类型基本管理单元的运管导则，制定基本管理单元析出街道的条件和标准等。

（2）基本管理单元建设中的社区更新问题。"做实郊区基本管理单元"中"做实"的概念至少应该包括两方面的含义：一方面，是通过自上而下的认定验收明确基本管理单元的组织定位，尽管基本管理单元不是一级行政层级性质的组织，但也是基层治理中重要的正式空间组织单元；另一方面，是通过管理和服务资源的下沉，强化基本管理单元在硬件建设、人员编制、管理权限、服务职能等方面的配置，实现这一空间组织单元更好发挥职能的目标。从第一轮基本管理单元的建设来看，亮点之一就是将上海郊区大量存在的被撤制镇纳入基本管理单元建设范畴。

21 世纪前后，全国范围内开展了大规模的乡镇撤并，上海也基于资源整合、机构精简以及"三个集中"等考虑，开展了大范围的乡镇撤并。1984 年前，上海市郊区共有 33 个建制镇、206 个乡。1999 年起实行乡改镇，郊区行政区划建制变成 204 个镇、8 个乡。2000 年起酝酿对规模小、布局分散的郊区乡镇进行合并，初步归并成 153 个镇、3 个乡。2000~2006 年，上海市对郊区乡镇进行了进一步合并调整，2006 年，全市郊区行政建制上确定 106 个镇、3 个乡。直到 2013 年，郊区稳定在 100 个左右的镇、2 个乡，最新的《上海行政区划简册》数据显示，2015 年底，除去徐汇区、长宁区、静安区、普陀区和杨浦区的六个"城中镇"，上海郊区有 101 个建制镇、2 个乡。由于乡镇撤并过程中往往采取 2 镇并 1 镇或 3~4 镇并 1 镇的方法，合并后大部分镇的镇域面积达 80~100 平方公里，撤并后形成的撤制镇社区约有 100 个，主要集中在外环线以外。由于行政中心的转移，这些撤制镇社区的发展地位往往随之下降，以往作为建制镇的社会管理和公共服务功能也严重弱化，在调查中很多撤制镇的集镇上的公共服务设施要么闲置要么转作他用，不仅集镇（有些还是历史古镇）发展衰败，新压力也很大，而且周边乡村的发展和管理严重受限。

对于这一问题，此次基本管理单元建设为这些被撤制镇的发展提供了契机，通过列入基本管理单元，可以很好地缓解被撤制镇的管理服务缺失、集镇社区衰败、市政设施滞后、土地资源低效利用等问题。因此，对于列入基本管理单元的被撤制镇，"做实"的含义可能不仅是管理服务资源的下沉，还需要在社区更新改造上提供诸多配套政策。

（3）避免管理和服务资源的拥挤问题。尽管从精细化管理、多元化服务等原则出发，每个区域都希望尽可能多地配置基本公共服务资源，每个居民也都希望"地铁修在自家门口"，然而，从政府管理服务的公共利益最大化角度考虑，将有限的资源发挥最大效用也是高效政府的应有之义。做实基本管理单元在管理和服务资源下沉的过程中，也应从公共资源空间配置最合理的角度来布局基本管理单元。这就要求基本管理单元在空间布局上要因地制宜、有疏有密，既要做到对管理服务薄弱区域的强化，也需要避免在一些区域"过度"配置、"重复"配置导致资源拥挤，甚至浪费等问题。例如，在实践中就有些区域，由于基本管理单元布局过于密集，出现了医保报销专线设置过密而超过相关规定的问题。

（4）划分方式可能引发周边农村管理服务不到位的问题。根据基本管理单元的概念界定，"基本管理单元是在本市郊区城市化区域集中连片、边界范围相对清晰、人口达到一定规模、管理服务相对自成系统的城市人口聚集区"，这一界定使得基本管理单元在空间划分上主要是集镇社区，而对于一些中远郊区而言，集镇周边还分散布局相应的农村社区，尽管"三个集中"实施以来，农村居民点分散的状况得到一定程度的解决，但有些区域可能在集镇外仍散落一些农村社区，而这些农村社区的居民也需要就近在集镇办理相关的公共事务，如果在基本管理单元划定后，相应的管理服务力量仅囿于划定区域内部，则可能对周边农村社区的管理和服务造成一定的影响。

（5）避免基本管理单元"行政实化"的风险。从中国行政区划演变史来看，常常遵循行政机构由虚入实的规律，包括汉代的州、宋朝的路、元朝的行省等，设立的时候都是一级非建制的管理机构，在设立之后，通过各种方式的权力集结，逐渐由一级虚设机构（建制不完整，或者中央不认可或者无统一行政机构等）演变为一级实化的行政建制，纳入到整体的行政区划体系当中。从当代行政区划的层次演变来看，"地改市"是政区层级"由虚入实"的一个重要实例。从上海来看，浦东新区2005年试点的"功能区域"体制最后被终结，其中重要的原因之一是六大功能区域在管理实践中有不断实化的迹象。因此，对于基本管理单元而言，"做实"意味着管理服务力量的做强，但同时应避免其发展成为一级行政政府。目前，全市基本管理单元的社区党委书记一般按副处级进行设置，这一设置是否存在促使基本管理单元不断吸纳行政逐渐"行政实化"的风险还需要进一步研究。

（6）依据新一轮城市总规优化基本管理单元布局的问题。基本管理单元的设置应具有一定的前瞻性，即在考虑该区域城镇人口和产业未来大量导入的基础上，提前在区域内设立基本管理单元，以保证在人口快速导入发生时，能够预警性地解决公共服务不到位、社会管理不及时等问题。上海目前已基本完成2035年新一轮城市总体规划的编制，相应的城镇布局体系已公示，基本管理单元的设置应以城乡体系和公共生活中心布局体系为指导，提前谋划后续基本管理单元的布局，包括已有基本管理单元布局的调整和未来基本管理单元的增设。

（7）具体申报建设和配套支持政策的优化问题。在推进第二批乃至未来基本管理单元的申报、验收和管理工作中，还应在以下方面完善政策：一是建设资金政策配套的优化。由于"3+3+2"在建设过程中，不少地方仍是以改扩建为主，这与目前新建项目才能获得市级财力扶持的政策有较大错位，使得这些政策容易放空。因此，在硬件建设的市级财力扶持上，应在"放管服"改革的理念下，将财力扶持的范围从新建项目逐步扩大到改扩建项目，项目申报流程在规范的前提下也可以逐渐优化。二是市级财力建设项目覆盖面扩大的问题。应将市级建设财力补贴的范围覆盖到所有远郊区，包括崇明区、奉贤区、金山区等。三是按照"成熟一个验收一个"的原则弹性设置基本管理单元的验收周期。各街镇在进行"3+3+2"的硬件建设上，由于功能增设和升级，在办公场地上需要进行规划和选址的调整，涉及的工程建设项目也有较长的周期，这使得其难以满足目前基本管理单元以一年为验收时限的规定。

三、深化基本管理单元建设的背景、思路和建议

为更好地推进基本管理单元建设，不仅需要解决目前存在的问题，也

需要从中长期发展的角度思考上海基本管理单元的内在规律和未来走向，并据此分析目前优化具体工作的思路，进而给出政策建议。

1. 基本管理单元深化建设的背景要求

基本管理单元是上海顺应郊区新型城镇化趋势、提升郊区基层社会治理水平、完善郊区基本公共服务的重要举措，深化基本管理单元建设需要放在整个上海超大城市社会治理创新要求的大背景、城市发展空间格局的演变图景当中去考虑。

（1）上海创新社会治理加强基层建设的新要求。在 2017 年两会上，习近平总书记在参加十二届全国人大五次会议上海代表团审议时，对上海提出了"四个新作为"的新要求，其中就包括在推进社会治理创新上有新作为，习近平总书记再次强调：走出一条符合超大城市特点和规律的社会治理新路子，是关系上海发展的大问题。上海要持续用力、不断深化，提升社会治理能力，要像"绣花"一样强化城市的精细化管理。超大城市的特点就是空间尺度大且分异强、要素容量大且流动快、市民需求多且要求高。郊区更是超大城市在新型城镇化进程中变化最迅速、问题最集中、短板最突出的区域，上海做实基本管理单元，就是要提升基层公共管理的有效性，通过更加精细化和精准化的治理来应对超大城市郊区社会治理的难题。从基本管理单元的建设—运营—管理的周期来看，在硬件建设基本完成后，基本管理单元的数量可能达到近百个，这与目前 107 个建制镇的数量相当。这一大规模嵌入基层空间治理体系中的新设管理组织的日常运作机制、条块协同关系、组织名称、未来组织定位和走向等都还需要全面统筹考虑，这也是上海探索符合特大型城市特点和规律的社会治理体系必须思考的。

（2）上海城市空间格局的规划和发展图景。《上海市城市总体规划（2017~2035 年）》，对上海未来城市发展提出了新的图景。一是在人口和土地要素上设定了规划"红线"，即在 2035 年常住人口的调控目标为 2500万，目前上海常住人口在 2410 万左右；而到 2035 年，上海市规划建设用地总规模控制在 3200 平方公里以内，与 2020 年规划建设用地 3226 平方公里相比，削减了 26 平方公里，即建设用地需要"负增长"。二是在用地结构上，加强公共服务设施等城市公共空间供给，合理调控城镇住宅用地规模。这一规划目标对基本管理单元最大的影响是人口导入的速率可能有所放缓，目前全市在延续和优化"1966"城乡体系的基础上，形成由"主城区—新城—都市镇—乡村"组成的城乡体系。

以提升全球城市功能和满足市民多元活动为宗旨，结合城乡空间布局，构建由主城区和郊区两类地域，中央活动区（城市中心）、城市副中心、地区中心以及社区中心四个层次组成的公共活动中心体系，其中主城区由中央活动区（城市中心）、主城副中心、地区中心、社区中心四级构成。郊区由新城中心/核心镇中心、新城地区中心/新市镇中心（核心镇除外）、社区中心三级构成。

《上海市城市总体规划（2017~2035 年)》还提出了构建 15 分钟社区生活圈的目标，即在市中心区的 15 分钟步行范围内，配备生活所需的基本服务功能与公共活动空间。在郊区则在自行车骑行 15 分钟范围内，配置相应的基本公共服务。对于基本管理单元而言，其重要的职能之一就是提高基本公共服务的可及度，从打造 15 分钟社区生活圈的角度而言，镇政府可能范围太大，居委会和村委会则范围太小，而对于基本管理单元而言，其空间范围与 15 分钟生活圈正好有较好的对应关系。

（3）治理的理念及其对基本管理单元的解释。对于基本管理单元而言，从治理区划的理念出发，首先，应坚持"逆行政化"改革，始终将基本管理单元定位为非行政层级组织，防止"再行政化"风险，让基本管理单元成为城市基层，特别是郊区基层社会共治和自治的新型平台，一方面解决居村层面自治缺乏资源、行政逻辑惯性较强等困境，另一方面解决镇层面开展共治自治、远离居民和村民的问题，实现基层"层级自治"[①] 体系的再造，让社区社会组织、社区基金会、志愿者、驻区企事业单元、居民都

① 刘建军、马彦银：《层级自治：行动者的缺席与回归——多中心治理视野下的城市基层治理研究》，《杭州师范大学学报》（社会科学版）2015 年第 37 卷第 1 期，第 86-93 页。

能更为方便地在这一平台进行社区的共治和自治；其次，将基本管理单元构建为一个城乡统筹的适域空间，根据所在地域的城镇化进程（人口导入、产业发展、城镇建设、社区更新等）动态调整空间范围，避免由于空间划分带来的"以邻为壑"、边界"冲突"、跨域受阻等问题，保持基本管理单元空间边界的开放性和弹性；最后，基本管理单元在设立、撤销、变更、合并等调整中，应充分听取专家学者、当地百姓、社会组织等的意见和建议，从保护文脉、留住"乡愁"、形成社区归属感和认同感等角度，探索开展居民意愿调查、方案听证会、草案公示等公众参与工作，强化基本管理单元管理工作中的民主决策、科学决策。

2. 基本管理单元深化建设的基本思路

基本管理单元建设工作目前已取得诸多成绩，下一步如何继续深化和持续推进，首先需要确定一些大的原则和思路。

（1）指导思想与基本原则。按照"核心是人，重心在社区，关键是体制创新"的总体要求，从提高郊区居民的基本公共服务可及性、社会管理有效性和社区共治自治便利性出发，参考上海新一轮总体规划编制中土地和人口调控、城镇空间体系、公共中心布局等规划目标，引入"治理区划"的理念，将基本管理单元建设为上海探索符合超大城市特点和规律的社会治理新路子的有力支撑，提升上海郊区空间治理精细化水平和基本公共服务均等化绩效的有效路径，推动社区共治和居民（村民）自治、实现"行政有效"和"治理有效"的新型平台。

1）扁平高效原则。始终将基本管理单元定位为非行政层级的空间组织，既避免这一空间组织成为集聚行政资源、扰动管理架构、增加行政成本、违背改革潮流的一级行政性管理机构，又发挥其在解决郊区基层实际发展问题中上下沟通、配置资源、创新理念、推进共治中的积极作用，实现基层空间治理的扁平高效。

2）循序渐进原则。虽然基本管理单元建设有"镇管社区"的实践基础、非建制镇的历史条件，但作为一项准区划调整工作，仍需要避免的就是过多过快、一刀切式的推进方式，因为一旦调整出现偏差或反复，则不仅影响这一付出诸多精力和资源的体制变革的成效，也会影响基层社会治理工作的开展和当地经济社会的发展。因此，因地制宜、成熟一批、推进一批、总结经验、继续推进应该是基本管理单元建设能够持续推进的重要原则。

3）面向未来原则。要紧跟全面深化改革新理念新思想新战略，全面把握中央对上海创新社会治理的新要求，着眼于上海城乡空间结构的新变化、上海基层群众的新需求，来审视基本管理单元的未来走向，从基层政区改革来看，基本管理单元在基层空间治理体系中并非是终极形态，它仍需要根据治理现代化、基层民主化、新型城镇化等进程做调整，包括一些人口导入量大、地域面积适度的基本管理单元可能需要从析出街道的方向做好准备；当社区更新到位、基层共治和自治力量充分发挥后，一些规模较小的基本管理单元则可能在完成其使命后逐渐退出；一些基本管理单元可能要根据新的治理要求和需求对功能进行重新定位，如强化生态环境保护的职能、增加产业社区和创新社区的服务职能等。

（2）优化改革的总体思路。从近期工作思路来看，要实现工作重心的三个转变：

一是从硬件设施建设为主向体制机制构建为主转变。随着基本管理单元建设"3 + 3 + 2"硬件建设的基本完成，接下来就是如何推进体制机制的完善。包括"镇—基本管理单元—村居"的纵向管理体制的理顺与协调，各层次机构之间的功能定位、权责结构、人员配置等；基本管理单元横向上与"3 + 3"与"2"的机制协调，社区事务受理中心、社区卫生服务中心和社区文化活动中心由于主要是镇属机构，协调上难度较小，与公安派出所（警务站）、城市管理所（网格中心）、市场监督管理所等垂直"拉条管理"机构的协调难度较大，需要因地制宜设计好机制。此外，基本管理单元自身，即社区党委和社区委员会的运行考核机制，以及与驻区单位、区域内社会组织和志愿者队伍等的共建共治机制也需要不断健全完善。

二是从申报建设验收为主向常态管理、分类管理为主转变。随着第二批基本管理单元的申报、建设和验收，下一步基本管理单元工作的重点要转向对基本管理单元运转过程中的常态化管理和分类管理，包括基本管理单元的设立、撤销和规模调整等的管理，基本管理单元建设和运管中共性问题的反映和解决机制，基本管理单元运作中保持扁平化避免增加层级的风险防范机制，编制不同类型基本管理单元的运管导则，制定基本管理单元析出街道的条件和标准等。

三是从面上整体推进为主向典型引领、经验总结为主转变。下一步在做好第二批基本管理单元建设的同时，结合首批管理单元的建设和运管，挖掘一些基本管理单元建设中的创新做法和亮点工作，为大型居住社区、非建制镇等不同类型的基本管理单元树立若干典型和示范，以更好推进基本管理单元建设，同时组织专家学者开展基本管理单元工作的理论研究。基本管理单元之所以能在实践中推动并取得良好的治理效果，重要的一条就是理论和政策研究先行，为做好今后的工作，还需要在理论和政策研究上继续深化，特别是以基本管理单元为视角，聚焦探索符合超大城市特点和规律的社会治理新路子这一主题，分析总结其在基层社会治理体系和治理能力现代化，提升乡镇政府服务能力，促进社会组织参与社区治理等方面的共性规律和学术创新，以形成可复制可推广的经验，并更好地服务于上海超大城市的社会治理创新。

从着眼中长期发展的工作思路看，则需要对基本管理单元的运行机制做一些前瞻性的研究，并形成若干规范性制度化的政策文件和标准化的操作导则。

3. 基本管理单元深化建设的对策建议

（1）适当提高人口和面积标准。从目前第一批基本管理单元的平均人口和面积看，都较之于 19 号文中提出的 2 万人口和 2 平方公里的门槛规模要高，并且这一门槛规模在现实操作中还可能存在资源利用效益低，甚至资源拥挤造成浪费的风险，因此根据前文的分析，我们认为适当调高基本管理单元的人口和面积有一定的必要性，特别是在后续基本管理单元的申报中，应从更为严格的标准出发，将有限的资源用在更为需要的区域。

具体标准如可以将 5 万人、5~10 平方公里作为评选标准。对于一些确需加强资源配置，但规模较小的管理区域，可适当从加强居委会和村委会力量的角度强化管理。

（2）强化基本管理单元的分类管理。由于基本管理单元数量众多，其在类型上至少包括大型居住社区、被撤制镇和郊区人口密集的成熟社区，而在人口总量和面积上也是差异明显，为更好地对基本管理单元进行机构、人员、权利和资源的精准配置以及相应的区划调整，需要构建一套管理体制。借鉴中国历史上对同一层级同一类型政区的等第管理，也可以对基本管理单元进行等第划分，并按照不同的等第标准进行更为精准有效的管理。在类型和等第划分的同时，重要的是对基本管理单元未来的走向做出基本判断，如为析出街道做准备、为增设新镇做准备、为逐渐退出做准备、为职能定位转变做准备等，可以更好地实现基本管理单元的可持续管理。同时，在基本管理单元管理过程中也应实行"综合评估、可进可出"的动态管理，对于建设不到位、作用发挥小的基本管理单元制定"退出机制"，并将相应的资源用于新建或其他基本管理单元。在具体管理主体上，上海市民政局、上海市编办等可进行相关标准的制定和日常的管理。

（3）"基本管理单元"的名称调整。基本管理单元，这一术语确实可以很好地表达这一空间治理组织的特点，包括它的管理服务属性、基层基础属性、空间单元属性，然而，从其体现社区共治自治的平台功能而言，可能还有所不足。此外，在各基本管理单元成立后相应的办公机构铭牌、印章名称等方面，用基本管理单元这一名称较长，是否在这些通用名称上，采取以往镇管社区的"××社区"，如"航头镇下沙社区党委、下沙社区委员会"等。还需要指出的是，在一些被撤制镇的地名保护上，可以借助基本管理单元的建设，及时保留并恢复以往的地名，这不仅是对地名保护和"留住乡愁"的促进，也是促进社区认同感和归属感的重要方式。

（4）理顺街镇—基本管理单元—村居之间的权责利关系。基本管理单元作为中间体，其与上级镇政府或街道办事处以及区域内村民委员会、居民委员会的权责利划分应尽快确立。从总体看，基本管理单元应定位在街镇的管理服务的基层延伸机构上，与派出机构类似（派出机关是人民政府派出的国家行政机关，而派出机构是政府职能部门派出的从事某种专门职能的机构），其所拥有的行政管理权限来自于上级政府的委托和授权，代表上级政府进行相应的行政管理。但是，基本管理单元作为派出机构，还有一个重要功能——搭建社区共治和自治的平台，从这个意义而言，它又是推进村民自治的村民委员和推进居民自治的居民委员会的自治型组织。基本管理单元作为非行政层级，与村居在类型上和地位上应该相同，其不同之处在于基本管理单元代表街镇政府对村居工作进行管理、指导、协调、统筹，对于街镇层面召开的社区工作相关会议，基本管理单元应该与各村党支部（村民委员会）、居民区党支部（居民委员会）共同参加会议，当然如果村居需要找街镇政府办理事项，如盖章等，则基本管理单元可以视同街镇政府为其盖章。基本管理单元区域内的居民在基本管理单元内办理的相应政务，也视同在街镇政府办理。此外，基本管理单元内的管理服务力量也应以街镇政府的名义参与相关中心工作，包括"五违四必"等工作。

（5）强化基本管理单元中老旧集镇的更新改造。基本管理单元在配置了诸多管理服务资源后，对于在被撤制镇的基本管理单元，还应加强市政设施、基础设施和镇容镇貌的更新改造，改善老百姓的居住生活环境。对于一些古镇老街，还应加强老建筑的保护、非物质文化遗产的保护和乡土文化的挖掘。

4. 对上海探索基本管理单元的理论性认识

特大城市郊区的快速城市化使得原有的治理尺度面临挑战，常规性的乡镇撤并、村居撤并等区划调整政策工具已难以适应这种挑战，上海市在"镇管社区"基础上创新的基本管理单元建设探索，通过治理尺度再造以及相伴随的权力再生产很好地回应了大型社区在公共服务、公共管理和公共安全方面的治理挑战。从理论上而言，治理尺度再造往往在国家和区域等宏观层面展开，深入到微观的基层治理研究还未充分展开，而在新型城镇化、"社会治理重心向基层下移"、城市精细化管理、打通基本公共服务"最后一公里"、基层减负、基层政府职能转变加快（如上海市全面取消街道办事处招商引资功能，上海市浦东新区全面取消建制镇和行政村的招商引资职能等）等背景下，基层治理尺度再造的必要性大为增强，相关的研究也亟待强化。

　　基本管理单元作为基层治理创新的实践探索，通过治理空间的尺度再造这一路径，期望破解"行政有效、治理无效"的基层治理改革，既在技术上充分发挥适度空间对权力有效性（通过资源的下沉和空间的区划保障基层治理的必要权力）和自治便捷性（试图在村居基础上找到再造"熟人社会"的最佳客观治理尺度）的促进作用，又在制度上借助治理尺度再造这一契机为特大城市大居搭建多元共治和居民自治的治理平台和框架。

　　当然这一探索还面临一些亟待解决的新问题。例如：在治理尺度再造中，通过治理难题的过度诉求，借机"俘获"更多市级部门提供的编制、资金等行政资源；强调镇政府行政中心所在地周边的资源建设，而忽视一些被撤制镇设置基本管理单元的必要性；基本管理单元的负责人在某些区设置为副处级岗位，这一级别与副镇长平级，也高于只有正科级的镇社建办主任，使得基本管理单元在运行中难以理顺与镇和村居的关系，纵向管理上易于出现权力不对等、职责不清晰的现象；从扁平化管理的角度而言，基本管理单元虽然是非行政层级，但是鉴于现有体制，在"3+3+2""扎堆"成立并集中办公的形式下，管理层级存在由虚转实的潜在可能，进而增加了管理层级，有悖于"扁平化"的改革趋向（黄树贤，2017）；从体制的稳定性和制度化而言，基本管理单元毕竟还不是一层法定的管理层级，其未来走向是街道化，还是问题解决后逐渐取消等，都还需要做进一步的深入系统思考；此外，由于基层差异较大，投入大量编制、资金、资源建设的基本管理单元在权力再生产过程中，整体和持续绩效如何，也有待观察。

第七章 上海社区善治下的基层政区总体改革思路

本章将从系统化的角度提出上海在推进社区善治过程中基层政区的总体改革思路，由于社区本身的差异性和复杂性，本书的探讨更多从原则性角度提出对策，为其他研究者和政策制定者提供参考。

第一节 从治理到善治：上海社区善治的总体要求

党的十八届三中全会提出全面深化改革的目标是国家治理体系和治理能力的现代化，从社区治理而言，其目标则是社区治理体系和治理能力的现代化。从社区管理到社区治理，本身就是社区理念的一次根本性回归，从行政性、单向度、命令式、刚性的管理到多元性、互动式、协商性、柔性的治理的转变，是社区发展中对社区本质理念的深刻理解。唯有强调政府与社会的合作、互动和协同才能在当前社区利益多元化、复杂化、嬗变化的背景下更好地推动社区建设。当然，引入治理，强调多主体协商、互动、回应、弹性的社区建设也可能面临责任不清晰、效率性欠缺、有效性不够等社区治理问题，特别是我国处在社会转型期，公民意识还不够强、公众参与能力还不足、居民自治素养还不高、社区法治还不健全、社会组织的竞争环境还未形成，社区建设过程中仍需要适度的行政推动，多重动力协调配合、共同发力才能让社区治理形成"内部社区治理自转+外部社会治理公转"的自我良性循环机制，因此，目前社区发展需要从法治、德治、共治和自治四个维度共同推进。

社区善治指的是根据社区发展的不同阶段、不同区位，因地制宜、审时度势，充分运用理念性的、制度性的、技术性的各种社区发展手段，以推动社区不断解决发展中面临的挑战，补齐短板，使管理出实效、基层有活力、群众得实惠，实现社区高效、自主、持续发展，让社区真正成为居民的温馨家园、社会的和谐基础、政府的稳定基石。从上海的社区治理来看，其善治具体体现在以下几个方面：

一、探索符合超大城市特点和规律的社区治理新路

2017年3月5日下午，习近平总书记在参加十二届全国人大五次会议上海代表团审议时，再次强调：走出一条符合超大城市特点和规律的社会治理新路子，是关系上海发展的大问题。城市管理应该像绣花一样精细。超大城市的特点就是空间尺度大且分异强、要素容量大且流动快、市民需求多且要求高。如何实现社区善治，精细化治理是一个重要体现。

一是社区发展资源的高效配置。上海社区发展近年来不断得到实质性资源的注入，包括各级党政领导的高度重视、社会各界的广泛关注、人财物等资源的下沉下放。然而，如何因地制宜、因时制宜、高效灵活地配置这些资源，是社区精细化治理的具体体现。

二是社区治理内容的全面覆盖。要实现精细化治理，需要在社区治理内容上不断拓展，从关注大多数群体到覆盖所有社区居民，从社区人居环境、物业等硬件建设到社区文化等软件建设，从社区公共空间治理到家庭矛盾和纠纷，从社区的典型和品牌建设到社区短板补齐，只有拓展丰富社区治理内容，甚至对各项细节都给予关注，才能说社区精细化治理具有了基础。

三是社区治理机制的内在持续。要实现社区可持续的善治，唯有实现

外部建设动力到内部发展动力的转换，政府推动到社区、社会组织、社工、志愿者、居民等"三社联动"和多方推动，行政机制到市场机制、社会机制和行政机制的有机结合，项目化推动到项目化与日常化相结合，单个社区推进到邻近多个社区的联动推进等，才能为社区精细化治理的可持续发展提供基础。

四是社区治理手段的智能高效。精细化作为社区治理目标，对于老百姓而言，固然是越精细越好，但对于治理主体而言，越精细化预示着投入也就越多，对于精细化带来的高成本治理，需要借助智能化、大数据等信息化手段来对冲这种高成本（从人力资源的广泛投入，特别是专项行动中的"人海战术"到智能化技术、机器学习等技术应用的转变），需要借助法定制度的规范性来对冲精细化治理中反复性、烦琐性、复杂性事务增加的治理高成本，需要更加重视社会工作的专业化力量来对冲精细化治理面临的高质量、高品质治理需求的增加，通过治理手段的创新，实现低成本的精细化治理。

二、卓越的全球城市愿景下的社区治理新要求

新一轮上海城市总体规划编制，将上海面向 2035 年的城市建设愿景定位为卓越的全球城市，目标是打造创新之城、人文之城和生态之城，在这一愿景目标的指引下，上海在社区治理上也面临新的要求。

一是国际化社区的治理。建设全球城市，意味着上海未来的城市发展更加强调全球站位，伴随这一站位，外籍人口、外籍移民、海外留学生等越来越多的涉外群体将在上海工作、旅游，甚至居住生活。从全球城市发展来看，国际社区是衡量一个全球城市发展阶段和水平的标志之一。纽约的长岛，洛杉矶的 Orange County、比弗利山庄，西雅图华盛顿湖，香港的浅水湾等都是国际化社区的典型代表，这些国际社区也是所在城市全球化进程的重要体现。从国际社区的治理来看，国际社区一般都具有完备科学的规章制度和社区组织系统，因此也具备较高的社区治理水平。社区规章

制度受到社区成员的共同遵守，成为社区凝聚力的重要依托；在社区治理方面，行政管理、社会管理、自治管理和物业管理全面到位，共同构建起开放和谐的社区治理体系，社区治理的民主性和管理的规范性使居民具有较高社区事务参与积极性，形成高效有序的社区管理模式。

二是开展社区更新规划。随着大规模城市建设阶段的完成，上海作为超大城市进入了以城市运营和更新为主的发展新阶段，围绕城市存量规划而展开的城市更新规划是破解"大城市病"、改善居民生活水平、提高居民生活质量的重要方式。上海在 2035 年新一轮总体规划编制中，将"以人为本的公共服务体系和社区规划研究"列为前期重点战略研究课题，并提出了推进"社区规划"的总体框架。2016 年 8 月上海市规划和国土资源管理局发布了《上海市 15 分钟社区生活圈规划导则（试行）》，探索打造社区生活的基本单元，即"在 15 分钟步行可达范围内，配备生活所需的基本服务功能与公共活动空间，形成安全、友好、舒适的社会基本生活平台"，提出了"规划准则、建设引导和行动指南"三大板块，这为开展"社区规划"提供了技术文件，并成为上海社区治理的一个重要趋势。2016 年底以来，上海市浦东新区还开展了"浦东新区缤纷社区（内城）更新规划和试点行动计划"，涉及陆家嘴、洋泾、潍坊新村、塘桥、花木五个街道。通过"1+9+1"（即 1 个社区规划、9 项"微更新"行动、1 个互动平台）社区更新规划工作体系，采用政府引导、专家指导和居民参与的方式，推动街道社区的功能更新和品质提升。

三是强化社区公众参与。中国传统文化中"民可使由之，不可使知之"的思想也影响着社区治理中公众参与的消极性。在社区层面，公共事务都与居民自身利益密切相关，推动社区治理中的实质性公众参与十分重要，而且具有很大的内在动力。尽管目前公众参与的效果还不理想，但这一过程本身就是培育社区自治精神的重要方式。一方面，要通过社区参与的方式确定社区公共议题，特别是在社区公共空间利用上，搭建开放性平台、寻找具有正能量的社区领袖，是推动社区公众参与的路径；另一方面，要消除社区事务的信息不对称，如通过社区规划师、社工等让居民更多地了解自身参与公共事务的信息，提高参与能力、明确参与边界。通过持续推进、久久为功的方式必将不断增强社区公众参与的积极性和效果，为实现社区共治和自治奠定基础。

三、持续深化贯彻"1+6"政策文件的精神和任务

上海2015年出台的"1+6"政策文件，为上海一段时期内"创新社会治理加强基层基础"提供了顶层设计和路线图。目前需要围绕其中的重点任务，持续推进相关社区治理工作。

一是持续推进社区党建引领。党建是社区治理的核心，社区党支部作为社区的战斗堡垒和主心骨，需要在社区治理中不断发挥其领导和统筹功能，从选好支部书记到创新党建的形式和内容，都是社区党建的重要工作，也是社区能否善治的关键。二是持续推进社区减负增能。"上面千根线、下面一根针"，"权力小小的、责任大大的、工作苦苦的"都是以往社区居委会干部的真实心声，在目前不断减少社区台账的工作中，应切实加强电子台账的建设、真正落实街镇干部考核中社区的建议权等改革，尽管这些改革可能还无法根治中国传统"自上而下"配置行政权力传导到社区治理而导致的社区干部权责不对等难题，但是，过程性、阶段性的改革对于最终问题的破解仍是具有重要意义的。三是持续推进社区居委会、业委会和物业公司的协调。上海的高房价使得居民非常关注小区物业的管理，一方面，物业管理的好坏可以直接影响到小区房价的涨跌；另一方面，小区公共空间的高价值和稀缺性也让居民对这一空间的使用都非常敏感，如停车位、绿地、健身场地、楼顶搭建、老公房安装电梯等家空间以外的小区公共空间利用都会引起居民极大的关注。这些社区治理事务都要求社区"三驾马车"能很好地协调。四是街镇的条块关系治理。条块关系是中国政府管理体制中的固有难题之一，如何发挥条在专业性、指导性和引导性方面的优势，以及块在统筹性、情况熟悉性、操作性上的优势，不仅在其他层级政府，在基层社区也同样面临这样的问题。梳理街镇、居委会、村

委会的职责清单是缓解这一固有难题的一个有效路径。

要实现社区善治还有很多工作要做，搭建好社区治理整体框架仍是其中的重要一环，未来的社区治理还是需要在基层政区体系上做调整、推改革。

第二节　面向社区善治的基层政区体系优化的思路和方案

基层政区体系是整体指导社区治理的框架性制度基础，针对上海社区治理的新要求，本节初步给出了基层政区体系优化的基本思路和方案。

一、确立优化思路和方案的原则

为提出面向社区善治的基层政区体系优化的思路和方案，需要先把握以下几个基本原则：

（1）近期与远期相结合。要推进基层政区体系的优化，既要着眼于近期社区治理面临的短板进行问题导向下的调整，也要从中长期社区治理的趋势和要求出发，构建指导未来基层政区改革的近期和远期两个方案，而且涉及近期调整的措施应符合中长期的发展趋势和要求，避免出现如"乡镇撤并"后又分设基本管理单元等"反复性""弥补性"调整的问题。

（2）整体与试点相结合。无论是近期的调整还是远期的改革，都需要在整体顶层设计的同时，渐进式地进行试点探索，在积累成熟经验后逐步推广，特别是考虑到社区类型的多样化，需要在试点中总结不同的模式，在上升到整体制度层面时也要针对不同情况制定改革方案，避免"一刀切"式的改革。

（3）系统与局部相结合。基层政区各要素都相对对应不同的社区治理要求，在有针对性地解决问题时，需要聚焦某一特定要素，但是基层政区更是一个体系、一个系统。因此，所有调整都需要着眼于各要素之间的整体协同。

二、近期优化的方案

随着上海崇明县的撤县设区，上海行政区划体系的现状如图 7-1 所示，其中在市辖区以下为影响社区治理的基层政区范围及其结构体系，总体而言，随着街道办事处全面取消招商引资职能以及浦东新区率先探索在新区层面统筹建制镇经济发展权，使得原有的"二级政府、三级管理"中街镇这一综合性管理层级逐渐转型为侧重性的管理层级，也正是在强化社会治理和公共服务中，市区街道办事处向下衍生出基于 15 分钟社区生活服务圈的"邻里中心""睦邻中心""网格管理片区"等功能性的小街区，这些小街区平均辐射 4~5 个居委会。例如，闵行区拟在全区街镇与村居之间设立 100 个邻里中心，每个邻里中心覆盖 4~5 个居村委；杨浦区拟在全区街道与村居之间设立 50 个睦邻中心，每个睦邻中心覆盖 5~6 个居村委；

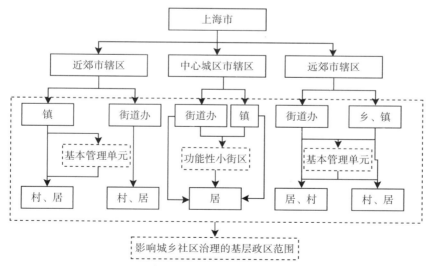

图 7-1　上海行政区划及其基层政区体系的现状

虹口区拟在全区街道与村居之间设立 38 个网格化管理服务综合平台，每个网格化管理服务综合平台覆盖 4~5 个居村委。

然而在郊区市辖区、"镇管社区"基础上，在全市统一推进了基本管理单元的建设，按照"3＋3＋2"（社区事务受理中心、社区卫生服务中心、社区文化活动中心，市场监督管理机构、公安派出所、城管，社区委员会和社区中心）的要求首批增设了 67 个基本管理单元，随着第二批 20 余个基本管理单元的推进，将在郊区形成 90 个左右的"中间管理机构"。

当然，无论是市区的功能性小街区还是郊区的基本管理单元，都着眼于提升公共服务的可及性、社会治理的有效性和居民参与的便利性，这是一个汇集统筹管理和服务资源的共治化平台。

根据本书第四、第五和第六章对基层政区建制、规模和层级等的探讨，近期（到 2020 年）上海的基层政区调整方案体现在以下几个方面：

一是在中心城区，按照 15 分钟生活服务圈的要求，继续强化功能性小街区的建设范围和服务能力。根据克里斯泰勒中心地理论中行政原则 1∶7 最佳管理幅度的规律，按照服务 6~7 个居委会，服务 3 万~4 万人（根据"1＋6"文件中对居委会设置的人口规模导则，每个居委会的人口规模基本固定在 3000~4000 人），面积 2~3 平方公里（步行 15 分钟所形成的面积范围大概为 3 平方公里）的要求，在中心城区市辖区普遍设置功能性小街区。与此同时，推进中心城区六个"城中镇"的镇改街道工作。最终城区形成"市—市辖区—街道—功能性小街区—居委会"的管理架构。

二是在城市郊区，继续增设基本管理单元并完善已有基本管理单元的建设。在基本管理单元建设中逐渐析出街道或增设建制镇，特别是在一些大型居住社区，随着城市居民的大量导入，适时将基本管理单元改设为街道办事处。与此同时，推进全市层面建制镇的职能调整，强化社会治理和公共服务职能，并加快撤村建居工作。最终郊区形成"市—市辖区—街道—功能性小街区—居委会、村委会"与"市—市辖区—镇乡—基本管理单元—村委会、居委会"两个模式并行的管理架构。

三是强化功能性小街区和基本管理单元的社区共治和自治功能，避免这一管理层级的行政化机关化。在基本完成硬件和软件资源配置后，小街区和基本管理单元应在推进社会力量参与社区治理，推动"三社联动"上加大力度，特别是城市郊区，社会组织发展还较为滞后，应加大引进和培育力度。此外，在社区党建引领下加强培育居民的自治能力，创造更多条件调动居民参与社区公共事务的积极性。

四是将社区治理的范畴下沉到功能性小街区和基本管理单元的层面，强化社区治理的扁平化，让社区建设的层级与居民的距离更接近，让更多公共服务更贴近老百姓，解决管理和服务"最后一公里"的问题。

根据以上基层政区调整设想，相应的上海行政区划体系及社区治理范围如图 7-2 所示。

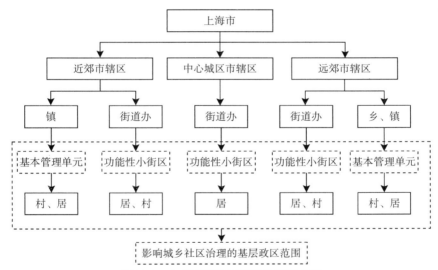

图 7-2　上海基层政区改革的近期方案

三、远期优化的方案

从远期方案看（到 2035 年），按照扁平化的原则，根据全市常住人口控制在 2500 万人，以 15 分钟社区生活服务圈为依据，在做强做实功能性小街区和基本管理单元的基础上，确立一个大街区或镇区 5 万人口并以此为基本治理单元，全市划分为 500 个社区治理单元。

市中心区的市辖区改为市政府的派出机构，并重新排列组合，成立相应的管理片区，由于管辖的社区治理单元为 200 个，所以管理片区为 20 个左右。因此，在市区形成"市—管理片区—大街区—居委会"的"一级政府、三级管理、四级网络"的管理架构。

在郊区，随着基本管理单元逐渐转型为街道或者转型为区政府派出机构"镇公所"，其历史使命也基本完成，原有的建制镇架构也撤销。与此同时，在远郊区突破"直辖市下不辖市"，设立"二级市"，并把生态功能突出的市辖区改为"生态型建制市"。因此，在郊区形成"市—二级市—大街区（大镇区）—居委会"和"市—生态建制市—大镇区—居委会、村委会"的"二级政府、三级管理、四级网络"的管理架构，其中二级市 15 个，管辖 150 个社区治理单元，生态型建制市 15 个，管辖 150 个社区治理单元。

具体的方案框架如图 7-3 所示。

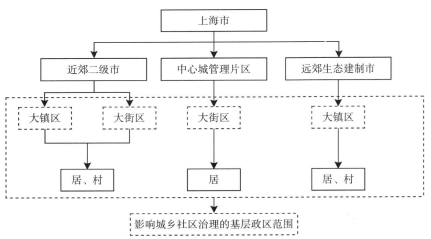

图 7-3　上海基层政区改革的中远期方案

第三节　面向社区善治的基层政区改革思路创新

以上的调整思路和改革方案更多是从整体系统的角度来分析未来适应上海社区治理趋势的基层政区改革，尽管各要素在创新性改革思路上也有所涉及，但前文中的举措主要以现有制度框架下的调整为主，即属于基层政区调整的范畴，本节从基层政区改革的角度，即突破基层政区现有制度框架的创新思路角度，提出一些改革对策。具体包括四个方面，即区划调整的理念、政区建制、政区规模和政区层级。

一、区划理念的重构：从行政区划到治理区划[1][2]

对未来基层政区的改革而言，由于其职能重心已转变为社会治理，使得其在未来改革的操作路径上将更加突出治理的理念，而理论上的论证也表明空间区划越来越向治理进行转向，实践探索中更是生发出诸多按照治理区划逻辑推进的基层政区调整和改革，因此可以说未来的基层政区改革必然需要实现从"行政区划"到"治理区划"的理念超越。归纳而言，"治理区划"是在"行政区划"概念基础上，结合目前基层政区在理论和实践上的新趋势，并借鉴"治理"相关理论，提出的一个用于指导未来基层政区改革的重要政策工具，其内涵是指在政府、社会和市场的共同参与下，按照特定的目标和原则，对空间进行划分，并基于划定的空间结构配置相应的管理机构，进而实现对空间高效治理的理念及其相关的政策框架。

---

① 熊竞等：《从"空间治理"到"区划治理"：理论反思和实践路径》，《城市发展研究》2017年第11期。
② 熊竞等：《治理区划：我国特大城市基层政区改革新理念》，《城市发展研究》2017年第12期。

1. 行政逻辑下的区划与治理逻辑下的区划

行政逻辑下的空间区划，即行政区划作为国家为政权建设、经济发展、社会稳定而施行的空间划分及其行政建制和隶属关系设置，其与治理逻辑下的空间区划相似点在于都需要进行空间的区划，而不同点在于指导空间区划的逻辑不同（见表7-1）。在这两种逻辑下空间区划的不同则表现为：一是这一空间区划所形成的空间边界是柔性的和跨域性的，如基本政务受理是全市通办的、基本公共服务是可以跨界而就近供给的、社会管理力量的配置是依照自身空间逻辑配置的等；二是这一空间区划后设立的空间组织是为社会共治和居民（村民）自治提供平台，即该空间组织是政社密切合作、相互渗透，甚至融为一体的，是充分鼓励社会力量参与管理和服务的；三是这一空间区划的层级是"虚化"的，既不作为一级正式的行政层级，更不是一级正式的行政建制，而完全是根据行政管理和社会治理的需要，作为上级组织的分治、派出和延伸的组织；四是这一空间区划的管理是在遵循客观的技术性分析基础上，鼓励多主体参与管理，鼓励社区公众参与，在确立规模大小、组织名称等方面充分听取专家、利益群体和公众的意见。

表7-1　行政逻辑与治理逻辑的异同

比较内容	行政逻辑	治理逻辑
理念思维	行政是对统治意志的执行，强调执行行为的整体性、统一性和稳定性，更多是体现工具理性	社会的差异性和多元性、因地制宜、地方性知识的应用，治理作为公共事业的解决机制，更多是体现价值理性
执行主体	行政强调权力主体的单一性、一元性，政府是执行统治意志的唯一主体	治理的权力和主体是多中心的，是包括政府、市场、社会、公众等多元主体的
纵向层级	为有效贯彻统治意志，往往采取多层级的执行体制，层级多意味着幅度小，幅度小则有利于上级对下级的管控和信息掌握，通过"命令—执行"保证执行的有效性	治理则强调扁平化的执行体制，通过横向多主体协作来提高公共事务处理的精准性，既减少信息传递环节，也发挥横向社会共治合力
操作方式	在控制和吸纳社会中，以自上而下和命令—服从的方式推进社会管理	多主体之间平等地、回应地进行参与、共治和协商，强调过程
资源供给	垄断资源配置权，以维护权力的单一性	多元化、市场化、社会化的资源供给
相同点	在目标上具有一定的一致性，包括维护社会的安定团结、提升百姓的幸福感、实现社会持续的和谐	

2. 治理区划的实践表现

在解决特大城市的基层政区格局不适应政策供给中，越来越多的实践操作并不依靠行政区划，而是更多地通过非行政区划的方式进行调整。因此，从未来的基层政区调整看，将更多指向治理逻辑下的空间区划调整，即"治理区划"的理念逻辑。

从近年来特大城市涉及基层政区的调整来看，以空间要素的属性区分，大体可以分为以经济空间为主的基层政区及其调整、以社会空间为主的基层政区及其调整、以行政空间为主的基层政区及其调整。表7-2从空间特点、区划机制和典型案例三个方面对这些实践加以归纳。从这些新的实践趋势看，越来越强调在空间区划中增加社会力量的参与，强化所涉空间范围内各主体在区划调整和管理中的协同合作是一个重要趋势。

表7-2　基层政区改革的若干实践探索

类型	空间特点	调整要求	区划机制
经济空间	集中体现是以企业集聚为主的各类开发区。空间规模倾向于大，不断扩；空间布局在城市郊区较多；空间内部以集聚和规模效应为导向划分若干产业社区；空间管理上，一般以上级政府派出机构管委会为主	近年来，随着产业的专业性越来越强，技术的创新周期越来越短，技术的产业化风险越来越大，使得赶超型产业创新向引领型产业创新的阶段转换，单靠政府力量已难以在新阶段实现新目标	为更好促进开发区转型升级，各地开发区纷纷引导行业协会商会、业界精英、社会组织等加入开发区的管理，与管委会共同形成合作治理的格局
典型案例：上海浦东陆家嘴金融贸易区、深圳前海特区等施行的"法定机构＋业界自治"模式；上海张江高科技园区成立园区发展事务协商促进会，北京中关村高科技园区成立了大量的产业创新联盟，上海自贸区成立之初就设立了社会参与委员会等			
社会空间	集中体现是以居民日常生活为主的各类社区、小区、学区等。空间规模倾向于小；空间布局以城区更新后的住宅小区、郊区大型居住社区等为主；空间内部为服务便利划分为若干楼组等；空间管理上，以居民自治的业委会、基层群众自治组织的居委会、物业公司为主	特大城市在"大城大区"中积极探索精细化管理和精准化服务，破解"服务老百姓的最后一公里"和打造15分钟生活服务圈等要求，如仍以行政力量加以解决则必然面临管理和服务的高成本高负担，如何借助空间技术、专业市场和社会共治自治提高效率是消解精细化与高成本之间张力的关键	脱胎于街居制的原有居委会空间规模偏小，街道的空间尺度又太大，因此要适应各种不同能级、类型的管理力量和服务资源下沉，现有基层政区格局显然难以适应，在不打破基层政区基本结构的情况下，通过构建合理的空间范围和层次，来实现管理力量和服务资源的下沉，同时构建一个有利于社区共治和自治的空间结构

类型	空间特点	调整要求	区划机制
典型案例：上海 2016 年在全市郊区设立了 67 个基本管理单元以适应郊区基层政区在提升社会治理有效性、公共服务可及度和居民参与便利性可采取的治理性区划调整，它被定位为街镇与村居之间的非行政层级管理单元；在城区的街道与居委会之间则有邻里中心（上海市闵行区）、睦邻中心（上海市杨浦区）、综合管理和服务平台（上海市虹口区）；为更好推进区域化自治而组建的居委会联盟（上海市普陀区石泉路街道太浜巷居委、薛家库居委、镇坪居委的"三委一体"实践等）			
行政空间	以体现国家政权建设的行政区为主；空间规模上，以综合管理绩效为导向；空间布局体现为"同级行政区既不重复，亦无空白"；空间管理以行政机关为主，对于严格的行政区而言，则还包括人大等机构	随着流域环境治理强化，大都市区、城市群、城市区域、巨型城市的发展，跨行政区的合作治理需求持续增长，但由于行政区划成本较高，且政策"见效"周期较长，还面临一定的风险	不打破行政区界线的府际合作、多方协同等治理；在行政区划调整中也不断强化专家参与机制、征询社会意见，特别是政区专名更改中的地名文化保护问题
典型案例：京津冀一体化、长三角区域合作协同机制、粤港澳大湾区，上海市浦东新区和南汇区合并成立新的浦东新区后，在充分听取并吸纳社会意见的基础上，为保留南汇地名，将"临港新城"更名为"南汇新城"等			

二、行政建制的精准化：基层建制的分类分等与职能配置

根据一定的规则对基层建制进行分类分等，是提升社区治理精准化、精细化的重要路径。

控制行政成本、防止机构膨胀、强调精兵简政是中国行政管理体制改革中矛盾的主要方面。因此，以"省直管县"为典型的扁平化成为我国行政层级体制改革的基本方向。在"扁平化"这一趋势背景下，对于街镇而言，其在某些建制镇规模必然"动"，进而需要变"大"或变"小"，从而造成政区系统"扁"或"尖"的客观矛盾。为进一步化解这些问题，在行政区划中，对政区客观"分化"后进行政区"分等"是一条改革路径。在中国历史上，为了在我国最为稳定的县政区总量上千的情况下，更好地解决同一政区的分类管理或差等管理，采取县制分等的管理方式，以在稳定编制管理的同时充分激励官员稳定基层、发展基层。

1. 上海建制镇的分类分等

县制分等这一中国历史上的行政管理经验，对于加强快速城镇化进程中街镇的管理具有重要借鉴意义。从可操作的角度而言，可以参考广东省的有关做法（按照乡镇辖区常住人口、土地面积、财政一般预算收入三项指标，由省重新确定乡镇分类标准，综合指数在 300 以上的，为特大镇；综合指数在 150~300 的，为较大镇；综合指数低于 150 的，为一般乡镇），结合上海市实际，也将常住人口、面积、财政收入作为三个权重指标，建立一定的数据模型。将全市建制镇划分为特大镇、较大镇和一般镇。根据这些镇的等别，配置相应的机构数和编制数。具体来说，主要是：将全市街道、镇的机构总量、编制总量作为百分之百总量，分别测算各街镇常住人口、面积、财政收入在全市所占的百分比，将三个因素折算成不同的权重，算出每一个街镇在新区所占的总体百分比，用机构编制总量乘以每个街镇所占的百分比，即得出该街镇应该配备的机构数和编制数。

此外，在分等中，也要考虑一些历史和未来趋势变化镇的特殊情况，如文化保护镇（如新场镇）、大居建设镇、交通枢纽镇、生态保护镇、开发区镇等，酌情考虑其机构和编制数。此外，对于机构和编制上有倾斜的特大镇、特殊镇，应该对其城镇规划、土地规划、产业规划、社区规划等方面提出相应的要求，将相应的管理资源与发展贡献挂钩，形成匹配的激励机制。

2. 2012 年上海建制镇分类分等的实证分析

笔者曾在一项上海市民政局委托的课题中主笔分析过 2012 年上海建制镇的分类分等实证研究。当时的分析方法即按照前述广东省镇分类的计算公式，并在此基础上依据 2012 年底的统计资料，对上海市建制镇的情况进行了初步的综合分类（见表 7-3）。

表7-3　上海市各镇综合指数分类情况

分类	综合指数区间	区县名称	数量（个）	各镇名称
一般乡镇 （28个）	综合指数200 以内	长宁区	1	新泾镇
		宝山区	4	杨行镇、罗泾镇、高境镇、淞南镇
		嘉定区	1	华亭镇
		金山区	3	张堰镇、廊下镇、漕泾镇
		青浦区	1	重固镇
		浦东新区	3	宣桥镇、万祥镇、老港镇
		松江区	6	泗泾镇、洞泾镇、泖港镇、石湖荡镇、小昆山镇、新浜镇
		崇明县	9	竖新镇、向化镇、三星镇、港沿镇、中兴镇、港西镇、新河镇、建设镇、绿华镇
较大镇 （63个）	综合指数200~ 350	闵行区	2	华漕镇、颛桥镇
		宝山区	4	罗店镇、月浦镇、顾村镇、庙行镇
		嘉定区	5	马陆镇、江桥镇、南翔镇、徐行镇、外冈镇
		金山区	6	亭林镇、朱泾镇、枫泾镇、吕巷镇、金山卫镇、山阳镇
		青浦区	7	朱家角镇、金泽镇、华新镇、练塘镇、赵巷镇、徐泾镇、白鹤镇
		浦东新区	17	高桥镇、曹路镇、惠南镇、周浦镇、康桥镇、合庆镇、高东镇、张江镇、新场镇、唐镇、金桥镇、高行镇、大团镇、航头镇、泥城镇、书院镇、南汇新城镇
		徐汇区	1	华泾镇
		普陀区	2	真如镇、桃浦镇
		闸北区	1	彭浦镇
		杨浦区	1	五角场镇
		松江区	4	佘山镇、车墩镇、新桥镇、叶榭镇
		奉贤区	6	庄行镇、金汇镇、四团镇、青村镇、柘林镇、海湾镇
		崇明县	7	城桥镇、堡镇、庙镇、陈家镇、新海镇、东平镇、长兴镇

续表

分类	综合指数区间	区县名称	数量（个）	各镇名称
特大镇 （16个）	综合指数350~400（9个）	闵行区	4	虹桥镇、七宝镇、马桥镇、吴泾镇
		普陀区	1	长征镇
		宝山区	1	大场镇
		嘉定区	1	安亭镇
		松江区	1	九亭镇
		奉贤区	1	奉城镇
	综合指数400~500（5个）	闵行区	2	梅陇镇、莘庄镇
		浦东新区	2	北蔡镇、三林镇
		奉贤区	1	南桥镇
	综合指数500以上（2个）	闵行区	1	浦江镇
		浦东新区	1	川沙新镇

资料来源：上海市民政局：《上海基层行政单元适度规模研究》（2013年）。

从上述分析中可知，在经济高速发展、城市化快速推进中，上海市的乡镇规模分化十分明显，大致可以划分为一般镇、较大镇和特大镇三类，分别占全市107个乡镇总数的26.17%、58.88%和14.95%，其中一般镇的人口规模大致在10万以下，较大镇为15万左右，特大镇在20万以上。我们认为，一般情况下，一般镇人口密度较低，人口集聚规模较小；较大镇人口密度适中，镇区的人口集聚能力较强，规模较大，可视为上海郊区目前建制镇的"适度规模"；而特大镇的人口密集、集聚规模超过20万、经济发达，已经发展成为一座小城市，应比照小城市的规模和功能性质设置相应的管理机构，相应增加编制，实行以城市管理为主。

从这些镇的空间分布看，近郊区是特大镇的密集分布区，集中分布在闵行和浦东新区。奉贤区的南桥镇为南桥新城规划建设区，应不含其中；川沙新镇作为原川沙县的行政驻地，理应发挥其历史上积累下来的发展基础，并在借势迪士尼契机下，焕发其新的发展和建设高潮；祝桥镇由于其承载大飞机产业以及临空新城建设的重任，在近期调整后规模也将扩大。

在以上分析基础上，我们再对特大镇、较大镇和一般镇三个区间的建制镇的功能进行一个初步的定性分类，主要侧重产业和城市功能角度，划分为五大类：农业镇、开发区周边工业镇、综合商贸城镇、大型居住区镇、文化旅游休闲镇（见表7-4、表7-5、表7-6和表7-7）。未来随着郊区的城镇化推进，相应的功能有可能发生变化，为此做了相应取舍。在深化研究中，还应尽量以定量指标作为划分的依据。

表 7-4　综合指数 200 以内的一般乡镇的功能分类

功能类型	区县名称	数量	各镇名称
农业镇 （总数量 23 个）	金山区	2	廊下镇、漕泾镇
	青浦区	1	重固镇
	浦东新区	5	芦潮港镇、六灶镇、宣桥镇、万祥镇、老港镇
	松江区	6	泗泾镇、洞泾镇、泖港镇、石湖荡镇、小昆山镇、新浜镇
	崇明县	9	竖新镇、向化镇、三星镇、港沿镇、中兴镇、港西镇、新河镇、建设镇、绿华镇
开发区周边工业镇 （总数量 3 个）	宝山区	2	杨行镇、罗泾镇
	浦东新区	1	芦潮港镇
综合商贸城镇 （总数量 3 个）	长宁区	1	新泾镇
	宝山区	2	高境镇、淞南镇
文化旅游休闲镇 （总数量 1 个）	金山区	1	张堰镇
大型居住区镇 （总数量 0 个）	—	—	—

资料来源：上海市民政局：《上海基层行政单元适度规模研究》（2013 年）。

表 7-5　综合指数 200~350 的较大镇的功能分类

功能类型	区县名称	数量（个）	各镇名称
农业镇 （总数量 21 个）	金山区	2	廊下镇、漕泾镇
	青浦区	1	重固镇
	浦东新区	2	万祥镇、老港镇
	松江区	6	泗泾镇、洞泾镇、泖港镇、石湖荡镇、小昆山镇、新浜镇

续表

功能类型	区县名称	数量（个）	各镇名称
农业镇 （总数量 21 个）	嘉定区	1	华亭镇
	崇明县	9	竖新镇、向化镇、三星镇、港沿镇、中兴镇、港西镇、新河镇、建设镇、绿华镇
开发区周边工业镇 （总数量 3 个）	宝山区	2	杨行镇、罗泾镇
	浦东新区	1	宣桥镇
综合商贸城镇 （总数量 3 个）	长宁区	1	新泾镇
	宝山区	2	高境镇、淞南镇
文化旅游休闲镇 （总数量 1 个）	金山区	1	张堰镇
大型居住区镇 （总数量 0 个）	—	—	—

资料来源：上海市民政局：《上海基层行政单元适度规模研究》（2013 年）。

表 7-6　综合指数 200-350 的较大镇的功能分类

功能类型	区县名称	数量（个）	各镇名称
农业镇 （总数量 21 个）	奉贤区	5	庄行镇、金汇镇、四团镇、青村镇、柘林镇
	青浦区	5	金泽镇、华新镇、赵巷镇、徐泾镇、白鹤镇
	崇明县	5	庙镇、陈家镇、新海镇、东平镇、长兴镇
	金山区	1	吕巷镇
	嘉定区	1	外冈镇
	浦东新区	3	大团镇、泥城镇、书院镇
	松江区	1	叶榭镇
开发区周边工业镇 （总数量 13 个）	宝山区	2	杨行镇、罗泾镇
	金山区	2	金山卫镇、山阳镇
	浦东新区	7	合庆镇、高东镇、张江镇、唐镇、金桥镇、高行镇、南汇新城镇
	嘉定区	1	徐行镇
	宝山区	1	月浦镇

续表

功能类型	区县名称	数量（个）	各镇名称
综合商贸城镇 （总数量 12 个）	普陀区	2	真如镇、桃浦镇
	徐汇区	1	华泾镇
	闸北区	1	彭浦镇
	闵行区	1	华漕镇
	崇明县	2	城桥镇、堡镇
	浦东新区	1	惠南镇
	杨浦区	1	五角场镇
	闵行区	1	颛桥镇
	宝山区	1	庙行镇
	嘉定区	1	马陆镇
文化旅游休闲镇 （总数量 10 个）	奉贤区	1	海湾镇
	青浦区	2	朱家角镇、练塘镇
	金山区	2	朱泾镇、枫泾镇
	浦东新区	2	高桥镇、新场镇
	松江区	2	佘山镇、车墩镇
	嘉定区	1	南翔镇
大型居住区镇 （总数量 9 个）	宝山区	2	罗店镇、顾村镇
	金山区	1	亭林镇
	浦东新区	4	曹路镇、周浦镇、康桥镇、航头镇
	松江区	1	新桥镇
	嘉定区	1	江桥镇

资料来源：上海市民政局：《上海基层行政单元适度规模研究》（2013 年）。

表 7–7　综合指数 350 以上的特大镇的功能分类

功能类型	区县名称	数量（个）	各镇名称
农业镇 （总数量 0 个）	—	—	—
开发区周边工业镇 （总数量 4 个）	闵行区	2	马桥镇、吴泾镇
	嘉定区	1	安亭镇
	浦东新区	1	祝桥镇

功能类型	区县名称	数量（个）	各镇名称
综合商贸城镇 （总数量9个）	普陀区	1	长征镇
	宝山区	1	大场镇
	松江区	1	九亭镇
	奉贤区	1	奉城镇
	闵行区	2	梅陇镇、莘庄镇
	奉贤区	1	南桥镇
	浦东新区	2	川沙新镇、北蔡镇
文化旅游休闲镇 （总数量0个）	—	—	—
大型居住区镇 （总数量2个）	浦东新区	1	三林镇
	闵行区	1	浦江镇

资料来源：上海市民政局：《上海基层行政单元适度规模研究》（2013年）。

从以上对功能的分类来看有以下几个特点：一是农业镇主要集中在一般镇，占到一半以上的比例；二是较大镇集合中五种功能类型分布都比较平均；三是特大镇中商贸综合镇比重最大，中心性比较突出，显现其重要地位。

3. 浦东新区建制镇分类分等的又一个维度

对于浦东新区的建制镇管理而言，还可以从政区层级关系上对镇进行分等。一是借鉴省直管县市的经验，将特大镇改为市直辖镇或市属区管镇。例如，南汇新城镇等特大镇可以明确为市属区管镇，这样在不改变行政层级的前提下，给予特大镇更多的行政地位和管理资源。与此同时，这也在一定程度上消解了浦东新区层级与幅度之间的矛盾。二是借鉴市代管县（市）的经验，将开发区周边的镇改为"开发区代管镇"。由于浦东新区仍处于大开发大建设的阶段，"开发区导向"仍是重点，在产城融合日益成为开发区重要竞争力的发展新阶段，开发区管委会作为新区政府派出机构，可以直接代表新区政府对周边镇进行代管，统筹区域发展资源，推进产城融合，协调经济发展与社会管理。与此同时，也减轻新区直接管理街镇过多的压力。三是对于川沙新镇和祝桥镇以及惠南镇等，设立新区政府领导直接管理的"区直管镇"，通过新区领导直接管理来推进这些重点镇的发展。四是未能划入以上三类范畴的一般镇，则由新区统管，重点考虑财政转移支付和生态环境保护，采取缓发展、慢发展的策略对其进行管理。

专栏 7-1

中国历史上的县分等

县制是我国行政区划体系中最稳固的一级建制，至今已有 2000 余年历史。自古以来，县制几无变化，无论其上级行政单位如何更改，无论地方行政区划层级如何增减，县制始终是最基层的行政单位。在县制之组成中，县分等制占有重要的地位。翻阅史书，我们不难发现，自从县成为秦朝行政区划基层单位之后，即有了等级之别，而且这种差别历代相袭，一直延续到清王朝灭亡之后的民国时代。因此可以说，县域分等制贯穿了整个封建社会的历史。然而，令人遗憾的是，县分等作为我国古代地方行政制度建设的重要组成部分，多年以来，一直不为人们所重视。鉴于这种情况，笔者从县起源开始探讨县分等的历史状况及其规律，以图展现县分等的历史概貌。县分等始于秦，其时，秦依人口多少将县分为两个等级，万户以上为大县，万户以下为小县。两汉因袭秦制，东西汉又稍有不同，西汉"县万户以上为令秩千石~六百石，减万户为长，秩五百~三百石"（《百官表》），东汉"每县邑大者置令一人，千石，其次置长，四百石，小者置长，三百石。侯国之相秩次如之"（《续百官表》），比较之下，不难看出，东汉县令全为千石，没有六百石的，而西汉县令有千石、六百石之别，因此西汉县实有四级，东汉仅三级。三国两晋南北朝大体与汉制相同，分县为上中下三等，但也有个别朝代在三等之中又分为上中下三级的，如北齐，自上上县至下下县共分九个等级。隋初仍沿用三等九级制，后改为三级制，又将大兴、长安、河南、洛阳四县列为特等。唐代首先依据政治地理位置将县分为特殊县和普通县两类，特殊县又依其距京都远近分为赤畿两种，地处京都之县为赤县，京都附近之县为畿县，赤畿之外则称普通县，普通县以"户口多少资地美恶为差"（《通曲·职官十五》）分为望、紧、上、中、中下、下各等。宋循唐制，设赤、畿、望、紧、上、中、中下、下八等。辽代北为属国，南为州府，共有辖县 209 个，等级不详。金以"大兴、宛平为赤县……凡县二万五千户以上为次赤为剧，二万户以上为次剧，在京倚郭者曰京县，自京县而下以万户以上为上，三千户以上为中，不满三千户为下中"。元灭宋后，一反前制，元世祖至元三年（1266 年）以户口为标准分县为上中下三等。明朱元璋建国后，"吴元年定（县）为三等，赋十万石以下为上县，从六品，六万石以下为中县正七品，三万石以下为下县从七品"（《罪惟·卷二十七·职官制》），中叶，改分为繁简二等，以田粮三万石为界。清县是否分等，至今未有定论。许崇（著《中国政制概要》）等认为清代县以粮赋为标准分为一二三等，杨鸿年、欧阳鑫在《中国政制史》一书中则指出"（清）诸县繁要者则升为州，州之闲简者又降为县，既可升州降县以调剂繁简，当不必再有等级之分"。笔者曾查阅《清代通史》，其上记载："光绪二十三年编制官制，疏云：'……今拟仿汉唐分数级之制，分地方为三级，甲等曰府，乙等曰州，丙等曰县，每府州县各设六品至九品官分掌财赋、巡警……，"（《清代通史》（四）卷下）此疏既云"拟仿"，那么清代分等之说似乎缺乏依据，当以杨氏所论更为合乎史实。事实上，清代"州""县"之升降实质上相当于明朝县分繁简二等，只不过名称不同而已。中华人民共和国成立后取消了县分等制度。

三、适度规模的突破：信息化支撑下的社区跨界治理

从前面的分析我们可以看到，构建基层政区适度规模对于社区治理具

基层政区改革视角下的社区治理优化路径研究：以上海为例

有重要影响，然而适度规模无论是在学术上还是在实践中，都是一个相对范围，一个主观数据，对于社区而言，也是"大有大的管法、小有小的管法"，特别是在社区发展过程中，适度规模的阈值也是在动态调整中的，如何才能从治本的角度来突破适度规模的局限，一个重要的路径就是构建信息化支撑下的社区跨界服务①。

1. 强化跨界治理以适应规模的客观快速变动

由于城市经济社会发展的客观变动性和变动高频性，遵循规范统一行政原则的行政社区在适应这种变动上往往较为滞后，即使积累矛盾后做调整也有时偏离客观的最佳规模结构。因此，通过规模的不断调适来适应现实社区发展的需要只能缓解矛盾，如何在日常性和常态化的社会治理和公共服务中解决规模结构不断需要调适的问题，一个重要的路径就是参考借鉴美国地方政府在社区管理和服务中实行的"特别区"设置模式。

为打破按街镇配置公共资源可能出现的由于街镇规模过大过小或服务中心偏离造成的公共服务非均等化，特别是"行政区经济"运行中导致的行政边界管理和服务的"衰减"效应（相关的媒体报道已非常多，如2013年媒体曾报道在浦东和奉贤两区交界处发生一起由于跨界管理协调存在问题而导致的车祸救援事故，由于两个区都认为事发地点难以确定在本辖区内，导致120急救车未能及时赶到，造成一名伤者死亡），可以借鉴美国地方政府中大量存在的"特别区"形式，在提供某项单一的、专业化服务时，可以打破行政界线，按照服务自身属性所具有的规模效应来进行资源的配置。在无法一步到位建立"特别区"政府的情况下，可先行探索公共服务机构的"跨界服务"。

---

① 陶希东：《跨界治理：中国社会公共治理的战略选择》，《学术月刊》2011年第8期，第22—29页。

专栏 7-2

美国特别区模式

在美国，地方政府的范畴中除了县、市、镇之外，还有一种独特的类别，就是特别区（Special Districts），也称作特别区政府（Special District Governments）或特殊目的政府（Special Purpose Governments）。如果说美国的县、市、镇为其辖区内居民提供的是综合性服务，特别区则是具有特殊目的的地方政府，通常只为特定范围内的居民提供单一的、专业化的公共服务，或者是有限的几种服务品种的组合。特别区出现在极其多样化的政策领域中，从消防、污水处理，到公交、水电煤气、图书馆，都存在着特别区治理的局面。更为重要的是，在过去的半个多世纪中，特别区是美国数量增长最快的一类地方政府。从 1952 年到 2002 年，美国特别区的数量增长了大约 184%，2002 年达到了 35052 个；相比之下，美国县、市、镇的数量只增加了不到 5%。特别区数量上的持续和稳定增长反映了公众对它所提供的专门化服务的旺盛需求。特别区在美国过去半个世纪中的勃兴标志着一种重要的制度变迁。它反映了公众越来越依赖为数众多的地方政府提供各种单一的公共服务，而不是依靠单一的地方政府提供众多的公共服务。然而，作为美国最普遍的地方政府形态，人们对它却持有两种完全不同的态度，有人将其看作公共事务治理的典范，有人则视之为碎片化政府最糟糕的形式。

2. 强化信息技术运用，打造无空间规模约束的网上社区云平台

在线下还无法一步到位地施行按照特定管理和服务功能进行空间规模划分的特别区模式的情况下，通过网上社区的打造，实现社区事务办理"网上全市通办"、社区公共服务"网上全市预约"、社区共治和自治的"线上全市互联互通"等。

一是依托"社区云"，在现有全市社区事务受理系统建设基础上，继

续优化平台功能，在市级层面实现数据统一归集。推动搭建社区工作者移动端办公平台，开发全市统一的基层全岗通政策服务库。

二是做好网上政务大厅的对接，在实现"网上预约"的基础上，进一步探索服务事项"网上通办"，探索利用电子印章技术，推进社区事务"全市通办"。

三是依托"市民云"，建设各具特色、广泛参与的基层沟通平台，包括微信群、APP、朋友圈等，在更大范围推进基层沟通平台，增进邻里互助，引导和组织群众有序参与公共事务。

3. 推动社会组织的跨界发展和服务

社区治理要实现多元治理，社会力量参与社区治理是重要路径，而要让社会组织等社会力量更好发挥作用，重点是为社会组织发展提供一个良好的竞合环境，让一定的社会组织竞争氛围促使社会组织更加专业化和高效化。从现实发展来看，社会组织在发展和服务中由于受到政区边界的人为约束，使得其服务范围相对限定在其注册、培育和发展起来的政区范围内，而一定政区规模范围内同一领域的服务项目毕竟有限，难以"走出去"的社会组织只能在一个辖区内承接各类关联度并不高的政府购买服务，使得专业化发展受限，社会组织的服务竞争力也随之下降。例如，黄晓春（2015）的研究表明：社会组织跨区投标的命中率都很低，2009 年公益招投跨区域投标 127 个中标项目中，仅有 20 个属于跨区域中标，占到 15.7%，而且即使跨区域中标，在项目落地时当地政府也不配合。2009~2014 年，394 个社会组织中标 1088 个项目，其中有 95 个，近 1/4 的社会组织存在频繁跨领域中标的现象。因此，打破政区规模边界，推动形成跨区域的一体化的社会组织发展机制，是未来促进社会力量参与社区治理的重要路径。

四、层级结构的扁平化：平台化治理与适度性扁平

要实现层级结构的扁平化，重要的是打破以往在垂直行政系统中进行

权责配置的逻辑，将"简政放权、放管结合、优化服务"的改革放在政府与社会的关系逻辑中加以推进，并通过搭建治理的平台，让多元主体在平台上整合资源、优势互补，通过平台发挥市场机制、充分调动社会力量，在有效提升共治和自治能力中切实化解政府治理压力，这也是实质意义上减轻政府在"管不了、管不好，也不该管的"事务上的压力，从而能实现层级的真正扁平化，而不是形式上扁平改革后又出现"体制复归"问题的重要路径。

1.把握不同层级的自治特点，切实推动各社区自治

推动社区自治必须依托不同层级的平台来开展，从理论上而言，越接近老百姓的层级，由于规模小、人群熟，越有利于开展自治，如居委会中的各个楼组、村委会中的村民小组等。当然，层级太低，能量有效，资源也会有限，在一定程度上也会不利于开展涉及人群较多、公共事务较为复杂的自治内容。因此，从自治议题和事务的不同特点出发，在不同的层级进行居民自治活动的开展，将更有利于推动社区自治，从而减少政府管理的压力，为未来的体制性层级压缩提供坚实基础。刘建军、马彦银（2015）通过对楼组、自治家园、业委会、居委会等不同层级平台的居民自治进行研究，发现以多中心治理理论为视角，基于对城市基层治理的经验总结以及基层治理的主体递进逻辑和物权逻辑，构建中国城市基层治理的"层级自治模式"，是唤醒基层治理中的行动者，实现行动者的回归，推动城市基层治理善治的重要路径。因此，在居委会、小街区、基本管理单元、乡镇等不同层面，在科学把握不同自治议题基础上，在开展不同形式和内容的自治项目中，能够取得很好的居民自治效果。

2.科学设计不同层级间的权责利关系，减少内耗

要实现社区治理的扁平化，科学合理设计不同层级之间的权责利关系，是充分发挥各层级治理主体的积极性和主动性，提升层级治理绩效的关键，唯有提高治理系统的绩效，才能为压缩治理层级提供足够的空间。从毛泽东同志在《论十大关系》中对"中央与地方关系"进行系统论述以来，中国就开始在行政系统的各层级之间不断探索最优的权责结构。避免

"一放就活、一活就乱、一乱就收、一收就死"的"放乱收死"循环一直是探索层级权责关系的重要原则。然而，在现实中，这一均衡点往往难以把握。在社区治理中，同样面临如何设计形成不同治理层级之间的权责利关系，"权随责走、人随事走、费随事转、事费配套"也是社区治理层级关系的基本准则，而要做到这一点，必须有强有力的外部制度约束，这种约束一方面来自于正式的制度，包括各治理层级的权责清单等，另一方面也需要外部群众的监督。此外，从各层级职责出发，在具体事务的承担中，树立"养事不养人"的观念，也是减少层级之间权责模糊的重要方式。

3. 层际合作是未来社区治理中形成合力的重要趋势

在行政管理体制中，"府际合作"成为近年来调整政府间关系的重要方式。府际合作通常是指一个国家内各层次（级）政府之间以相互需要为基础而展开的各种形式的合作，包括中央（联邦）政府与地方（成员单位）政府之间的合作、地方政府之间的合作，以及政府部门之间或经由授权履行政府职责的其他公共组织之间的合作。在"官大一级压死人"的官僚科层制中尚且能开展政府层级间合作，对于体现多元治理的社区治理更应推动层际合作。在实施上，首先是要破除治理主体中存在的等级制观念，其次是通过项目制的方式来打通各层级之间的等级关系，再次是在考核中每个层级都有其相应的话语权，最后就是让居民的满意度作为评价治理主体绩效的重要依据。

4. 大社区空间构建适度扁平的基层政区层级体制

随着大型区域和大型居住区的不断出现，绝对的扁平化与大社区管理效率从理论上而言是一对矛盾体。在假定管理技术不变、体制环境不变、事物总量不变的前提下，市辖区面积变大，基层管理单元自然增加，如果管理层级保持不变，则意味着管理的幅度大为增加，这对于区级机构而言，将出现管理的边际效率递减，可能扰乱正常的行政管理秩序，甚至出现"疲于应付"、严重影响开发开放效率的情况。当然，如果不实行扁平化，在基层管理单元大量增加的同时，也相应增加行政层级，则又有可能出现行政链条过长导致的"机构臃肿""政令梗阻""官僚作风"等问题。

因此，面对这些难题，试图实现大区域绝对扁平化的设想在现实中难以绝对实现。例如，面积超过1200平方公里和常住人口接近600万的浦东新区，在推动超大型辖区管理上，就曾在区与街镇之间设立过城工委、农工委、六大功能区域等以缓解管理幅度过宽导致的管理问题；天津滨海新区、重庆两江新区等区域也由于大区域管理的固有难题，在传统的市辖区——街镇的层级体制中或虚或实地增设相应的机构；滨海新区的城区管理委员会（塘沽、汉沽、大港）、两江新区管委会保留的三个行政区、深圳市在拟取消市辖区建制上也由于种种原因（至少有管理幅度的因素）未能成行等。当然，并不是说存在层级幅度这一固有难题，就无法实现大区域的扁平化管理。扁平化作为行政层级体制改革的大趋势，在目前改革难以一步到位的情况下，应在改革路径上采取分步走的方式，首先通过基层政区的改革，从技术角度构建形式上的扁平框架；其次"跳出政区看政区"，不断在上述所及的政区内外部环境上下功夫，为政区的实质性扁平化提供基础，包括充分发展电子政务、加快政府职能转变、促进社会多元治理、提升公务员行政效率等。通过技术上的基层政区调整与内容上的内外部环境改革的双向推动，实现大区域管理的形式扁平化向实质扁平化的转变，并最终为特大区域市辖区的建设发展提供坚实的体制保障。

第八章 结论和讨论

通过对已有研究的综述、上海社区治理中基层政区改革的实践及探索，本书主要的结论有以下五点：

一是在国家提出将治理体系和治理能力现代化作为全面深化改革的总目标背景下，社区也面临从管理到治理的深刻转变，社区作为国家管理和社会发展的基础，其贴近居民的特点决定了社区治理更能体现多元主体、过程互动、协商合作、回应反馈等"治理"的理念。然而，要研究社区治理的路径，特别是为实践服务的研究，仍需要充分把握以行政逻辑主导的基层政区改革这一维度。当然，随着社区治理走向社会化、民主化、法治化后，基层政区只是一个更为客观的现实技术工具，其行政力量逐渐淡化，自然对社区治理的影响也逐渐淡化甚至退出，而我们之所以要研究目前乃至一段时间内基层行政区对社区治理的影响，就是要找出其中内含的阶段性积极因素以及内在的消极因素，在当前发挥"正能量"的同时，逐渐找到基层政区行政力量退出的路径，并为最终实现社区治理的"去行政化"奠定基础。所以，作为具有中国特色的行政区划制度，在基层治理中，其重要影响是阶段性、过渡性、技术性，研究这一制度在基层治理中的目标是找到其"退出"的路径和方式。

二是从基层政区改革来观察、分析和推进社区治理，可以从基层政区的三个核心要素入手，即基层政区建制、基层政区规模、基层政区层级，这三者在影响和作用于社区治理中，则又分别对应于社区治理的事务类型、主要内容，社区治理的空间基础、范围大小，社区治理的体系结构、层级关系，并且这些对应关系在社区治理绩效上又体现为更为精准、更为精细、更为高效、更为持续。这三个方面也是对应国家结构形式中的行政建制（地域性政治实体的规范表述，是国家组成的结构单元，包括省、直辖市、自治区、特别行政区，市、县、市辖区、乡、镇等）、行政单位（治理这一地域性政治实体的政权机关组成的整体，包括其行政等级等第、机关驻地、上下隶属关系）和行政区域（构成地域性政治实体的地域面积和人口规模，包括面积大小、边界形态、飞地等）。政区制度三要素的结构关系及其相互作用机制在基层的体现也就是基层政区的三要素结构体系。因此，基层政区制度框架既是整体行政区划制度的重要组成部分，具有行政区划的共性规律，同时也是基层治理特殊性的反映，即更多受到经济社会的直接影响。

三是中国的社区治理，虽然需要更多的共治和自治，但在推进过程中，行政方式仍是一个提高治理有效性的关键因素，要淡化社区治理中的行政性，必须找到行政力量介入社区治理的方式、路径、手段和内在逻辑，从我们的分析来看，基层政区作为社区治理推进中行政资源注入的框架性制度安排，要改变社区治理中"行政有效、治理无效"的尴尬局面，则需要"对症下药"，从基层政区的调整和改革入手，在"强政府、强社会"的基础上来推进社区治理中政府力量的退出和社会力量的进入，继而实现社区治理的本质属性，也最终走向社区善治的终极发展之路。从这个意义上而言，基层政区改革视角下研究社区治理的终极目标是终结基层政区改革视角下的社区治理研究。

四是基于以上研究的终极目标，本书在研究的落脚点上会聚焦到"路径"二字，即在每个问题的逻辑探讨、实证分析、问题剖析基础上，都直接或间接，详细或概要地提出解决问题，或者着眼未来更好发展，社区治理需要采取哪些对策思路和具体举措。因为，研究目的必须关照到现实，只有从建设性的角度来研究并指出方向、思路和对策，才是更为负责任的研究。当然，社区治理研究本身具有的显学性、前沿性和现实性、实践性也决定了对于社区治理的研究需要最终给出一定的解决之道。当然，这也与笔者长期在政府决策部门工作，在一定程度上养成了"乐于策论"的思维习惯有关联。

五是在具体的对策研究方面，笔者一直秉承着两条主线，即"德先生"和"赛先生"。无论是对于社区还是对于社会或是国家，城镇化、国际化、利益多元化、需求个性化等都是必然趋势，而这些趋势使得"总体性社会"必然面临诸多挑战，要化解这些挑战，仍从行政逻辑入手，通过加大投入、高度重视、集中整治、一刀切等方式只能起到"事倍功半"的效果，而与此同时，让利益相关者们一起参与、共同协商、互动合作的治理逻辑则在不断提升其边际效应，因此，尤其在社区治理中请出"德先生"是未来必然的趋势重点。另外一个"赛先生"，则是当前科技创新飞速发展、技术革命日新月异背景下，破解社区治理中精细化、精准化、多样化、柔性化、个性化等要求所导致的高成本、高投入问题的一个必然对冲方式。一方面，互联网、移动支付、人工智能等技术已深入渗透到老百姓工作生活的方方面面，掌握这些工作生活方式的深刻变化，对于了解社区治理的客体需求具有重要意义；另一方面，更为重要的是人工智能、大数据、云计算、机器学习等技术为我们更便捷、更快速地找到社区治理中的核心问题和共性规律提供了更好的条件。由于具有相对客观的大数据定量分析结论，所以可以在协调多元利益冲突、预警预防社区安全、提升服务设施效能等方面达到更好的效果。

从未来仍将需要讨论的重点来看，一个问题是，为更好地推进社区治理，各地纷纷采取了"重心下移、资源下沉、权力下放"的路径，通过基层政区的调整和改革确实可以更好地实现权力和资源的优化配置，以更好地发挥这些资源效率，然而，由于基层政区改革仍是一种行政逻辑的改革，尽管它的目的是为居民提供更便捷、可及、多样的公共服务，为社区提供更高效、更有力、更快速的公共治理，然而行政逻辑下的改革必然对基层权力结构形成挑战，与被"扰乱"甚至"重塑"的基层权力结构可能产生冲突，在内耗中消耗掉本来下沉的资源和力量。笔者在浦东新区 HT镇 XS 社区调研中了解到，由于 XS 社区是全市首批基本管理单元，为更好地统筹社区发展，按照惯例，其社区党委书记配置为副处级公务员，而这一设置使得原镇政府主管社区的副镇长和社区办主任在 XS 社区的管理中必然存在重新划定权责关系的问题，对于新上任的 XS 社区党委书记，如不能与镇政府主管社区的副镇长和社区办主任良好沟通和协调，新设的 XS 社区发展必然受到影响。在实践中，原镇政府主管社区的副镇长被提拔为镇党委副书记，而主管社区的副镇长则由一位外镇的年轻女镇长担任，社区办主任也为一位新上任的新人，通过这种人事腾挪，镇政府也确立了 XS 社区党委书记在 XS 社区的"绝对权威"，可以使其"心无旁骛"地开展工作，对于其更好对这一被"耽搁已久"的以往繁华现有衰落的社区进行治理提供了权力结构基础。但是，从未来发展来看，这可能只是暂时性格局，因为从传统体制惯例来看，镇政府作为一级政府，其对于下设社区应有很强的行政管理权，尽管其职级也是副处级，但科层制决定了其对于下辖社区的指令权。因此，如在未来的工作中，主管社区的副镇长和社区办主任仍与社区之间不能协调合作，将使得下沉社区的诸多管理和服务资源难以发挥更大的功效，百姓的获得感也将由此打折。

仅仅对上海这座超大型城市进行分析和研究，可能还难以找出更为普遍的规律。未来需要对更多类似城市进行实证比较研究，一方面，在比较中更为深刻地认识上海的社区治理，另一方面，可以得出更为普适的结论。此外，在中国古代"皇权不下县"的基层治理中，对于社区治理有不少很好的区划设置方式，下一步需要阅读更多基层政区的历史资料，并从中找到推进改革创新的灵感和具体措施。国外在基层政区上除了本书中涉及的美国基层功能区、澳大利亚"农业市"以及诸多全球城市基层社区的规模层级特点外，也有一些经验值得借鉴，下一步可集中对海外社区治理中的基层区划做系统分析。

参考文献

曹建光:《社区"虚拟"公共服务平台创新研究——"福州模式"现状、不足及再造》,《理论导刊》2011 年第 12 期,第 32-34 页。

陈炳辉、王菁:《"社区再造"的原则与战略——新公共管理下的城市社区治理模式》,《行政论坛》2010 年第 3 期,第 8-15 页。

陈光:《社区治理规范中软法的形式及定位》,《广西社会科学》2013 年第 9 期,第 94-99 页。

陈家喜:《反思中国城市社区治理结构——基于合作治理理论的视角》,《武汉大学学报》2015 年第 1 期,第 71-76 页。

陈捷、卢春龙:《共通性社会资本与特定性社会资本——社会资本与中国的城市基础治理》,《社会学研究》2009 年第 6 期,第 87-105 页。

陈朋、洪波:《社区治理中协商民主的应用价值及开发路径》,《中州学刊》2013 年第 6 期,第 14-17 页。

陈剩勇、徐珣:《参与式治理:社会管理创新的一种可行性路径——基于杭州社区管理与服务创新经验的研究》,《浙江社会科学》2013 年第 2 期,第 62-73 页。

陈伟东、舒小虎:《城市社区服务的复合模式——苏州工业园区邻里中心模式的经验研究》,《河南大学学报》2014 年第 1 期,第 55-61 页。

陈伟东、张大维:《社区公共服务设施分类及其配置:城乡比较》,《华中师范大学学报》2008 年第 1 期,第 19-26 页。

陈霞:《对新时期街道办事处职能重新定位的思考》,《现代商业》2012 年第 5 期,第 26-27 页。

陈亚辉：《利益相关者合作：农民工参与社区治理的路径选择——对广东省中山市村（居）特别委员会的考察》，《社会主义研究》2015 年第 3 期，第 101–110 页。

陈燕、郭彩琴：《社区治理研究述评》，《重庆社会科学》2016 年第 3 期。

陈易：《转型期中国城市更新的空间治理研究：机制与模式》，南京大学博士学位论文，2016 年。

陈宇：《论多元矛盾纠纷化解机制在社区的建构——以杭州的实践为例》，《中共浙江省委党校学报》2010 年第 1 期，第 119–125 页。

称荣卓、颜慧娟：《民生法治视域下农村社区矛盾纠纷治理之道》，《华中农业大学学报》2016 年第 1 期，第 8–14 页。

程艳：《创新村域治理的探索与启示：以上海市金山区东方村党总支"民主管村"为例》，《上海党史与党建》2016 年第 2 期，第 52–54 页。

程玉申：《中国城市社区发展研究》，华东师范大学出版社 2002 年版。

[美] 戴维·奥斯本、特德·盖布勒：《改革政府——企业家精神如何改革着公营部门》，上海译文出版社 1996 年版，第 6 页。

党国英：《中国乡村自治：现状、问题与趋势》，《江苏社会科学》2004 年第 4 期，第 1–4 页。

董娟：《存与废：我国街道办事处改革之争——行政派出模式的一种审视》，《西北工业大学学报》(社会科学版) 2012 年第 3 期，第 9–13 页。

杜学峰：《上海探索村民自治的有效实现形式》，《党政论坛》2014 年第 12 期，第 25–28 页。

方志权：《深化上海农业农村改革的实践与思考》，《上海农村经济》2014 年第 12 期。

[德] 斐迪南·滕尼斯：《共同体与社会》，林荣远译，商务印书馆 1999 年版，第 54–59 页。

付诚、王一：《公民参与社区治理的现实困境及对策》，《社会科学战线》2014 年第 11 期，第 207–214 页。

付诚、王一：《新公共管理视角下的社区社会管理创新研究》，《社会科学战线》2011 年第 11 期，第 161–166 页。

高鉴国：《社区公共服务的性质与供给——兼以 JN 市的社区服务中心为
    例》，《东南学术》2006 年第 6 期，第 41–50 页。

郜凯英：《PPP 模式应用于中国社区居家养老服务研究》，《现代管理科学》
    2015 年第 9 期，第 82–84 页。

顾海英：《上海统筹城乡发展若干重大问题研究》，《科学发展》2015 年第 8
    期，第 83–93 页。

韩央迪：《英美社区服务的发展模式及对我国的启示》，《理论与改革》2010
    年第 3 期，第 24–29 页。

何雪松：《社会理论的空间转向》，《社会》2006 年第 26 卷第 2 期，第 34–
    48 页。

贺曲夫：《我国县辖政区的发展与改革研究》，华东师范大学博士学位论文，
    2007 年。

黄桂婷、李春成：《合作治理主体间互动机制研究——以宁波市力帮社区为
    例》，《中共杭州市委党校学报》2014 年第 1 期，第 33–39 页。

黄家亮：《论社区服务中国家、市场与社会的互构——以北京市 96156 社区
    服务模式为例》，《北京社会科学》2012 年第 3 期，第 41–46 页。

黄蕾、李映辉、李海波：《社区物业管理中利益冲突的演变与启示》，《城市
    问题》2015 年第 10 期，第 81–87 页。

黄树贤：《加强和完善社区治理　夯实国家治理现代化基础》，《求是》2017
    年第 13 期。

黄晓春：《当代中国社会组织的制度环境与发展》，《中国社会科学》2015 年
    第 9 期，第 146–164 页。

霍连明：《多元管理：我国社区管理模式的必然选择》，《河南师范大学学报》
    2010 年第 2 期，第 136–138 页。

江立华：《中国城市社区福利》，社会科学文献出版社 2008 年版。

姜晓萍、衡霞：《社区治理中的公民参与》，《湖南社会科学》2007 年第 1
    期，第 24–28 页。

蒋慧、吴新星：《"过渡型社区"治理问题的政治社会学解析——基于社会资本的视角》，《大连理工大学学报》2012 年第 1 期，第 101–105 页。

揭明、唐先锋：《物业管理若干法律问题研究》，《政治与法律》2007 年第 1 期，第 166–171 页。

康晓强：《有效发挥社会组织在化解社会矛盾方面的积极作用》，《教学与研究》2014 年第 2 期，第 24–30 页。

孔娜娜：《社区公共服务碎片化的整体性治理》，《华中师范大学学报》2014 年第 5 期，第 29–35 页。

李长健、朱汉明、胡纯：《关于不同类型农村社区治理模式的思考》，《山东商业职业技术学院学报》2009 年第 5 期，第 82–87 页。

李丹舟：《"文化转向"：都市空间治理的斡旋逻辑与民间路径——基于台北市宝藏岩历史聚落的对岸视角》，《上海城市管理》2015 年第 3 期。

李德、于洪生：《城市社区无缝隙治理：特征、条件与实践路径——以上海市徐汇区长桥街道为例》，《探索》2016 年第 1 期，第 134–139 页。

李慧凤：《社区治理与社会管理体制创新》，浙江大学博士学位论文，2011 年，第 1–10 页。

李洁瑾、黄荣贵、冯艾：《城市社区异质性与邻里社会资本研究》，《复旦学报》2007 年第 5 期，第 67–73 页。

李宽、熊万胜：《农村集体资产产权改革何以稳妥进行：以上海松江农村集体资产产权改革为例》，《南京农业大学学报（社会科学版）》2015 年第 3 期，第 8–16 页。

李友梅：《对上海新一轮基层社会治理改革的思考》，《中国机构改革与管理》2015 年第 8 期，第 28–29 页。

李增元、宋江帆：《"企业推动型"农村社区治理模式：缘起、现状及转向》，《甘肃行政学院学报》2013 年第 2 期，第 12–21 页。

刘春荣：《国家介入与邻里社会资本的生成》，《社会学研究》2007 年第 2 期，第 60–80 页。

刘建军、马彦银：《层级自治：行动者的缺席与回归——多中心治理视野下的城市基层治理研究》,《杭州师范大学学报》(社会科学版) 2015 年第 37 期,第 86-93 页。

刘君德、靳润成、周克瑜:《中国政区地理》,科学出版社 1999 年版。

刘君德、张玉枝:《上海浦东新区行政区——社区体系及其发展研究》,《城乡建设》1995 年第 9、10 期。

刘君德等:《中国大城市基层行政社区组织重构》,东南大学出版社 2013 年版。

刘君德等:《中国社区地理》,科学出版社 2004 年版。

卢爱国:《农村社区体制改革模式:比较与进路》,《理论与改革》2009 年第 5 期,第 39-43 页。

卢学晖:《中国城市社区自治:政府主导的基层社会整合模式——基于国家自主性理论的视角》,《社会主义研究》2015 年第 3 期,第 74-82 页。

吕耀怀、王欢芳:《市场机制在我国社区管理中的运用》,《深圳大学学报》2009 年第 5 期,第 83-87 页。

马中全:《中国社区治理研究:近期回顾与评析》,《新疆师范大学学报》(哲学社会科学版) 2017 年第 3 期。

毛军权:《业主委员会:社区治理中的制度共识、自治困境与行动策略》,《兰州学刊》2011 年第 5 期,第 13-18 页。

孟超:《从"基层组织主导"到"社会组织参与"——中国城市社区建设模式的一种可能转变》,《学习与探索》2014 年第 12 期,第 31-36 页。

潘泽泉:《社区:改造和重构社会的想象和剧场——对中国社区建设理论与实践的反思》,《天津社会科学》2007 年第 4 期,第 71-76 页。

彭勃:《国家权力与城市空间:当代中国城市基层社会治理变革》,《社会科学》2006 年第 9 期,第 75-82 页。

彭宗峰:《社区治理视域中服务型政府建构——个多维的视角》,《公共管理与政策评论》2015 年第 4 期,第 40-47 页。

乔恩·皮埃尔、陈文、史滢滢:《城市政体理论、城市治理理论和比较城市政治》,《国外理论动态》2015 年版。

全球治理委员会:《我们的全球伙伴关系》(Our Global Neighborhood),牛津大学出版社 1995 年版。

饶常林等：《我国城市街道办事处管理体制变迁与制度完善》，《中国行政管理》2011 年第 2 期，第 56-58 页。

任晓春：《论当代中国社区治理的主体间关系》，《中州学刊》2012 年第 2 期，第 6-9 页。

任志安：《农村社区治理模式探析——以绍兴农村"两种"模式为例》，《黑龙江社会科学》2007 年第 6 期，第 134-137 页。

［美］桑德斯：《社区论》，徐震译，台北黎明文化事业股份有限公司 1982 年版。

上海市民政局：《上海行政区划简册》（2011 年、2015 年、2016 年、2017 年）。

上海市民政局：《加强基层建设夯实社会治理基础的上海探索》，《中国民政》2015 年第 22 期。

佘湘：《城市社区治理中的集体行动困境及其解决——基于理性选择制度主义的视角》，《湖南师范大学学报》2014 年第 5 期，第 32-38 页。

沈雅林：《闵行区村级集体资产经营管理工作的实践与思考》，《上海农村经济》2015 年第 6 期，第 34-36 页。

沈延生：《村政的兴衰与重建》，《战略与管理》1998 年第 6 期、1999 年第 1 期。

沈延生：《中国乡治的回顾与展望》，《战略与管理》2003 年第 1 期，第 52-66 页。

沈志先：《同步推进"街村居"立法调研，推动社会管理向社会治理转变》，《上海人大》2016 年第 2 期，第 49-50 页。

石发勇：《社会资本的属性及其在集体行动中的运作逻辑——以一个维权运动个案为例》，《学海》2008 年第 3 期，第 96-103 页。

史柏年：《治理：社区建设的新视野》，《社会工作》（学术版）2006 年第 7 期，第 4-10 页。

苏硕斌：《福柯的空间化思维》，《台湾大学社会学刊》2000 年第 28 期。

孙学玉、凌宁：《城市基层行政管理体制的重理与重塑——南京市白下区街道办事处改革的分析》，《南京市行政学院学报》2003 年第 8 期，第 19-23 页。

唐有财、胡兵：《社区治理中的公众参与：国家认同与社区认同的双重驱动》，《云南师范大学学报》2016 年第 2 期，第 63-69 页。

陶希东：《跨界治理：中国社会公共治理的战略选择》，《学术月刊》2011 年第 8 期，第 22-29 页。

田毅鹏、董家臣：《找回社区服务的"社会性"》，《探索与争鸣》2015 年第 11 期，第 70-74 页。

万月月：《城市社区治理模式研究综述》，《法制与社会》2013 年第 35 期。

王汉生、吴莹：《基层社会中"看得见"与"看不见"的国家——发生在一个商品房小区中的几个"故事"》，《社会学研究》2011 年第 1 期，第 63-96 页。

王鲁沛等：《撤销街道办事处　强化社区自治职能——南京市白下区街道管理体制改革的调查》，《唯实》2003 年第 2 期，第 71-73 页。

王名：《加强顶层设计，尽快启动社会组织立法程序》，《经济界》2015 年第 3 期，第 18-19 页。

王庆明：《城市治理转型与基层权力重组——以沈阳街道办改革为例》，《人文杂志》2015 年第 8 期，第 100-106 页。

王兴中：《社会地理学社会—文化转型的内涵与研究前沿方法》，《人文地理》，2004 年第 19 期。

王艺璇、秦前红、王宇波：《我国新型农村社区地位及法治化路径研究》，《学习与实践》2015 年第 3 期，第 27-33 页。

王英：《西北农村社区服务是以居民的需求为本吗？——基于西北 18 个农村社区的个案调查》，《兰州大学学报》2016 年第 1 期，第 119-127 页。

王永益：《社区公共精神与社区和谐善治：基于社会资本的视角》，《学海》2013 年第 4 期，第 101-106 页。

魏娜：《城市社区治理的网络参与机制研究》，《教学与研究》2011 年第 6

期，第 31–36 页。

魏娜：《我国城市社区治理模式：发展演变与制度创新》，《中国人民大学学报》2003 年第 1 期，第 135–140 页。

温铁军：《半个世纪的农村制度变迁》，《战略与管理》1999 年第 6 期，第 76–80 页。

温铁军：《应该推行村镇自治》，《21 世纪经济报道》2001 年 8 月 9 日。

吴理财：《乡政新论》，《开放时代》2002 年第 5 期。

吴素雄、陈字、吴艳：《社区社会组织提供公共服务的治理逻辑与结构》，《中国行政管理》2015 年第 2 期，第 49–53 页。

吴晓林：《中国城市社区建设研究述评（2000~2010 年）——以 CSSCI 检索论文为主要研究对象》，《公共管理学报》2012 年第 1 期。

吴志华、翟桂萍、汪丹：《大都市社区治理研究》，复旦大学出版社 2008 年版。

夏晓丽：《城市社区治理中的公民参与问题研究》，山东大学博士学位论文，2011 年，第 113、155 页。

项继权：《论我国农业县市财政困境的原因与对策》，《华中师范大学学报》（哲学社会科学版）1995 年第 6 期，第 50–54 页。

项继权：《县乡管理体制改革的前提和关键是什么》，《学习月刊》2004 年第 3 期，第 12–14 页。

肖林：《"'社区'研究"与"社区研究"——近年来我国城市社区研究述评》，《社会学研究》2011 年第 4 期。

徐道稳：《社会基础、制度环境和行政化陷阱——对深圳市社区治理体制的考察》，《人文杂志》2014 年第 12 期，第 117–124 页。

徐勇：《精乡扩镇、乡派镇治：乡级治理体制的结构性改革》，《江西社会科学》2004 年第 1 期，第 24–29 页。

徐勇：《县政、乡派、村治：乡村治理的结构性转换》，《江苏社会科学》2002 年第 2 期，第 27–30 页。

徐勇：《乡村治理结构改革的走向——强村、精乡、简县》，《战略与管理》

2003 年第 4 期，第 90-97 页。

徐增阳、黄辉祥：《财政压力与行政变迁——农村税费改革背景下的乡镇政府改革》，《农村经济》2002 年第 9 期，第 19-25 页。

闫臻：《嵌入社会资本的乡村社会治理运转：以陕南乡村社区为例》，《南京农业大学学报》2015 年第 4 期，第 26-34 页。

严明明：《社区公共服务的内容和方式：中美比较的视角》，《开发研究》2011 年第 4 期，第 38-41 页。

阎桂芳：《宪法视野中村民自治制度的立法完善》，《北京理工大学学报》2007 年第 5 期，第 14-18 页。

杨逢银：《需求导向型农村社区服务网络化供给模式——基于浙江舟山"网格化管理、组团式服务"的分析》，《浙江学刊》2014 年第 1 期，第 209-216 页。

杨敏：《作为国家治理单元的社区——对城市社区建设运动过程中居民社区参与和社区认知的个案研究》，《社会学研究》2007 年第 4 期，第 137-155 页。

杨团：《社区公共服务论析》，华夏出版社 2002 年版，第 106-109 页。

杨团：《社区公共服务设施托管的新模式——以罗山市民会馆为例》，《社会学研究》2001 年第 3 期，第 77-86 页。

杨雪冬：《基层再造中的治理空间重构》，《探索与争鸣》2011 年第 7 期，第 21-23 页。

姚华、王亚南：《社区自治：自主性空间的缺失与居民参与的困境——以上海市 J 居委会"议行分设"的实践过程为个案》，《社会科学战线》2010 年第 8 期，第 187-193 页。

于建嵘：《乡镇自治：根据和路径》，《战略与管理》2002 年第 6 期，第 117-120 页。

俞可平：《治理与善治》，社会科学文献出版社 2000 年版。

俞可平：《中国公民社会的兴起与治理的变迁》，社会科学文献出版社 2002 年版。

曾军：《村委会准政权化设想初探》，《社会主义研究》1997 年第 5 期，第 58-59 页。

曾宇青：《社区治理的三种模式——以深圳为研究文本》，《理论前沿》2007 年第 17 期，第 35-37 页。

[美] 詹姆斯·罗西瑙：《没有政府的治理》，人民出版社 2001 年版。

张兵等：《"城市开发边界" 政策与国家的空间治理》，《城市规划学刊》，2014 年第 3 期，第 20-27 页。

张红、张再生：《基于计划行为理论的居民参与社区治理行为影响因素分析——以天津市为例》，《天津大学学报》2015 年第 6 期，第 523-528 页。

张京祥：《空间治理：中国城乡规划转型的政治经济学》，《城市规划》2014 年第 38 卷第 11 期，第 9-15 页。

张俊芳：《中国城市社区的组织与管理》，东南大学出版社 2004 年版。

张康之：《公共行政的行动主义》，江苏人民出版社 2014 年版，第 187 页。

张平、隋永强：《一元多核：元治理视域下的中国城市社区治理主体结构》，《江苏行政学院学报》2015 年第 5 期，第 49-55 页。

张曙光：《论制度均衡和制度变革》，《经济研究》1992 年第 6 期。

张翔：《"内向型协商"：对基层政府行政协商的一种阐释——以 T 社区的 "民意表达工作室" 为例》，《新视野》2015 年第 6 期，第 22-29 页。

张秀兰、徐晓新：《社区：微观组织建设与社会管理——后单位制时代的社会政策视角》，《清华大学学报》2012 年第 1 期，第 30-39 页。

张振、杨建科、张记国：《业主委员会培育与社区多中心治理模式建构》，《中州学刊》2015 年第 9 期，第 78-82 页。

赵秀梅：《基层治理中的国家—社会关系——对一个参与社区公共服务的 NGO 的考察》，《开放时代》2008 年第 4 期，第 87-103 页。

郑杭生、黄家亮：《当前我国社会管理和社区治理的新趋势》，《甘肃社会科学》2012 年第 2 期，第 1-8 页。

郑建君：《公共参与：社区治理与社会自治的制度化——基于深圳市南山区 "一核多元" 社区治理实践的分析》，《学习与实践》2015 年第 3 期，第

69—73 页。

周建明：《论新形势下农村建设中组织起来的重要意义》，《马克思主义研究》2013 年第 3 期，第 60—66 页。

周平：《街道办事处的定位：城市社区政治的一个根本问题》,《政治学研究》2001 年第 11 期，第 42—45 页。

周少青：《论城市社区治理法律框架的法域定位》，《法学家》2008 年第 5 期，第 26—33 页。

朱国伟：《空间治理成为城镇化新课题》，《中国社会科学报》2013 年 11 月 15 日。

朱健刚：《城市街区的权力变迁：强国家与强社会模式——对一个街区权力结构的分析》，《战略与管理》1997 年第 4 期，第 42—53 页。

朱健刚：《论基层治理中政社分离的趋势、挑战与方向》，《中国行政管理》2010 年第 4 期，第 39—42 页。

朱仁显、邬文英：《从网格管理到合作共治——转型期我国社区治理模式路径演进分析》，《厦门大学学报》2014 年第 1 期，第 102—109 页。

朱旭辉：《珠江三角洲村镇混杂区空间治理的政策思考》，《城市规划学刊》2015 年第 2 期。

朱国伟：《空间治理成为城镇化新课题》，《中国社会科学报》2013 年 11 月 15 日。

Crang，Mike and Thrift，Nigel，*Thinking Space*，London：Routledge，2000.

Molotch，Harvey，"The City as a Growth Machine：Toward a Political Economy of Place"，*American Journal of Sociology*，1976，Vol.82，No.3，pp.309—332.

Healey P，"Building Institutional Capacity through Collaborative Approaches to Urban Planning"，*Environment and Planning A*，No.3，1998，pp.1531—1546.

J. S. Duncan，N. C. Johnson and R. H. Schein，*A Companion to Cultural Geography*，New Jersey：Wiley-Blackwell，2004.

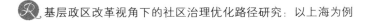

Paul Davidoff, "Advocacy and Pluralism in Planning", Journal of the American Institute of Planning, 1965.

Robert D. Putnam, *Bowling Alone*: *The Collapse and Re-vival of American Community*, New York: Simon and Schuster, 2000, pp.1-3.

索　引

X

后　记

　　有哲人说，人生无论如何不顺甚至倒霉，过个十年老天总会给人一次改变命运的机会。二十年前通过高考，我幸运地来到了上海求学，这是我人生中第一次重要转折；在华师大十年多的苦读给了我又一次深刻的人生历练，幸运的我在博士毕业后进入政府智库工作，这一个十年我成家买房，有酸甜苦辣，也有喜怒哀乐；这期间，我在工作上也遭遇了瓶颈，辗转多家单位后，幸运之神再次降临，在博士后指导老师彭勃教授的悉心指导下我完成了我的博士后出站报告并进入了上海交通大学中国城市治理研究院工作。在我开启下一个十年的征程中，博士后出站报告的即将出版无疑是这一新征程中的一个重要时刻，而这一时刻，涌上心头的是无尽的感恩！

　　如果说我的博士指导老师刘君德先生是我上一个十年转折期最大的恩人，那么最近这十年转折关口，最需要感谢的是我的博士后指导老师彭勃老师，彭老师在学术上的举重若轻、在生活中的和蔼可亲，特别是他在指导学生、提携后辈上的无私帮助且全力以赴，都令我深深敬佩和感动！唯有以更大的努力和更多的成绩才能回报这两位恩师的恩情！

　　感谢在我开启新的十年征程时遇到了沉稳、智慧、总给我如父般感觉的陈高宏老师，感谢儒雅、严谨、总给我学术启发的吴建南老师，感谢卓越、真诚、学术造诣深厚的樊博老师，感谢专家型领导、学者型官员的陈群民研究员，再次感谢以上老师在我博士后出站报告答辩会上的宝贵意见和建议。

　　还要感谢上海交通大学国际与公共事务学院和中国城市治理研究院的

各位领导和老师的帮助和支持。感谢负责博士后文库出版的宋娜老师，为了出版事宜她多有费心！

虽然博士后期间还需兼顾工作，但与同窗们的交流、辩论、联络让我们结下了深厚的友谊，与同门一起研讨、欢笑的情景还历历在目，与博士后同学们的交流还声声在耳。我相信这友谊会地久天长！

最后感谢妻子李美姬在我艰难转型之时的全力支持，感谢父母的养育之恩和无私的爱！

感谢博士后时光，这是一段难忘的旅程，更是一个崭新的开始，唯有用努力来回报以上所有的爱！

专家推荐表

第八批《中国社会科学博士后文库》专家推荐表 1

　　《中国社会科学博士后文库》由中国社会科学院与全国博士后管理委员会共同设立，旨在集中推出选题立意高、成果质量高、真正反映当前我国哲学社会科学领域博士后研究最高学术水准的创新成果，充分发挥哲学社会科学优秀博士后科研成果和优秀博士后人才的引领示范作用，让《文库》著作真正成为时代的符号、学术的标杆、人才的导向。

推荐专家姓名	彭勃	电　话	
专业技术职务	教授、博导	研究专长	基层治理与制度创新
工作单位	上海交通大学国际与公共事务学院	行政职务	副院长
推荐成果名称	基层政区改革视角下的社区治理优化路径研究：以上海为例		
成果作者姓名	熊竞		

　　（对书稿的学术创新、理论价值、现实意义、政治理论倾向及是否具有出版价值等方面做出全面评价，并指出其不足之处）

　　熊竞博士所写的《基层政区改革视角下的社区治理研究：以上海为例》选题富有理论和实践价值，该书视角独特、视野开阔、资料丰富、方法多样、论证规范、结构合理、观点鲜明，具有较高的学术意义和很好的政策价值，是一本优秀的书稿，达到了出版的要求。

　　希望作者能在其他城市案例和更多类型社区研究上拓展，并深化研究的理论性提炼和规律性探索。

签字：彭勃

2018 年 12 月 25 日

说明： 该推荐表须由具有正高级专业技术职务的同行专家填写，并由推荐人亲自签字，一旦推荐，须承担个人信誉责任。如推荐书稿入选《文库》，推荐专家姓名及推荐意见将印入著作。

第八批《中国社会科学博士后文库》专家推荐表2

　　《中国社会科学博士后文库》由中国社会科学院与全国博士后管理委员会共同设立，旨在集中推出选题立意高、成果质量高、真正反映当前我国哲学社会科学领域博士后研究最高学术水准的创新成果，充分发挥哲学社会科学优秀博士后科研成果和优秀博士后人才的引领示范作用，让《文库》著作真正成为时代的符号、学术的标杆、人才的导向。

推荐专家姓名	刘君德	电　话	
专业技术职务	教授、博导	研究专长	政区地理学与行政区经济
工作单位	华东师范大学	行政职务	中国行政区划研究中心原主任
推荐成果名称	基层政区改革视角下的社区治理优化路径研究：以上海为例		
成果作者姓名	熊竞		

　　（对书稿的学术创新、理论价值、现实意义、政治理论倾向及是否具有出版价值等方面做出全面评价，并指出其不足之处）

　　熊竞博士的博士后出站报告以基层政区与社区治理的关联逻辑为基础，以基层政区建制、基层政区规模和基层政区层级三个政区要素与上海社区治理之间的关系为重点展开论述，并提出了未来上海社区治理的改革方向和方案。该报告资料丰富翔实、逻辑结构合理、结论实践性强、观点具有一定创新性，在研究方法上也引入 GIS 等定量分析方法，达到了出版的要求。

　　希望本书利用这一分析框架和视角展开更多城市社区治理的实证研究，进而探索更为普遍的规律。

签字：刘君德

2018 年 12 月 25 日

说明：该推荐表须由具有正高级专业技术职务的同行专家填写，并由推荐人亲自签字，一旦推荐，须承担个人信誉责任。如推荐书稿入选《文库》，推荐专家姓名及推荐意见将印入著作。

经济管理出版社
《中国社会科学博士后文库》
成果目录

第一批《中国社会科学博士后文库》（2012 年出版）

序号	书　名	作　者
1	《"中国式"分权的一个理论探索》	汤玉刚
2	《独立审计信用监管机制研究》	王　慧
3	《对冲基金监管制度研究》	王　刚
4	《公开与透明：国有大企业信息披露制度研究》	郭媛媛
5	《公司转型：中国公司制度改革的新视角》	安青松
6	《基于社会资本视角的创业研究》	刘兴国
7	《金融效率与中国产业发展问题研究》	余　剑
8	《进入方式、内部贸易与外资企业绩效研究》	王进猛
9	《旅游生态位理论、方法与应用研究》	向延平
10	《农村经济管理研究的新视角》	孟　涛
11	《生产性服务业与中国产业结构演变关系的量化研究》	沈家文
12	《提升企业创新能力及其组织绩效研究》	王　涛
13	《体制转轨视角下的企业家精神及其对经济增长的影响》	董　昀
14	《刑事经济性处分研究》	向　燕
15	《中国行业收入差距问题研究》	武　鹏
16	《中国土地法体系构建与制度创新研究》	吴春岐
17	《转型经济条件下中国自然垄断产业的有效竞争研究》	胡德宝

第二批《中国社会科学博士后文库》（2013 年出版）

序号	书　名	作　者
1	《国有大型企业制度改造的理论与实践》	董仕军
2	《后福特制生产方式下的流通组织理论研究》	宋宪萍
3	《基于场景理论的我国城市择居行为及房价空间差异问题研究》	吴　迪
4	《基于能力方法的福利经济学》	汪毅霖
5	《金融发展与企业家创业》	张龙耀
6	《金融危机、影子银行与中国银行业发展研究》	郭春松
7	《经济周期、经济转型与商业银行系统性风险管理》	李关政
8	《境内企业境外上市监管若干问题研究》	刘　轶
9	《生态维度下土地规划管理及其法制考量》	胡耘通
10	《市场预期、利率期限结构与间接货币政策转型》	李宏瑾
11	《直线幕僚体系、异常管理决策与企业动态能力》	杜长征
12	《中国产业转移的区域福利效应研究》	孙浩进
13	《中国低碳经济发展与低碳金融机制研究》	乔海曙
14	《中国地方政府绩效评估系统研究》	朱衍强
15	《中国工业经济运行效益分析与评价》	张航燕
16	《中国经济增长：一个"被破坏性创造"的内生增长模型》	韩忠亮
17	《中国老年收入保障体系研究》	梅　哲
18	《中国农民工的住房问题研究》	董　昕
19	《中美高管薪酬制度比较研究》	胡　玲
20	《转型与整合：跨国物流集团业务升级战略研究》	杜培枫

第三批《中国社会科学博士后文库》（2014年出版）

序号	书 名	作 者
1	《程序正义与人的存在》	朱 丹
2	《高技术服务业外商直接投资对东道国制造业效率影响的研究》	华广敏
3	《国际货币体系多元化与人民币汇率动态研究》	林 楠
4	《基于经常项目失衡的金融危机研究》	匡可可
5	《金融创新及其宏观效应研究》	薛昊旸
6	《金融服务县域经济发展研究》	郭兴平
7	《军事供应链集成》	曾 勇
8	《科技型中小企业金融服务研究》	刘 飞
9	《农村基层医疗卫生机构运行机制研究》	张奎力
10	《农村信贷风险研究》	高雄伟
11	《评级与监管》	武 钰
12	《企业吸收能力与技术创新关系实证研究》	孙 婧
13	《统筹城乡发展背景下的农民工返乡创业研究》	唐 杰
14	《我国购买美国国债策略研究》	王 立
15	《我国行业反垄断和公共行政改革研究》	谢国旺
16	《我国农村剩余劳动力向城镇转移的制度约束研究》	王海全
17	《我国吸引和有效发挥高端人才作用的对策研究》	张 瑾
18	《系统重要性金融机构的识别与监管研究》	钟 震
19	《中国地区经济发展差距与地区生产率差距研究》	李晓萍
20	《中国国有企业对外直接投资的微观效应研究》	常玉春
21	《中国可再生资源决策支持系统中的数据、方法与模型研究》	代春艳
22	《中国劳动力素质提升对产业升级的促进作用分析》	梁泳梅
23	《中国少数民族犯罪及其对策研究》	吴大华
24	《中国西部地区优势产业发展与促进政策》	赵果庆
25	《主权财富基金监管研究》	李 虹
26	《专家对第三人责任论》	周友军

第四批《中国社会科学博士后文库》（2015 年出版）

序号	书　名	作　者
1	《地方政府行为与中国经济波动研究》	李　猛
2	《东亚区域生产网络与全球经济失衡》	刘德伟
3	《互联网金融竞争力研究》	李继尊
4	《开放经济视角下中国环境污染的影响因素分析研究》	谢　锐
5	《矿业权政策性整合法律问题研究》	郗伟明
6	《老年长期照护：制度选择与国际比较》	张盈华
7	《农地征用冲突：形成机理与调适化解机制研究》	孟宏斌
8	《品牌原产地虚假对消费者购买意愿的影响研究》	南剑飞
9	《清朝旗民法律关系研究》	高中华
10	《人口结构与经济增长》	巩勋洲
11	《食用农产品战略供应关系治理研究》	陈　梅
12	《我国低碳发展的激励问题研究》	宋　蕾
13	《我国战略性海洋新兴产业发展政策研究》	仲雯雯
14	《银行集团并表管理与监管问题研究》	毛竹青
15	《中国村镇银行可持续发展研究》	常　戈
16	《中国地方政府规模与结构优化：理论、模型与实证研究》	罗　植
17	《中国服务外包发展战略及政策选择》	霍景东
18	《转变中的美联储》	黄胤英

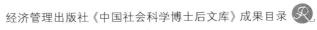

第五批《中国社会科学博士后文库》（2016 年出版）

序号	书　名	作　者
1	《财务灵活性对上市公司财务政策的影响机制研究》	张玮婷
2	《财政分权、地方政府行为与经济发展》	杨志宏
3	《城市化进程中的劳动力流动与犯罪：实证研究与公共政策》	陈春良
4	《公司债券融资需求、工具选择和机制设计》	李　湛
5	《互补营销研究》	周　沛
6	《基于拍卖与金融契约的地方政府自行发债机制设计研究》	王治国
7	《经济学能够成为硬科学吗？》	汪毅霖
8	《科学知识网络理论与实践》	吕鹏辉
9	《欧盟社会养老保险开放性协调机制研究》	王美桃
10	《司法体制改革进程中的控权机制研究》	武晓慧
11	《我国商业银行资产管理业务的发展趋势与生态环境研究》	姚　良
12	《异质性企业国际化路径选择研究》	李春顶
13	《中国大学技术转移与知识产权制度关系演进的案例研究》	张　寒
14	《中国垄断性行业的政府管制体系研究》	陈　林

第六批《中国社会科学博士后文库》（2017 年出版）

序号	书　名	作　者
1	《城市化进程中土地资源配置的效率与平等》	戴媛媛
2	《高技术服务业进口技术溢出效应对制造业效率影响研究》	华广敏
3	《环境监管中的"数字减排"困局及其成因机理研究》	董　阳
4	《基于竞争情报的战略联盟关系风险管理研究》	张　超
5	《基于劳动力迁移的城市规模增长研究》	王　宁
6	《金融支持战略性新兴产业发展研究》	余　剑
7	《清乾隆时期长江中游米谷流通与市场整合》	赵伟洪
8	《文物保护经费绩效管理研究》	满　莉
9	《我国开放式基金绩效研究》	苏　辛
10	《医疗市场、医疗组织与激励动机研究》	方　燕
11	《中国的影子银行与股票市场：内在关联与作用机理》	李锦成
12	《中国应急预算管理与改革》	陈建华
13	《资本账户开放的金融风险及管理研究》	陈创练
14	《组织超越——企业如何克服组织惰性与实现持续成长》	白景坤

第七批《中国社会科学博士后文库》（2018年出版）

序号	书　名	作　者
1	《行为金融视角下的人民币汇率形成机理及最优波动区间研究》	陈　华
2	《设计、制造与互联网"三业"融合创新与制造业转型升级研究》	赖红波
3	《复杂投资行为与资本市场异象——计算实验金融研究》	隆云滔
4	《长期经济增长的趋势与动力研究：国际比较与中国实证》	楠　玉
5	《流动性过剩与宏观资产负债表研究：基于流量存量一致性框架》	邵　宇
6	《绩效视角下我国政府执行力提升研究》	王福波
7	《互联网消费信贷：模式、风险与证券化》	王晋之
8	《农业低碳生产综合评价与技术采用研究——以施肥和保护性耕作为例》	王珊珊
9	《数字金融产业创新发展、传导效应与风险监管研究》	姚　博
10	《"互联网+"时代互联网产业相关市场界定研究》	占　佳
11	《我国面向西南开放的图书馆联盟战略研究》	赵益民
12	《全球价值链背景下中国服务外包产业竞争力测算及溢出效应研究》	朱福林
13	《债务、风险与监管——实体经济债务变化与金融系统性风险监管研究》	朱太辉

第八批《中国社会科学博士后文库》（2019 年出版）

序号	书 名	作 者
1	《分配正义的实证之维——实证社会选择的中国应用》	汪毅霖
2	《金融网络视角下的系统风险与宏观审慎政策》	贾彦东
3	《基于大数据的人口流动流量、流向新变化研究》	周晓津
4	《我国电力产业成本监管的机制设计——防范规制合谋视角》	杨菲菲
5	《货币政策、债务期限结构与企业投资行为研究》	钟 凯
6	《基层政区改革视野下的社区治理优化路径研究：以上海为例》	熊 竞
7	《大国版图：中国工业化 70 年空间格局演变》	胡 伟
8	《国家审计与预算绩效研究——基于服务国家治理的视角》	谢柳芳
9	《包容型领导对下属创造力的影响机制研究》	古银华
10	《国际传播范式的中国探索与策略重构——基于会展国际传播的研究》	郭 立
11	《唐代东都职官制度研究》	王 苗

《中国社会科学博士后文库》
征稿通知

为繁荣发展我国哲学社会科学领域博士后事业，打造集中展示哲学社会科学领域博士后优秀研究成果的学术平台，全国博士后管理委员会和中国社会科学院共同设立了《中国社会科学博士后文库》（以下简称《文库》），计划每年在全国范围内择优出版博士后成果。凡入选成果，将由《文库》设立单位予以资助出版，入选者同时将获得全国博士后管理委员会（省部级）颁发的"优秀博士后学术成果"证书。

《文库》现面向全国哲学社会科学领域的博士后科研流动站、工作站及广大博士后，征集代表博士后人员最高学术研究水平的相关学术著作。征稿长期有效，随时投稿，每年集中评选。征稿范围及具体要求参见《文库》征稿函。

联系人：宋　娜
电子邮箱：epostdoctoral@126.com
通讯地址：北京市海淀区北蜂窝 8 号中雅大厦 A 座 11 层经济管理出版社《中国社会科学博士后文库》编辑部
邮编：100038

经济管理出版社